Capital social
y valores
en la organización
sustentable

Diseño de tapa:
MVZ ARGENTINA

JORGE ETKIN

Capital social y valores en la organización sustentable

El *deber* ser, *poder* hacer
y la *voluntad* creativa

GRANICA

ARGENTINA - ESPAÑA - MÉXICO - CHILE - URUGUAY

ARGENTINA
Ediciones Granica S.A.
Lavalle 1634 3° G / C1048AAN Buenos Aires, Argentina
Tel.: +54 (11) 4374-1456 Fax: +54 (11) 4373-0669
granica.ar@granicaeditor.com
atencionaempresas@granicaeditor.com
MÉXICO
Ediciones Granica México S.A. de C.V.
Valle de Bravo N° 21 El Mirador Naucalpan - Edo. de Méx.
53050 Estado de México - México
Tel.: +52 (55) 5360-1010 Fax: +52 (55) 5360-1100
granica.mx@granicaeditor.com
URUGUAY
Ediciones Granica S.A.
Scoseria 2639 Bis
11300 Montevideo, Uruguay
Tel.: +59 (82) 712 4857 / +59 (82) 712 4858
granica.uy@granicaeditor.com
CHILE
granica.cl@granicaeditor.com
Tel.: +56 2 8107455
ESPAÑA
granica.es@granicaeditor.com
Tel.: +34 (93) 635 4120

www.granicaeditor.com

Etkin, Jorge Ricardo
    Capital social y valores en la organización sustentable : el deber ser, poder hacer y la voluntad creativa - 1a ed. - Buenos Aires : Granica, 2007.
    424 p. ; 22x15 cm.

    ISBN 978-950-641-513-6

    1. Etica. 2. Responsabilidad Social Empresaria. I. Título
    CDD 174.4

*El individuo se somete a la sociedad y esta sumisión es la condición de su liberación. Para el hombre, la liberación consiste en independizarse de las fuerzas físicas ciegas e irracionales; lo consigue oponiéndoles la enorme e inteligente **fuerza de la sociedad,** bajo cuya protección se ampara. Poniéndose bajo el ala de la sociedad se vuelve, en cierta medida, dependiente de ella. Pero se trata de **una dependencia liberadora**, no hay contradicción en ello. La libertad no puede obtenerse en contra de la sociedad.*

Emile Durkheim (*Sociología y Filosofía*)

*En la modernidad, el modo en que uno vive se vuelve una solución biográfica a las contradicciones sistémicas. ¿Y si el remedio fuera marchar juntos y al mismo paso? La cuestión es que esa convergencia de **preocupaciones individuales** en intereses comunes y luego en una acción conjunta, son una tarea titánica, porque los problemas comunes de los individuos no son aditivos. **No se dejan sumar** en una causa común. Sus similitudes no conforman una totalidad mayor que la suma de las partes. En la modernidad, en una sociedad de individuos, ellos con sus actos de vida, ponen en práctica **estrategias posibles y viables** dentro del tejido social de sus interdependencias.*

Zygmunt Barman (*Modernidad líquida*)

A mi mujer Viviana
y nuestras hijas
Julieta y Natalia

ÍNDICE

TERCERA PARTE: CULTURA Y CAPITAL SOCIAL

CAPÍTULO 12

CULTURA DE EMPRESA Y VALORES

CAPÍTULO 13

CULTURA, COLABORACIÓN Y CREATIVIDAD

CAPÍTULO 14

CAPITAL SOCIAL

PRÓLOGO

La bibliografía técnica sobre gestión y organizaciones se ha destacado por la diversidad de propuestas teóricas que se presentan como tema de fondo para la comprensión de fenómenos relacionados con el contexto social, el campo de la ética y los valores humanos.

Está enfocada en la interpretación de sus significados.

Entre esas contribuciones, que configuran un amplio espectro de conjeturas, metáforas y arquetipos, Jorge Etkin merece destacarse por sus genuinas inquietudes intelectuales y por la coherencia de su trayectoria. Su escritura refleja una preocupación sin igual respecto del elemento humano y sus motivaciones intrínsecas en el mundo del trabajo, siempre en sintonía con la nueva disposición del ambiente y sus fronteras intangibles, con el firme propósito de concebir una nueva forma de conducción de las organizaciones.

Este libro, particularmente importante en el escenario actual, simboliza un notable esfuerzo intelectual del autor para la formulación de una nueva filosofía de gestión. Una gestión basada en el compromiso ético y en la toma de conciencia de los actores públicos y privados, para la suma de la inversión en capital social en el ambiente organizacional, de manera de promover la cooperación voluntaria en beneficio de un desarrollo erigido en base a los preceptos de equidad y sustentabilidad.

El autor presenta aquí una amplia y estructurada visión de las principales cuestiones relativas a la ética en las organizaciones en la actualidad y, más detalladamente, expone la base conceptual para la diseminación de una nueva visión de cultura y capital social, derivada de su vasta trayectoria de producción académica y de su sistematización a lo largo de su intensa vivencia en los distintos mundos en que convive y actúa.

En un lenguaje accesible, Etkin articula conceptos e ideas relevantes como insumo para aquellos que se disponen a entender la complejidad de la gestión de organizaciones y, paralelamente, apunta mecanismos de sensibilización para profundizar la discusión de los valores en el desarrollo de estrategias innovadoras.

La obra consolida y refuerza el carácter consistente de la identidad intelectual de su autor, evidente en la claridad y objetividad con que describe, de manera sistemática y densamente fundamentada, el modelo analítico que sustenta su propuesta teórica por una gestión solidaria y socialmente responsable, que considero de sustancial importancia para la comprensión de las relaciones entre individuos y organizaciones en busca de las ideas y valores que califican su propuesta filosófica.

Finalmente, resalto los aspectos más motivadores del texto: una visión educativa que actualiza y profundiza conceptos y reflexiones sobre las principales cuestiones éticas con que se enfrentan los gestores en las organizaciones, y la dualidad de ideas concernientes a los valores sobre una completa base de argumentación acerca de la propuesta de una nueva filosofía de gestión que sugiere que la responsabilidad sea la esencia del compromiso con los anhelos de una administración solidaria.

Bianor Scelza Cavalcanti

El profesor Bianor Cavalcanti es Director de la Escuela Brasilera de Administración Pública y Empresas de la Fundación Getulio Vargas (Ebape/FGV). Es miembro de la Academia de Ciencias Administrativas de Brasil. Entre sus obras se destaca: El Gerente Ecualizador, estrategias de gestión en el sector público (FGV editora, 2005).

RECONOCIMIENTOS

La presente obra refleja varias décadas de estudios, y de tarea docente y profesional, relacionadas con la dirección de organizaciones, preocupado siempre por las formas de construir proyectos compartidos y por el desarrollo de las capacidades sociales mediante modelos de cooperación y solidaridad. En la tarea profesional, el diálogo continuado con gobernantes, directivos y empresarios me ha permitido constatar los problemas derivados de la dirección orientada hacia resultados, y avanzar en la propuesta de sistemas de ideas o filosofías de gestión que permiten construir organizaciones socialmente sustentables, con potencial de crecimiento y de ayuda a la comunidad.

En esta tarea de estudio, docencia y práctica directiva, he intentado seguir el camino marcado por mis apreciados maestros en la Facultad de Ciencias Económicas de la Universidad de Buenos Aires. Deseo mencionar y recordar con enorme respeto la figura de los doctores Francisco Suárez y Vicente Perel. Ellos me inculcaron la visión humanista, los valores éticos y los principios de la responsabilidad social que deben estar en la base de la administración de organizaciones públicas y privadas. Las instituciones tienen misiones que cumplir que no derivan de los intereses de grupos particulares, sino que se relacionan con la búsqueda del bienestar general y la constante ayuda al desarrollo de la comunidad. Sobre estas bases conceptuales he pensado y construido el texto.

Agradezco al colega Bernardo Kliksberg por sus relevantes aportes doctrinarios en el marco de la sincera amistad que hemos afianzado como compañeros de estudio y luego en la cátedra universitaria. Me brindó la posibilidad de profundizar en la temática de la Gerencia Social a través de su gestión pionera en la Iniciativa de Capital Social, Ética y Desarrollo, del BID. Esta relación me permitió capacitarme y desempeñar el rol de tutor en el curso para formar docentes de Ética para el Desarrollo, dictado durante el año 2004 por el Instituto de Estudios para las Américas de la OEA. Destaco allí la valiosa orientación que recibí de la Dra. Mónica Luque.

Esta tarea docente me facilitó el acceso a las ideas de un valioso grupo de profesores universitarios de la región. El texto refleja temas debatidos con estos colegas, camino a construir una red de instituciones y programas que enseñan la indispensable relación de la ética y el capital social con el desarrollo de nuestros países.

En la cátedra de Dirección General, en la Universidad de Buenos Aires, durante veinte años he tenido el privilegio de dialogar y construir conocimiento sobre organizaciones sociales con mi apreciado amigo y colega, el Ing. Leonardo Schvarstein. Sus significativas opiniones han enriquecido el presente texto, al igual que las importantes obras que ha escrito en este tiempo, y que es un placer referenciar. Sobre el tema de los modelos solidarios y participativos de gestión, quiero dejar constancia de mi cálido recuerdo al colega Isaac Bleger, un ejemplo de lucha por los principios de equidad e igualdad en las organizaciones cooperativas.

Desde nuestros inicios en la universidad como estudiantes y en nuestra continuación como investigadores y docentes en la Facultad de Ciencias Económicas de la UBA, he tenido el honor de compartir proyectos educativos con los distinguidos profesores Jorge Ader, José Serlin, Héctor

Larroca y Lázaro Leschinsky. Hemos trabajado juntos para sostener la libertad de expresión y la mejora en la calidad de la enseñanza universitaria. Una especial mención para el amigo y eficaz colaborador en las aulas y en la tarea profesional, el Dr. Antonio Mella. Quiero destacar la valiosa colaboración del Lic. Jorge Franco en nuestros programas de capacitación en el área de posgrado junto con colegas y autoridades de la Facultad de Ciencias Económicas, destacando aquí a los profesores Miguel Vicente, Catalino Nuñez y Juan Carlos Viegas. En distintas etapas y desde diferentes posiciones estos colegas han sido una importante fuente de ayuda en la compleja tarea de conducir la carrera de Administración de la Universidad de Buenos Aires.

Un sincero reconocimiento al equipo docente de la materia Dirección General en la UBA. A la Ing. Estela Camarotta y Darío Fainsod quienes han aportado su vitalidad y capacidad creativa desde los inicios de la cátedra, junto a mis apreciados colaboradores Teresa Recasens y Hernán Smuckler. También a quienes cumplen una esforzada tarea en la programación y relación cotidiana con los alumnos en la enseñanza de Administración General, las profesoras Mónica Padlog y Gisela Bongiorni. Mi gratitud hacia los colegas que colaboran en el dictado del Seminario de Gestión del Capital Social en la UBA, la profesora Verónica Hadad y también a los docentes auxiliares Iván Quiroga y Belén Maggi.

Deseo expresar mi reconocimiento a los colegas de la Asociación de Docentes de Administración General de la Argentina (ADENAG), un ámbito que hemos construido para promover un constante y creativo intercambio de ideas y experiencias acerca de la enseñanza de nuestra disciplina en las universidades. Mi agradecimiento a los profesores Roberto Vega y Mariana Fourtel, con quienes tengo el honor de colaborar en la Maestría en Administración de la Universidad de Mar del Plata. También al Dr. Carlos Cermelo, por su invitación a participar en la organización y el dictado del posgrado de Organizaciones de la Economía Social, en la citada universidad.

En el plano de la actividad empresaria, los proyectos y emprendimientos que hemoss compartido con los colegas y amigos Gabriel Yelin y Norberto Marinelli me han permitido aprender de sus valiosas experiencias y conocimientos sobre el ejercicio de la responsabilidad social y las conductas confiables y solidarias en el mundo de los negocios y las organizaciones. También aprecio las referencias prácticas de Fernando Feinsilber acerca de los problemas de la realidad competitiva y la necesidad de una renovación en los enfoques gerenciales hacia una eficacia de orden social.

En el plano profesional he incorporado la significativa experiencia de colaborar en la creación y la dirección del Instituto de Estudios Tributarios de la AFIP, donde compartimos esfuerzos con los colegas Alejandro Otero y Alejandro Estevez. Al respecto deseo reconocer y agradecer la convocatoria y la posibilidad que me ha brindado el Administrador de la AFIP, Dr. Alberto Abad. Desde lo público, los estudios del Instituto tienen relaciones con los conceptos de capital social y valores éticos en la sociedad civil, situación que se refleja en la orientación de dichos estudios hacia el esclarecimiento y la mejora de la institución de la ciudadanía fiscal en nuestro país.

Deseo destacar los comentarios y sugerencias ofrecidos por la distinguida profesora Tania Fischer, coordinadora del Centro de Desarrollo y Gestión social en la Universidad Federal de Bahía (Brasil). Una especial mención al profesor Peter Davis, director en el Management Centre de la Universidad de Leicester, con quien he tenido el gusto de colaborar en la edición de su obra sobre management cooperativo. Mi reconocimiento al profesor Bianor Cavalcanti, Director de la Escuela Brasilera de Administración Pública de la Fundación Getulio Vargas (Ebape/FGV), por sus valiosas opiniones sobre la temática del capital social, que aparecen reflejadas en la presentación de la obra. Agradezco la excelente disposición y amplia experiencia de Claudio Ianinni, con el capacitado equipo de profesionales de la prestigiosa Editorial Granica, que me han alentado en el proyecto y también agregado calidad a la producción del presente texto.

Finalmente, el momento tan sentido de la dedicación al núcleo familiar más cercano. A mi esposa Viviana Mabel, que me comprende y acompaña en estos proyectos literarios, sabiendo que ello significa tiempo restado a la intimidad del hogar. A diferencia de obras anteriores ahora nuestras hijas Julieta y Natalia estudian en la universidad temas sociales mencionados en la obra . Es mi primer texto no sólo dedicado, sino también conversado con ellas en un ambiente que podría calificar como "emocionalmente crítico" y motivador. Espero que tanto esfuerzo y sentimiento hayan generado ideas interesantes para los lectores, camino a construir y conducir organizaciones tanto sustentables como virtuosas.

Jorge Etkin
Julio, 2007

INTRODUCCIÓN

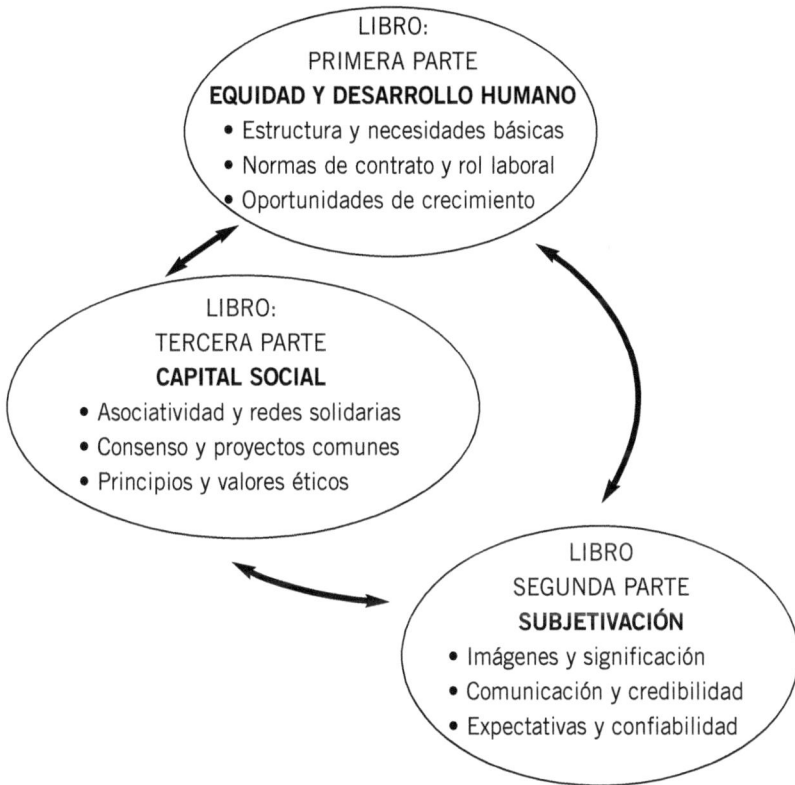

LIBRO:
PRIMERA PARTE
EQUIDAD Y DESARROLLO HUMANO
- Estructura y necesidades básicas
- Normas de contrato y rol laboral
- Oportunidades de crecimiento

LIBRO:
TERCERA PARTE
CAPITAL SOCIAL
- Asociatividad y redes solidarias
- Consenso y proyectos comunes
- Principios y valores éticos

LIBRO
SEGUNDA PARTE
SUBJETIVACIÓN
- Imágenes y significación
- Comunicación y credibilidad
- Expectativas y confiabilidad

Cuadro 1. Dimensión humana, social y cultural de la organización.

LAZOS QUE SUSTENTAN
LA ORGANIZACIÓN

1. Las partes y el todo
2. El pensamiento y la acción solidaria
3. El enfoque del capital social
4. Principales áreas temáticas
5. De la dualidad a la integridad

1. Las partes y el todo

La obra propone un cuerpo de ideas fundadas, para entender y orientar las acciones de las organizaciones en sentido amplio, incluyendo empresas públicas y privadas, asociaciones civiles, emprendimientos, cooperativas y otros grupos sociales creados en forma intencional sobre las base de acuerdos constitutivos, con propósitos declarados y conocidos. He preparado el texto pensando en los docentes, directivos, consultores, estudiantes y otros lectores que se interesan en la problemática de esas organizaciones. Se trata de lograr un desarrollo sustentable, congruente con las motivaciones de sus integrantes, en sintonía con las necesidades del contexto social más amplio. Para ello se requiere entender y preparar las organizaciones desde un sistema de ideas compartido, y a partir de ello conducirlas de un modo eficaz y también correcto.

El libro se desarrolla en tres partes. La **primera parte** está dedicada a describir la organización virtuosa en su gestión y sustentable en sus relaciones con un entorno complejo.

La complejidad refiere a una realidad donde coexisten armonías y disonancias, con dualidades que deben ser superadas. El tema principal es la descripción de una filosofía de gestión construida desde la dimensión socio-cultural de las organizaciones. Una forma e ideología de gestión que se propone el desarrollo de la organización sobre bases de equidad y cooperación. En esta primera parte presento al lector: *a)* las características de la compleja realidad sociotécnica; *b)* un modelo de organización bajo principios de colaboración, y *c)* las propuestas de gestión que hacen a la gerencia social. En la **segunda parte** realizo un estudio más profundo del sistema de ideas compartido (consenso) y el ambiente de subjetividad (imágenes colectivas) que son factores constitutivos del modelo de organización solidario. En la **tercera parte** profundizo los conceptos de *capital social* y *valores éticos* que sostienen una cultura solidaria. Finalizo la obra explicando el potencial ético de la organización como capacidad para superar los desafíos de la diversidad interna y las necesidades de la comunidad en un entorno incierto y cambiante. En esta introducción deseo ofrecer al lector los conceptos básicos que atraviesan toda la obra.

El **Cuadro 1** muestra los grandes temas que componen la dimensión humana, social y cultural de la organización. En este Cuadro destaco: *a)* las necesidades y el desarrollo de individuos y grupo en la organización; *b)* la formación y mantenimiento del capital social, tomando la organización como una red de relaciones de colaboración, y *c)* los estados y procesos de motivación y subjetivación (malestar, compromiso) respecto de las situaciones y condiciones de trabajo.

En el texto hablo de filosofía como cuerpo de ideas que resulta de un pensamiento reflexivo, no interesado ni asociado a un poder en particular. Ideas que surgen de formular preguntas y proponer explicaciones a cuestiones básicas sobre: el qué (identificación), el por qué (origen) y el deber ser (sentido) de la organización y el comportamiento de sus integrantes. No estoy ofreciendo una verdad comprobada, sino que trato de argumentar y comunicar para promover un pensar compartido. El libro es una toma de posición fundada y razonable sobre lo necesario y lo deseable en términos sociales. Por caso, la dualidad entre los siguientes **pares de conceptos**: mecanismo productivo y sistema pensante, competencia y colaboración, interés y compromiso, ayuda y confrontación, invariancia y cambio, valores y praxis, libertad y programación, orden y creatividad.

2. El pensamiento y la acción solidaria

El cuerpo de ideas que presento en el libro como **filosofía solidaria** de gestión refiere a la problemática del análisis organizacional, los modelos de relación y las formas de conducción de las organizaciones. Desde el enfoque del capital social, explico los modos de pensar y decidir sobre estos temas que hacen a la conducción de organizaciones: *a)* la realidad organizacional en sí misma (identidad, estructuras, procesos); *b)* las creencias, principios y valores reconocidos para guiar las relaciones, comunicaciones y comportamientos (ética y responsabilidad social), y *c)* los proyectos y las relaciones necesarias y posibles entre la organización y el contexto social más amplio (misión y propósitos legitimados socialmente).

En la obra quiero destacar la diferencia entre: *a)* la filosofía solidaria, en la base de la gestión responsable, y *b)* el racionalismo tecnocrático que caracteriza a la filosofía individualista y lleva a una gestión mecanicista. El modo de pensar solidario busca la construcción y el cuidado del capital social. La gestión social valoriza la empresa, pero más importante aún, mejora la calidad de vida de la organización y sus aportes a la comunidad. En cambio, el sistema de ideas individualista lleva a tomar decisiones con una visión pragmática (sin valores), imponiendo el criterio de la eficiencia (costo-resultado), buscando objetivar e impersonalizar las relaciones.

Mi intención en el texto es brindar razones y argumentos para demostrar que los resultados sustentables (no forzados, no conflictivos), provienen de una **gestión socialmente responsable**. Reconozco que la incertidumbre, la escasez de recursos y la adversidad en los mercados presionan sobre los directivos. Pero ellos no lograrán salidas creativas o innovadoras en un clima de ansiedad y confrontación. Entiendo las dificultades de la realidad compleja, pero no es inteligente agregar a esta complicación estructural las resistencias generadas por políticas injustas, como forzar la producción bajo la amenaza del desempleo.

El racionalismo en la gestión tiene versiones más o menos duras. Pero siempre termina erosionando y **degradando** a la organización en su dimensión humana. Es un enfoque contradictorio porque le resta a las empresas voluntad creativa en un entorno que requiere capacidad de cambio. En la realidad, vemos formas de gestión donde los directivos consideran a los individuos y grupos humanos como un recurso productivo y su conducta está determinada desde el poder. Ello se mantiene en la medida en que la dirección dispone de fuerza suficiente para superar las consecuencias de los conflictos sociales en la organización. La ideología basada en que el fin justifica los medios y que los individuos deben sacrificarse por la empresa lleva a un clima de injusticia y desconfianza, que hace depender a la organización de la fuerza de los controles, la magnitud de las recompensas y el temor por las sanciones. Es un modo de pensar en la cúspide para que otros individuos no piensen y sólo cumplan una actividad programada.

No es sólo una cuestión de intereses, es también un problema de responsabilidad e inteligencia en la gestión. En esta obra intento aportar a una filosofía (entre las posibles) de gestión de las organizaciones, desde la perspectiva del capital social y los valores éticos. No en el vacío, sino en un entorno de complejidad, es decir, en condiciones de diversidad, incertidumbre y adversidad. No creo que la solución sea objetivar y formalizar las comunicaciones y relaciones. Pienso que **los procesos de subjetivación** y **la significación** en el trabajo deben reconocerse y orientarse en el sentido de lograr compromiso y visión compartida. El desarrollo sostenible de la organización, en beneficio de los integrantes y la comunidad, requiere una gestión basada en visiones y razones compartidas. Pero también justas, equitativas y correctas. Me refiero a razones explicadas, no implícitas o intuitivas. El libro tiene el sentido de explicitar estas razones de orden social, congruentes con los factores emocionales y afectivos. Es un modo de pensar que toma posición sobre el respeto a la condición humana y el desarrollo en el trabajo, destacando la necesidad de aplicar criterios de justicia, equidad, solidaridad e integridad en la organización.

3. El enfoque del capital social

Utilizo el concepto de **gestión de la organización** en un sentido amplio, no sólo vinculado a tareas de conducción o decisión ejecutiva. Una función que incluye: *a)* las tareas de gobierno, construcción de proyectos compartidos y decisiones de política (**la gobernabilidad**); *b)* el diseño o articulación de esfuerzos dispersos en un conjunto cohesionado (**la estructuración**); *c)* los acuerdos sobre las reglas de juego en las relaciones laborales (**la legitimación**); *d)* los procesos de socialización, enseñanza y aprendizaje (**la motivación**), y *e)* las decisiones que movilizan los comportamientos (**comunicación y control**). En un enfoque solidario o cooperativo, la gestión no sólo razona en términos de eficacia, también piensa en el clima de colaboración, integración de conocimientos, condiciones de equidad y respeto a los valores éticos.

Respecto del **enfoque del capital social**, es un concepto que refiere a un potencial y capacidad que deseamos para la organización en cuanto a su dimensión humana y cultural. Incluye: *a)* el compromiso de los integrantes con los proyectos compartidos; *b)* la capacidad de colaborar y trabajar en equipo; *c)* el ambiente resultante del consenso, la confianza y credibilidad en los comportamientos; *d)* las imágenes y modelos mentales sobre la organización vista como una red solidaria; *e)* el clima de estabilidad en el empleo; *f)* el respeto a los principios y valores éticos como criterios a la hora de pensar y tomar decisiones; *g)* la satisfacción de las necesidades de orden afectivo y la equidad en las políticas de retribución del trabajo; *h)* las relaciones democráticas en los procesos grupales; *i)* el acceso a la educación y la posibilidad de desarrollo personal en la organización, e *i)* la transparencia en las comunicaciones, tanto sobre el estado actual como sobre el futuro de la organización (la luz al final de túnel).

A continuación resumo en quince puntos las razones y la trama argumental que articulan los conceptos que he mencionado en esta introducción: la perspectiva filosófica, el modelo de organización, las formas de gestión bajo el enfoque del capital social en una realidad compleja.

1. Las organizaciones operan en un **entorno complejo**, con incertidumbre ambiental, diversidad de criterios internos y relaciones de poder que movilizan las conductas y también derivan en conflictos (emergentes y estructurales). La complejidad es acentuada o bien atenuada con las formas de gestión utilitarias o responsables.

2. Esta realidad lleva a un ambiente laboral inestable, con dudas, temores y ansiedades que afectan la **relación individuo-organización**, el desarrollo en un contexto exi-

gente donde la organización busca y necesita ser reconocida y legitimada (responsabilidad social).

3. Es contradictorio que al tiempo que se instala en la organización un clima inseguro e inestable (desmotivador), también se requiera a los integrantes una actitud espontánea **innovadora** y creativa, buscando nuevas salidas para enfrentar las diferencias internas y la adversidad en los mercados.

4. Es simplista pensar que estos **dilemas y contradicciones,** en el marco de una realidad compleja, se puedan atender con nuevas versiones de estructura, planeamiento o reingeniería que imponen un diseño formal por sobre la realidad de necesidades insatisfechas e incapacidad de construir en conjunto.

5. La orientación hacia la lucha competitiva, dentro y fuera de la organización, y la presión del utilitarismo, que exige mayores resultados en el corto plazo, aumentan el **malestar y la confrontación** en las relaciones humanas.

6. Superar el malestar e indiferencia de la organización no pasa por **reforzar el orden y los controles**, programar y racionalizar tareas, capacitar en lo técnico, ofrecer incentivos a la productividad o negociar para postergar el descontento.

7. El modelo de gestión racional y utilitario negocia sus decisiones de política mediante pagos para compensar daños y así **salva situaciones puntuales**, pero en un clima de temor y desconfianza. La organización "negociada" desde el poder es siempre cuestionable, no sustentable por sí misma.

8. Una mirada más amplia que lo económico (eficacia), y además profunda por considerar los **motivos subyacentes** de orden simbólico, plantea la necesidad de renovar los acuerdos de base y las pautas culturales de la organización.

9. Se requiere un cambio sincero, destinado a que la **dimensión humana** y cultural se convierta en una capacidad reflexiva y movilizadora frente a la diversidad, las tensiones internas e incertidumbre en el entorno.

10. Es vital entonces reconstruir el **capital social,** como capacidad de pensar y actuar bajo pautas y actitudes de colaboración, solidaridad, confianza, transparencia, equidad y valores éticos (integridad en el comportamiento).

11. El capital social no es sólo tema del área de Personal, sino una **filosofía de gestión** y política de empresa, pensada para una organización vivible y sustentable en el tiempo, con alto grado de asociatividad, que compromete e integra esfuerzos tras proyectos compartidos.

12. El capital social es una capacidad en el **dominio de lo cultural** que surge de los acuerdos, la comunicación y la construcción en conjunto, disponible para quienes ingresan a la organización

13. El capital social se asume en lo individual a través de la educación, el diálogo y los procesos de significación que influyen en la motivación y en la **subjetivación** de la realidad (actitudes de indiferencia o compromiso hacia la organización).

14. No se trata de voluntarismo, persuasión o discurso ideológico, sino de **inteligencia social** y estrategias de desarrollo bajo condiciones de equidad, que hacen sustentable a la organización.

15. Las relaciones colaborativas, de confianza y compromiso que están en la base del capital social no se degradan ni se consumen en el tiempo. La cooperación adopta la forma de **círculos virtuosos** que hacen al desarrollo humano continuo y al crecimiento de la organización, al tiempo que mejora sus servicios a la comunidad.

4. Principales áreas temáticas

En síntesis, la dimensión humana, social y cultural de la organización requiere una gestión responsable, con objetivos, políticas y decisiones concretas respecto de las siguientes áreas:

a) El **desarrollo humano**, que incluye temas básicos sobre la justa remuneración, salud, capacitación, seguridad en el trabajo, ayuda al contexto familiar y otras condiciones que componen el contrato de trabajo en el marco de los derechos humanos.

b) La **capacidad social**, cuyos temas básicos refieren al trato equitativo, consenso, valores éticos, actitud responsable, compromiso, interacción en grupos, formación de redes, colaboración en las tareas, participación en las decisiones y transparencia en las comunicaciones.

c) El **clima** o **ambiente laboral**, que refiere a temas de estabilidad, expectativas de futuro, libertad de expresión, confianza, credibilidad, códigos y pautas informales compartidas y un entorno amistoso en los grupos de trabajo, todo lo cual lleva a la motivación y actitud creativa de individuos y grupos en la organización.

d) La **imagen compartida** de la organización, en cuanto a los elementos de orden simbólico (representaciones) que confluyen hacia una visión o modelo mental de la organización, como también las ilusiones y esperanzas que los integrantes construyen y comparten en sus comunicaciones,

e) La **responsabilidad social** de la organización, que incluye los temas de interacción, intercambio e integración con las instituciones del medio, los grupos de influencia vinculados a la empresa, así como las acciones de voluntariado y de ayuda a las necesidades de la comunidad más amplia.

Estas áreas temáticas refieren a: 1. propósitos sociales; 2. condiciones derivadas del respeto a la condición humana, y 3. capacidades requeridas para el desarrollo de la organización. Las citadas áreas de la dimensión humana, social y cultural deben entenderse en forma conjunta, en sus mutas relaciones. Tanto en el plano de lo manifiesto como en las motivaciones y premisas que subyacen en el comportamiento. En la obra he orientado mi atención hacia los factores que hacen al grado de cooperación o capital social de la organización y sus relaciones con las otras dimensiones. La búsqueda de la gestión social responsable es **superar las condiciones de mínima** en todas las áreas mencionadas. Como las áreas están relacionadas, la gestión debe lograr puntos de congruencia entre ellas. Es difícil avanzar con el capital social sin justicia en los contratos de trabajo. Complicado también construir una imagen compartida si no existe transparencia en las comunicaciones. O esperar de los individuos una actitud de compromiso, cuando no hay clima de confianza y posibilidad de aprender y crecer en la organización.

A partir de los factores que hacen a la dimensión humana y cultural de la organización, he pensado un modelo de organización sobre bases de sociabilidad, cooperación y equidad. Trato de demostrar y sostener su potencial creativo y productivo por encima de los modelos basados en el interés de un grupo dominante, las intenciones no declaradas, el razonamiento eficientista, los pactos individuales, la confrontación y las relaciones de fuerza. Por el contrario, desde un modelo solidario de organización y gestión, planteo que las decisiones sobre las políticas y actividades específicas (de producción, comerciales y financieras) deben sostenerse en un acuerdo amplio y enmarcarse en un proyecto compartido considerando su impacto sobre las necesidades y capacidades sociales. En el libro he trabajado los temas del capital social en el plano de la descripción y explicación (modelos), así como en la propuesta de formas responsables de gestión, con políticas y decisiones destinadas a mejorar la calidad de vida y el desarrollo sustentable de la organización en su contexto.

5. De la dualidad a la integridad

En esta obra, el concepto de organización virtuosa y sustentable refiere a las relaciones en un grupo humano donde los principios éticos y valores sociales son una condición aceptada y compartida en el comportamiento de sus integrantes. Lo virtuoso (tener principios, creer en valores y aplicarlos en forma amplia) puede trascender lo personal, desarrollarse como rasgo cultural, como una capacidad de la organización y expresarse en las decisiones de conjunto. Va más allá de lo declarativo y se manifiesta en la integridad de los comportamientos. La virtud es la capacidad de construir, acordar y aplicar los valores éticos y sociales en los actos de la organización, en forma amplia y sostenida. Lo virtuoso es sostenerse en los principios como efecto de su aplicación.

Se trata de rasgos y capacidades amplias, que comparten todos los estamentos de la organización, en sus distintos lugares y funciones. Valores y capacidades que refieren a ser responsables, cumplir con la palabra, ser equitativos en las cargas y compensaciones, el respeto a la diversidad, la privacidad y las reservas de conciencia, la colaboración y actitud solidaria, la honestidad y transparencia en las transacciones, la búsqueda de mejores prácticas, la igualdad de oportunidades. No sólo en la persona de los líderes y directivos sino como una capacidad de conjunto.

En la organización sustentable los valores están siempre presentes, no son relativos a una situación ni cambiantes según la coyuntura, son capital social. Condiciones constantes que guían los comportamientos, que no operan en función

de intereses individuales o situaciones particulares. Valores
y creencias que permiten lazos duraderos, que no dependen
de "la subjetividad" individual sino que se construyen en el
marco de una red de relaciones humanas en la organización.

Los valores se adoptan como un compromiso voluntario y no por hábito o conveniencia. Las dudas o tensiones
entre diferentes valores y opiniones pueden llevar a momentos de crisis. Estas tensiones no se resuelven desde el poder
centralizado. Se procesan en el marco del debate y el diálogo, respetando la diversidad, siguiendo principios que aseguran un trato equitativo. En la búsqueda de una síntesis
superadora los actores consideran tanto la continuidad de
la organización como los derechos de los individuos y grupos afectados por las decisiones.

La virtud refiere a los procesos recursivos de la organización, en tanto ella produce o brinda sus servicios siguiendo formas que la hacen sustentable en el tiempo. Lo recursivo implica que la misma producción, su legitimidad, su
aceptación, otorga continuidad a la organización. No las relaciones de fuerza. Porque el respeto a valores apreciados
socialmente aporta confiabilidad y calidad de vida interna
de la organización. Tanto en el plano interno como en sus
relaciones con el medio ambiente. Lo virtuoso tiene que ver
con la continuidad y lo sustentable, sin necesidad de recurrir a un orden impuesto desde la conducción. La organización virtuosa y sustentable tiene elementos de autoconstrucción, no se cohesiona por mandatos externos que
controlan sus acciones.

Distinto a lo sustentable es una organización pragmática que actúa considerando solamente la eficiencia y los resultados que satisfacen intereses de grupos dominantes, aún
cuando ello perjudique a otros integrantes y actores sociales. Lo pragmático se hace perverso cuando los miembros
más débiles o indefensos son obligados a resignar sus derechos y necesidades, condicionados por la trama de poder

en la organización. Puede marcarse la diferencia haciendo la comparación entre una organización virtuosa y un sistema social perverso (autoritario, egoísta). Lo virtuoso es un ambiente de trabajo con valores sociales que se respetan y mecanismos de justicia activos. Lo perverso es la condena de trabajar bajo una trama de relaciones donde prevalece la voluntad de poder y la impunidad de ciertos intereses minoritarios que conducen la organización.

La relación virtuoso-perverso no refiere a una realidad excluyente, de lo uno o lo otro. La realidad compleja nos muestra la coexistencia de áreas más o menos cercanas a los principios y valores éticos. Una realidad marcada por logros pero también exhibiendo dudas en las decisiones y relaciones tensas. Con fines reconocidos y otros postergados, inclusiones y marginaciones en la misma organización. Mostrando brechas entre el discurso directivo de excelencia y las decisiones tomadas pensando sólo en la eficiencia. Tensiones que no son una condena, que pueden superarse.

En un texto anterior sobre "la doble moral de las organizaciones" he analizado la perversidad y las razones de poder que llevan al vacío ético. Allí, la dirección utiliza el discurso de la excelencia pero sus decisiones en la práctica sólo buscan aumentar la productividad. Esta dualidad entre la teoría declarada y la utilizada no es deseable, desestabiliza la organización, impide el desarrollo humano. La presión de los mercados influye en ello. En esta obra propongo una visión de la realidad compleja donde la trama perversa es acotada y superada mediante el capital social y los valores en una organización sustentable. No se trata de nuevas formas de eficacia, sino de una filosofía de gestión aplicada en organizaciones construidas sobre bases solidarias.

PRIMERA PARTE

LA ORGANIZACIÓN SUSTENTABLE

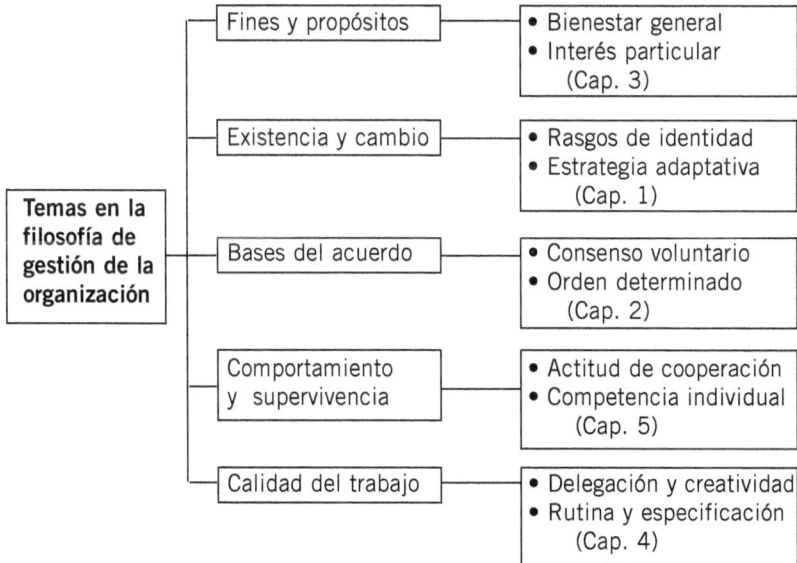

	Fines y propósitos	• Bienestar general • Interés particular (Cap. 3)
	Existencia y cambio	• Rasgos de identidad • Estrategia adaptativa (Cap. 1)
Temas en la filosofía de gestión de la organización	Bases del acuerdo	• Consenso voluntario • Orden determinado (Cap. 2)
	Comportamiento y supervivencia	• Actitud de cooperación • Competencia individual (Cap. 5)
	Calidad del trabajo	• Delegación y creatividad • Rutina y especificación (Cap. 4)

Gráfico 1. Cuestiones básicas en la filosofía de gestión.

CAPÍTULO 1

FILOSOFÍA DE GESTIÓN
EN ORGANIZACIONES

1. Proyecto de empresa y filosofía de gestión

En el marco del presente trabajo, la filosofía de gestión es un sistema de ideas que explica la razón de ser y el sentido de la organización, sistema del cual se derivan principios y propuestas para las decisiones y el comportamiento de sus integrantes. Es un sistema de ideas sobre el ser (descripción), las relaciones o razones (explicación) y el deber ser (propuesta) respecto de los comportamientos. Ayuda a los directivos en el análisis de la realidad y los orienta en sus decisiones desde una perspectiva amplia, no sólo económica. La función directiva en una organización no consiste en imponer un orden predefinido, sino en avanzar sobre la base de ideas entendidas y compartidas.

Nuestra intención es considerar la dimensión social y cultural de la organización y explicar cómo se logra el desarrollo humano en un ambiente de colaboración. Para ello se requiere un modo de pensar y gestionar solidario. No alcanza con definir un proyecto de empresa expresado en productos y servicios rentables, de allí que destacamos la importancia de reflexionar sobre la dimensión humana y social, pero lo hacemos respecto del concepto de *gestión*. Por tanto, no se trata de un ejercicio intelectual, sino de obtener conclusiones sobre el camino correcto a seguir por una organización justa en lo interno y legitimada (apreciada) en su contexto.

Esta obra proporciona conceptos y propuestas para la construcción de una filosofía de gestión basada en la calidad de vida y el desarrollo sustentable de la organización reconocida en su medio. Por ejemplo, construir y conducir un periódico requiere conceptos básicos sobre la libertad de expresión y los derechos ciudadanos, no sólo la capacidad de informar con una tecnología adecuada. Pero, además, verse a sí mismo como un sistema social, con necesidades humanas a satisfacer en forma digna, y no solamente como un aparato productivo. El periódico puede editarse con diferentes filosofías de gestión, sobre la base de principios (sustentable) y no sólo de resultados (financiable).

La aquí llamada *filosofía de gestión* es un cuerpo coherente de conceptos para la gestión, relacionado con: *a)* la misión y propósitos de la organización en su contexto (responsabilidad social); *b)* los principios, creencias y valores sociales como condiciones de orden general para las decisiones (capital social), y *c)* las políticas y lineamientos para la acción que mejor reflejan dicha misión y principios (pautas de comportamiento). Por tanto, la filosofía supera las razones y explicaciones basadas en la eficacia, la eficiencia o la adaptación al contexto. Implica adoptar una posición explícita sobre lo que se considera justo, equitativo, correcto, deseable, responsable y otras categorías de análisis que son "cuestiones filosóficas" en tanto implican una reflexión crítica sobre la realidad existente y deseable.

La filosofía de gestión opera como un marco de referencia conceptual para entender y tratar con las complejas fuerzas que actúan en el interior de la organización y con la diversidad de demandas y necesidades a satisfacer en la sociedad. Si bien la visión filosófica implica una actitud reflexiva, no se trata de un saber disociado de la acción, al menos en el campo de las organizaciones. Es una filosofía que intenta explicar y orientar la realidad organizacional y que se refleja en las decisiones de gobierno, pero no sólo como sabiduría o discurso, ni tampoco como un método o fórmula salvadora. Consiste en una filosofía activadora, orientada a mejorar la calidad de vida al sostener, por ejemplo, que "más ética y capital social generan más desarrollo" (Kliksberg, 2004).

La filosofía supera los enfoques parciales, va más allá de los modelos de organización y gestión que sólo representan los intereses de grupos dominantes y su modo de pensar hegemónico (la ideología de empresa). La filosofía de gestión no es un todo congruente. Plantea dudas, formula preguntas y señala las incoherencias provenientes de la propia diversidad que caracteriza a las organizaciones sociales complejas, en un entorno incierto y cambiante. Ante determinadas interrogantes no da una respuesta certera pero sí ofrece conceptos, valores y líneas de pensamiento que llevan a una salida razonable; por ejemplo, respecto de la cuestión de la retribución justa o de cómo debe conjugarse la juventud con la experiencia dentro de la organización.

La filosofía de gestión es una posición que atraviesa las diferentes decisiones que se toman en la organización, en todos los niveles. Son ideas que no pertenecen a un grupo de interés o influencia en especial, porque refieren a un saber compartido. En el plano de lo formal otorga argumentos, razonabilidad y previsibilidad a los comportamientos, los hace parte de "nuestro modo de pensar aquí" (compartido, voluntario). En el plano de los contenidos queremos destacar las diferencias entre la orientación amoral y utilitarista de las empresas egoístas, respecto de las actitudes responsables y solidarias de las empresas con políticas sociales.

Es diferente ver la organización como un recurso económico para el crecimiento de un grupo propietario cerrado que verla como una capacidad de conjunto sostenida sobre bases de justicia y colaboración, también comprometida con el desarrollo del medio social más amplio. En términos de Davis y Donaldson (1998), es necesario construir una filosofía que nos lleve desde la confrontación y la lucha competitiva hacia el management cooperativista, aplicado a las empresas en general y no sólo a las organizaciones creadas como cooperativas.

Una filosofía de gestión incluye una explicación a la pregunta sobre la razón de ser de la organización, su existencia e integración en el medio social. Como afirma W. Durant (1994), "el filósofo no se contenta con describir el hecho: quiere cerciorarse de su relación con la experiencia en general y llegar en esta forma a su significado y a su valor". En el mundo de los negocios se suele explicar la realidad sobre la base de las decisiones racionales, hablando del sentido, el rumbo, los objetivos. O sea, desde la intencionalidad o "el para qué" (sea un producto, un servicio o un excedente económico). Esta es una parte de la realidad. Pero la creatividad en las empresas no es producto del orden o la programación, sino de los aportes necesarios y posibles en el marco de la libertad y la ayuda mutua. Un ambiente donde valen los comportamientos en apariencia "sin sentido", pero que reflejan la fuerza de las relaciones socioafectivas que sostienen y movilizan a los grupos humanos.

El porqué de los actos y comportamientos en la organización (una cuestión filosófica) refiere a motivos y significados de los participantes y no necesariamente a los fines de la empresa. Por ejemplo, el proceso de aprendizaje organizacional no deriva de una decisión de política, sino que se produce por la preparación y disposición de los integrantes. Esa disposición, o motivación, o voluntad creativa, tiene componentes emocionales, no es el resultado de una estrategia de cambio o crecimiento. Hay planes de conducción pero también un ambiente o clima organizacional que se construye desde la realidad emergente de la interacción social.

2. Integrando valores, políticas y capacidades

En las empresas, los directivos buscadores de resultados suelen adoptar una posición pragmática, por la cual "verdad es lo que funciona", tenga razones o no. De modo que en las teorías clásicas de gestión pesan más las ideologías, los fines y los intereses que los razonamientos fundados sobre la existencia y la justicia. En el campo de la Administración existen modelos de gestión y formas de crecimiento que tienen consecuencias indeseables sobre la cohesión interna. En el presente trabajo, al asociar la filosofía con el concepto de gestión no estoy promoviendo una posición abstracta o distante, sino una actitud fundada, responsable y comprometida con la calidad de vida en las organizaciones.

La filosofía integradora refiere a sistemas de ideas y creencias que no disocian las razones, principios y valores respecto de las conclusiones o propuestas. Admite dudas y cierta abstracción y ambigüedad, pero no maneja la dualidad para sacar ventaja utilizando el discurso que encubre el poder. Es un sistema de ideas que consiste en la articulación fundada (no sólo interesada) entre el modelo ideal de organización y las propuestas de políticas para su conducción. Propuestas que hablan de un proyecto de empresa basado en una idea de organización socialmente sustentable, tanto por el apoyo de sus participantes como por parte de la comunidad más amplia que la legitima. Hablamos aquí de filosofía como un saber en el nivel de lo social, lo cultural y lo político, que más allá de la racionalidad económica, se preocupa por la relación entre la organización y el desarrollo social.

No se trata de enaltecer o sofisticar un sistema de ideas llamándolo "filosófico", o de pensar que cierto grado de abstracción y reflexión otorga importancia y legitimidad al pensamiento. Creo que lo relevante en esta dimensión filosófica es la expresión de la posición adoptada sobre el ser y el deber ser. Importan las premisas sobre la condición humana y la sociedad deseable, así como la congruencia entre esos postulados y las propuestas para la conducción de la organización. Considero importante distinguir los sistemas de ideas que intentan ser coherentes y generalizables (cuyas premisas se pueden compartir o no), respecto de los enfoques de dirección que solamente expresan la visión y los intereses de un grupo dominante en la empresa.

Mi intención es marcar la diferencia entre: *a)* los intentos de construir una filosofía de gestión defendible, tanto en el plano de los argumentos de supervivencia y crecimiento, como en el de los valores y principios que sustentan las decisiones, considerando sus consecuencias sociales y ambientales, y *b)* los enfoques pragmáticos y utilitarios de organización y dirección orientados solamente hacia resultados, preocupados por el crecimiento pero disociados de sus consecuencias sociales y culturales. Los razonamientos de orden pragmático, que buscan resultados, que justifican las decisiones por su eficacia, no se preocupan por exponer principios generales o fundar socialmente sus propuestas de gestión. No son un sistema de ideas aplicado, sino que, más bien, responden a ideologías e intereses no declarados. No recorren el camino de los fundamentos a las aplicaciones, sino que primero definen sus intereses y luego buscan las explicaciones que convienen.

No niego que la actitud pragmática o relativista (carente de valores perdurables) pueda ser eficaz en términos económicos o de capacidad productiva, pero deja la empresa en manos de los intereses y los cambiantes criterios de sus directivos sobre qué medios son correctos o incorrectos, justos o injustos. Por ejemplo, no explican si el salario justo es una condición para la gestión o una variable de ajuste respecto de las circunstancias del mercado. Estos enfoques eficientistas también son contradictorios en su mensaje, porque declaran ciertas ideas (como el bienestar y el desarrollo humano) al tiempo que en la realidad promueven y utilizan prácticas con efectos opuestos (conllevan la injusticia y la desigualdad), tanto en el plano de las relaciones humanas internas como en los intercambios con la sociedad.

En el marco de la filosofía de gestión, en el presente trabajo se señala la diferencia entre la integridad y la disociación, sobre la base de tres criterios:

a) Por la relación positiva entre la ideología o valores centrales de la empresa, y las decisiones y prácticas cotidianas. La integridad en la gestión como relación complementaria refiere a que los valores se reflejan en las pautas culturales y las prácticas cotidianas. De la filosofía se derivan prioridades para la acción; la unidad entre la "teoría declarada y la teoría en acción" (Argyris, 2001). Por el contrario, en la disociación se observa una brecha o incongruencia entre la ideología y las conductas, como en el discurso del hospital que prioriza "la salud del paciente", cuando en los hechos la atención está puesta en su poder adquisitivo (el negocio).

b) Por la compatibilidad entre las diversas creencias y valores centrales sostenidos al mismo tiempo. Por caso, aceptar que el fin justifica los medios, o promover la lucha por la supervivencia, cuando también se dice que la empresa se debe sostener en su capital social, en la colaboración y la ayuda mutua. Resultados de muy diverso signo serán "filosóficamente" posibles y aceptables, porque los ideales son contradictorios. La consecuencia de ello son empresas en las cuales se habla de lo bueno y de lo malo, y los individuos quedan atrapados en un "doble vínculo" (Watzlawick, 1988).

c) Por los contenidos de las ideas centrales. La integridad refiere al respeto de principios éticos y valores sociales reconocidos, lo cual implica cumplir con las promesas, reconocer los derechos humanos o colaborar con los proyectos comunitarios, todo como una filosofía de gestión. Por el contrario, un enfoque disociador no reconoce compromisos, sostiene que todo cambia y es relativo. Advierte que el mundo de la realidad (el ser y los juicios de hecho) tiene condiciones propias y diversas de los ideales (el deber ser y los juicios de valor). Los directivos toman distancia de las abstracciones y evalúan las condiciones concretas para saber, en cada situación, qué es lo mejor considerando los cambiantes objetivos de la empresa y siguiendo "una actitud pragmática" (Frederick, 2001).

Es importante rescatar la voluntad política en el mantenimiento de una filosofía de gestión. Los hechos pueden no acompañar, debido a circunstancias no previstas o impensadas. Del mismo modo, un resultado exitoso no necesariamente legitima los ideales de una organización, en particular cuando el crecimiento es para unos pocos o los resultados devienen de privilegios o del uso de la fuerza. Es peligroso entonces hablar de "filosofías que se muestran exitosas", como fórmulas sin un contexto valorativo. No es el sentido de este trabajo, donde intento identificar lo deseable y lo correcto en términos de la organización, como también en cuanto al desarrollo humano, a lo justo y necesario para la sociedad, considerando valores y proyectos compartidos.

3. Supervivencia y crecimiento sobre bases de equidad

El desarrollo con justicia social requiere una articulación entre las organizaciones y el orden público, el bienestar general. Hablar de filosofía en el dominio de la gestión implica un razonamiento que excede los límites de la empresa y tomar posición acerca de la responsabilidad de la organización en el medio social más amplio. Una imagen de las necesidades a satisfacer, de las áreas o instituciones con las cuales la empresa deberá relacionarse, bajo pautas culturales que regulan la interacción cotidiana. Al decir "tomar posición" no pienso que sea una, excluyente. El dominio de lo filosófico como un tema de gestión significa salir del silencio y abrirse al diálogo sobre conceptos y posiciones, rescata la búsqueda de consensos en la organización.

De modo que lo filosófico no nos compromete con un determinado esquema conceptual, sino que implica asumir el compromiso de fundar dicho sistema de ideas, de sostenerlo frente a la crítica, de relacionarlo con la lógica de las decisiones directivas. El razonamiento directivo puede ser "hagamos nuestro producto y que la sociedad civil se construya sola, no es tema nuestro". Desde el concepto de *filosofía de gestión*, los directivos son libres de sostener esta idea, pero también deben fundarla y explicar cómo la empresa puede crecer de manera aislada, en medio de la pobreza, la desocupación y la injusticia. En verdad, ello es posible, pero sobre la base de razones de dominación, no filosóficas.

El pensar en las salvaciones individuales carece de factibilidad cuando la actividad se basa en la interacción social. Es un pensar egoísta que carece de "inteligencia social" (Schvarstein, 2003), considerando que las organizaciones son siempre construcciones humanas. El presente trabajo refiere a filosofías construidas sobre principios de colaboración y solidaridad, de respeto a valores éticos y de pleno ejercicio de la responsabilidad social de la organización interactuando con su medio ambiente. Ello sobre bases equitativas, no sobre relaciones de fuerza en los mercados. El cliente como ciudadano no sólo parte de la demanda. Creo que los conocimientos y propuestas directivas pueden verse como una filosofía de gestión cuando van más allá de la racionalidad finalista o instrumental y del pensamiento focalizado en el crecimiento económico de la empresa. Ir más allá significa tener ideas y propuestas para el desarrollo de los individuos y la organización en su contexto.

Las filosofías deben reunir ciertas condiciones de orden metodológico para considerarse como tales. Su riqueza consiste en explicitar distintas premisas y orientaciones, las llamadas *posiciones filosóficas*. Una explicitación de las cuestiones básicas que hacen a la existencia de la organización y le dan sentido, no como parte de un orden, sino como una configuración de orden y desorden, donde la organización vive y se desarrolla. Ello en una cambiante relación entre factores que se complementan y otros que se oponen, con sus armonías y disonancias, acuerdos y divergencias, razones y emociones, inmutabilidad y cambio, situaciones programadas y realidades impensadas.

Como sistema de ideas y creencias, con sus respectivas propuestas para la conducción, las filosofías de gestión implican una reflexión y toma de posición frente a temas sustantivos, entre los cuales destacamos las siguientes cuestiones a considerar:

a) la organización como un recurso productivo o como una construcción autónoma (con su identidad);
b) los objetivos como algo determinante (expresión de poder) o como determinados por las necesidades de los participantes internos y externos;
c) el comportamiento como expresión de disciplina, uniformidad o ajuste pasivo a lo establecido por la estructura, o como una relación aceptada entre las

capacidades individuales y los requerimientos de la tarea;

d) los grupos de influencia relacionados con la empresa (clientes, proveedores, asociaciones civiles, instituciones), vistos como participantes o solamente como actores externos;

e) la propiedad como un derecho compartido sobre los activos de la empresa o como el derecho de un grupo de socios o propietarios, diferenciados del factor trabajo;

f) los criterios para retribuir el trabajo (justicia distributiva), por ejemplo tomando solamente el valor de la tarea realizada o considerando además las diferentes capacidades y necesidades de los participantes;

g) en el plano de las decisiones, seguir principios o guiarse por los mejores resultados para la organización y sus integrantes. O sea, si el fin justifica los medios, o si existe la disposición a considerar los valores que también están presentes en las tecnologías.

En la base de la filosofía de gestión se destaca el problema de las consecuencias sociales del crecimiento económico. Cuando los directivos se enfrentan a situaciones de decisión sobre la incorporación de nueva tecnología, como los sistemas informáticos, o de métodos de capacitación o de producción nuevos: ¿cómo influye la filosofía de gestión en estas decisiones? La visión filosófica no necesariamente demora o niega los cambios, sino que llama a evaluar cuáles son compatibles y cuáles se contradicen con los valores sostenidos por la organización y los derechos de sus integrantes. Desde este enfoque de gestión no es correcto hacer cambios copiando de manera acrítica, porque siempre requiere una reflexión y una aplicación razonada.

Una filosofía centrada en lo humano no necesariamente plantea problemas respecto de los métodos asociados a la racionalización y mejora del trabajo, tales como la calidad total, la reingeniería o la mejora continua de procesos. La cuestión es evaluar en qué medida dichas técnicas o aplicaciones no encubren un abuso de poder, una carga injusta de tareas o una presión exagerada sobre los participantes. La filosofía implica una valoración expresa de las consecuencias, aunque desde distintas posiciones o perspectivas. En la empresa, por ejemplo, el sistema de ideas puede tener una orientación conservadora o favorable al cambio y los procesos de modernización, y ello influye sobre la intensidad y el contenido de las nuevas aplicaciones. En este sentido, la filosofía de la gestión actúa como un marco de referencia orientador para las decisiones de política y las medidas de gobierno.

4. Sobre la confrontación y la idea de construir juntos

En el campo de la dirección hay diversidad de enfoques que no llegan a constituir un "corpus filosófico", porque son una búsqueda de abstracciones para justificar o dar razonabilidad a fines estrechos. Por ejemplo, los conceptos de *empresa, competencia, reglas de los mercados, lucha por la supervivencia* y *triunfo del más apto* se presentan como el reflejo de procesos "naturales" o inevitables, formas necesarias para el progreso. Ideas que reflejan un modo de organización y estrategias de conducción desde la mirada de ciertos grupos en la organización. Estas construcciones son ideologías, o el llamado *pensamiento desde el deseo*. Representan ciertos intereses en juego y, más concretamente, a quienes controlan o detentan el poder y ven la empresa como un recurso generador de utilidades. Por caso, los enfoques de "la dirección por resultados" o "el management competitivo".

Estas ideologías, disfrazadas y presentadas como teo-rías, tienen problemas en sus premisas de base, por ejem-plo al ver la motivación y la cultura como algo instrumen-tal y manejable, o al hablar sobre la existencia de una realidad "objetiva" externa a los individuos sin considerar los procesos de significación. También presentan inconsis-tencia en los razonamientos, como esperar colaboración y compromiso de los individuos en el marco de una confron-tación cotidiana que no repara en medios para alcanzar "el posicionamiento" espacial o mental. Un raro concepto de colaboración a través de las relaciones de fuerza o la ame-naza de exclusión. En otra obra he señalado las contradic-ciones de estas formas de gestión que proponen crear o motivar en el marco de un esquema empresario que es so-cialmente destructivo (Etkin, 1996).

Se trata de enfoques nominales o sólo discursivos, con fallas estructurales, como pensar que los esfuerzos indivi-duales, la confrontación y la concentración económica pue-den llevar al desarrollo sostenible. Los ideólogos competi-tivos reconocen estas incongruencias, pero presentan las crisis y conflictos como partes de un juego empresario y "costos de todo sistema perfectible". No creo que estos cos-tos de carácter humano sean inevitables para lograr el cre-cimiento. Y es injusto que deban ser pagados, mediante la frustración y el desempleo, por los grupos más vulnerables en la organización y en su medio social. De allí la necesi-dad de filosofías de gestión basadas en la integridad y que reconozcan el carácter social de las organizaciones.

Los discursos ideológicos utilizados "para convencer" se pueden presentar como visiones o filosofías de gestión que convierten a las organizaciones en "empresas visiona-rias". Estas ideas se relacionan con la construcción de una imagen atractiva, no siempre acompañada por la acepta-ción de los integrantes, que sufren una realidad distinta, o de la sociedad civil, que tiene sus necesidades insatisfechas.

Sin embargo, estas declaraciones se presentan a sí mismas como "teorías de la organización". En realidad, son propuestas antes que conocimientos fundados o demostrables. Respecto de sus afirmaciones se puede constatar que lo contrario es igualmente válido, por ejemplo cuando se afirma que la supervivencia es una aptitud y se omite decir que también tiene que ver con el control de los recursos o el uso de la fuerza. Y sin explicar si dicha aptitud se relaciona con el bienestar general o solamente con el crecimiento de un grupo particular.

Para salir de las confusiones creo importante marcar las diferencias entre: *a)* la filosofía de la confrontación, que explica a la organización como una capacidad diseñada y conducida para sobrevivir y crecer en un entorno agresivo, y *b)* la visión solidaria y colaborativa de las organizaciones que se basan en principios y valores, construcciones sociales cuyos proyectos son compartidos, satisfacen las necesidades de sus participantes y también colaboran en el desarrollo de su medio ambiente. Hablo aquí de valores en el plano de lo ético y lo social, distintos de los valores que se incorporan en las estrategias fabriles o comerciales, tales como pensar en el progreso, trabajar con tecnologías de punta, la satisfacción al cliente y la calidad y confiabilidad del producto.

5. Filosofía de gestión y pensamiento complejo

Disponer de una filosofía lleva a enmarcar los hechos en un contexto de procesos más amplios, a buscar razones y construir explicaciones sostenibles. Por caso, el directivo puede considerar una huelga como la manifestación de una injusta desigualdad en las relaciones de trabajo, un factor de discontinuidad que requiere atención específica para su resolución. O bien, ver el movimiento de fuerza como la expresión de una desigualdad considerada normal por la empresa, no superable, propia de una relación de poder. En este caso, una posible actitud es reforzar los dispositivos de disciplina y control (vigilar y castigar), para volver la situación a su condición de origen.

Carecer de una filosofía implica que los directivos (y los participantes en general) tienen una actitud de "asombro sin otros comentarios" frente a la realidad impensada, ven los eventos en forma aislada, sin capacidad de conectarlos, y solamente hablan desde la experiencia o lo ya ocurrido. La filosofía de gestión implica la utilización de un marco conceptual que permite y produce un proceso de significación y la valoración de la realidad. Un marco filosófico lleva a interpretar la crisis, el desorden o la incertidumbre en la realidad circundante. Puede explicarlos como una situación amenazante o un peligro latente, pero también, desde otra perspectiva, puede evaluar esa realidad como una fuente de señales para la movilización y como una oportunidad para el cambio.

El marco conceptual puede estar relacionado con la conservación del orden existente en la organización, o bien estar comprometido con un proceso de transformación hacia relaciones más justas o equitativas. Conservadoras o renovadoras, en todo caso, las filosofías son un cuerpo de ideas que debe cumplir con el requisito de la integridad. Es decir, un razonamiento que articula de manera lógica las premisas con la descripción y la propuesta. La condición de integridad también significa que la filosofía de gestión no es una estrategia de conducción o una expresión de poder, sino que representa la voluntad de hallar un modo de entender y hacer compartido, no impuesto. Si no existe esta mirada amplia o de conjunto, esta búsqueda de consenso, entonces no se trata de una filosofía de gestión, sino del discurso del poder desde un grupo minoritario.

La filosofía de gestión es un cuerpo de ideas que busca articular las diferentes miradas e intereses que coexisten en la organización. Ideas que juegan como denominador común para coordinar los esfuerzos de múltiples grupos de participantes. La diversidad (de necesidades, ideas y capacidades) no se considera en la visión filosófica un obstáculo o limitación, sino una realidad propia de toda organización social. Para entender esta realidad se requiere, como explica E. Morin (1994), un "pensamiento de la complejidad" (*complexus*: lo que está tejido en conjunto). Lo complejo es admitir la coexistencia de orden y desorden, de obligación y libertad, sin ver en ello un drama. Pero no basta con decir que se trata de "problemas" o dualidades que dinamizan la organización. La visión filosófica nos lleva a reflexionar sobre las injusticias que pueden darse en esta relación de razón y sinrazón. No se trata sólo de comprender, sino también de actuar sobre la injusticia.

La búsqueda de ciertos objetivos puede llevar a construir filosofías aparentes, "compatibles" con la lucha competitiva, que promueven la confrontación y legitiman las relaciones de fuerza para crecer en los mercados. En este trabajo he reconocido la posibilidad de múltiples filosofías de gestión como expresión de los supuestos y visiones de grupos diferentes. He tomado posición a favor de una mirada integradora, que considera tanto los procesos económicos (la racionalidad finalista) como los sociales (la cultura cooperativista) y los políticos (la amplia participación en la Dirección). Una filosofía de gestión basada en la integridad, o sea, en la articulación de los resultados con los valores sociales (las relaciones justas y solidarias). Ello implica ver la organización como una construcción que satisface necesidades en un clima de colaboración, incluyendo en la gestión el respeto a los derechos humanos, la justicia distributiva y la responsabilidad social de las organizaciones por razones filosóficas, no sólo estratégicas.

Bibliografía

Ackoff, Russell L.: *Recreación de las corporaciones*, Oxford University Press, México, 2000.

Argyris, Chris: *Sobre el aprendizaje organizacional*, Oxford University Press, México, 2001.

Davis, P. y Donaldson, J.: *Co-operative Management. A Philosophy for Business*, New Harmony Press, Reading, G.B., Londres, 1998.

Davis, Peter: *La administración de la diferencia cooperativa*, Oficina Internacional del Trabajo, Ginebra, 1999.

Durant, Hill: *Historia de la Filosofía*, Editorial Diana, México, 1994.

Etkin, Jorge: *Política, gobierno y gerencia de las organizaciones*, Prentice Hall, Buenos Aires, 2000.

Etkin, Jorge: *La empresa competitiva. Su grandeza y decadencia*, McGraw-Hill, Chile, 1996.

Frederick, Robert: *La ética en los negocios. Aplicación a problemas en las organizaciones de negocios*, Oxford University Press, México, 2001.

Gratton, Lynda: *Estrategias de capital humano*, Prentice Hall, Madrid, 2001.

Kliksberg, Bernardo: *Más ética, más desarrollo*, Temas, Buenos Aires, 2004.

Morin, Edgar: *Introducción al pensamiento complejo*, Gedisa, Barcelona, 1994.

Thomas, D. y Ely, R.: "Making differences matter", *Harvard Business Review*, Boston, octubre, 1996.

Rawls, John: *A Theory of Justice*, Harvard University Press, Cambridge, 1971.

Schvarstein, Leonardo: *La inteligencia social de las organizaciones*, Paidós, Buenos Aires, 2003.

Watzlawick, Paul: *La realidad inventada*, Gedisa, Buenos Aires, 1988.

35

CAPÍTULO 2

LA REALIDAD, ARMONÍAS Y DISONANCIAS

1. Misión, eficacia y responsabilidad de la gestión

En esta obra consideramos los valores sociales no sólo como una cuestión de principios, sino también como un camino necesario para enfrentar la complejidad de las variables del contexto y las tensiones en la realidad interna de la organización. No es sólo avanzar sobre los contenidos técnicos de la gestión directiva, sino también pensar en los enfoques que permitan superar el ambiente de injusticia en las relaciones laborales y los procesos productivos. Un malestar que crece al amparo de las formas de conducción orientadas solamente hacia la eficiencia y la productividad. Para superar este malestar se requiere una visión amplia que integre la inteligencia social, política y económica, tanto en la construcción de la organización como en sus formas de conducción.

En la base de la organización (fábrica, negocio, servicio, escuela, hospital) hay ciertas tensiones y dualidades que la hacen inestable o ambigua. Pero ello no es sinónimo de peligro, porque la diversidad también dinamiza a la organización, la hace cambiar con el tiempo. Esta tensión siempre presente es la relación dual entre la necesidad de actuar en términos racionales (pensando en el producto) y, al mismo tiempo, atender las necesidades y motivaciones sociales de los individuos. Relación que se plantea en un ambiente donde conviven múltiples intereses, razones, fines personales y de los grupos internos. En este sentido, vemos la organización como una unidad buscada en un ambiente de diversidad. Esta complejidad de capacidades y fuerzas debe ser contemplada con la intención de respetar la libertad de expresión y favorecer el diálogo y las críticas constructivas.

El problema es que hay formas de pensar y de conducir (indeseables) que profundizan la brecha entre individuo y organización, la distancia entre necesidades y satisfacciones. Las brechas pueden provenir de situaciones no previstas, pero también de estrategias deliberadas. Por ejemplo, las tensiones y conflictos derivados de una estrategia eficientista sólo preocupada por la producción, que posterga las legítimas aspiraciones de individuos y grupos de trabajo. No es lo mismo la dualidad propia de la diversidad de grupos que conviven en la organización compleja, que las relaciones conflictivas (resistencias) que se derivan de una gestión autoritaria.

Nos proponemos explicar de qué modo algunos enfoques sobre gestión (y directivos que los aplican) presentan cierta realidad interna y externa como necesaria, inevitable o natural, cuando en verdad se trata de hechos provocados por decisiones directivas arbitrarias, injustas, equivocadas. Son enfoques que llevan a afirmaciones parciales e interesadas, que disimulan la influencia del poder y las ideologías que operan sobre la organización. Por caso, Scott y Mitchell (1973), en su teoría de la organización, confunden la idea del agrupamiento social con su diseño y forma de operación. Allí dicen: "La idea de organización, según la concebimos, casi siempre concuerda con el concepto más amplio de racionalidad. (...) Ese concepto descansa en la interacción de las fuerzas de la especialización y la coordinación. Si vemos cambios en el modelo de organización es porque en forma continua se buscan mejores (más racionales) combinaciones de técnicas que reconcilian dichas fuerzas".

Desde esta mirada que enfatiza lo técnico, los autores llegan a conclusiones peligrosas. Por ejemplo, que "la organización no es más responsable que lo que podría serlo un automóvil en el caso de un accidente originado en un error de juicio", porque, en ambos casos, se trata de vehículos diseñados para lograr ciertos propósitos. En el presente trabajo vamos a referirnos a las capacidades y la responsabilidad de la propia organización, en cuanto asociación que refleja, construye y lleva adelante un sistema de valores compartido.

Los procesos de conducción no se componen solamente de conocimiento, recursos y razones. La conducción implica liderar un diálogo continuado donde el tema es la toma de posición (los acuerdos) acerca de los principios básicos que hacen a la convivencia social, como los valores de justicia, libertad, equidad, igualdad y solidaridad. En la organización hay procesos de valoración y de reflexión, en el sentido de que sus integrantes pueden verse a sí mismos, en conjunto, como una realidad criticable o mejorable. Disponen de esta conciencia aunque ciertos modelos de gestión los quieran convencer de que su destino es ser parte de una maquinaria productiva.

No estamos discutiendo acerca de las ventajas comparativas entre distintas formas de gestión; por ejemplo, los modelos cooperativos frente a los competitivos, o la autogestión respecto de la conducción de los propietarios. Lo que decimos es que no puede confundirse la descripción y la norma, la idea y el diseño, la teoría y la praxis. Corresponde distinguir entre: *a)* la organización como unidad de esfuerzos tras la producción de bienes y servicios, y *b)* la organización como realidad social que existe en tanto hay una significación compartida y un sistema de ideas y valores reconocidos por sus miembros. Ello implica que el tema de los valores siempre está presente (no es opcional) y que su correcto tratamiento hace tanto a las armonías y disonancias en la organización, como a la calidad de vida y la posibilidad de su crecimiento.

La idea del orden, o paradigma de la racionalidad, sostiene que lo correcto o incorrecto, lo racional o irracional, lo deseable o indeseable, dependen de la relación que se observa entre las actividades y los propósitos asignados (declarados, establecidos) por la organización. En este marco, para que la organización exista, la subjetividad, las emociones, las creencias y los valores tienen que canalizarse (y legitimarse) a través de esos propósitos. Según la visión mecanicista, la existencia de la organización implica que los motivos o necesidades personales estén sometidos a los objetivos y los criterios de diseño de la organización. Los elementos de la subjetividad social se derivan al ámbito de la Política, como un determinante externo a la organización, que de este modo dejaría de ser "social".

Se dice que la organización "tiene que ser" de un modo determinado, como si ello fuera una cuestión de orden natural no discutible o una condición para su existencia. De manera que, para entenderla y conducirla, también hay que partir de ese diseño o "tener que ser", por ejemplo cuando se afirma que la organización tiene que ser competitiva como condición de existencia. En muchos casos se trata de una visión compatible o derivada de las preferencias del analista o directivo. Son ejemplos del llamado *pensamiento desde el deseo,* donde el observador transforma sus juicios personales en hechos naturales o normales.

Los enfoques racionales (como factor básico y excluyente) ven el orden como algo natural en una organización. Los procesos "sin sentido" o "sin razones" estarían fuera del concepto de organización. Frente a ello, la idea de la complejidad y de los sistemas sociotécnicos explica ese orden como un diseño dentro de los posibles, no una naturalidad. En realidad, ese orden suele ser una toma de posición desde la Dirección como grupo representativo de ciertos sectores de interés (incluyendo sus propios fines). Desde nuestra visión, el modelo de organización y la forma de gestión contienen elementos relacionados con la ideología y la trama del poder. En estos términos, también podemos considerar que el desorden, el malestar y la discrepancia son actitudes esperables y están relacionados con el vacío ético y la falta de consenso en la organización.

2. La coexistencia de razones, intereses y convicciones

La organización existe en una realidad diversa, múltiple, dentro de ciertas condiciones que limitan sus decisiones. La diversidad es consecuencia de los múltiples grupos internos y actores externos *(stakeholders)* que influyen en sus decisiones. También hay diferencias referidas a cuestiones de valor, lo bueno, lo deseable, lo correcto, lo apreciado en términos grupales y sociales. Una organización vivible o sustentable (no autoritaria) debe disponer de espacios para la consideración de las diferencias en el orden de lo emocional o lo ideológico. Desde nuestra visión, la cuestión de las convicciones, principios y valores sociales no debe tomarse como algo irracional o disfuncional para la empresa, sino como un proceso que permite mejorar la calidad de vida dentro de la organización y en sus aportes a la comunidad.

Es cierto que la organización se basa en comportamientos pautados o coordinados y que ello no depende de las opiniones personales de sus miembros. Esas pautas tienen que ver con la continuidad del conjunto y con ciertos proyectos, productos o servicios destinados a la comunidad con la cual interactúan e intercambian recursos. Es decir, la organización tiene elementos de racionalidad y expectativas compartidas. Pero, de esta condición de mínima no puede deducirse que dichos elementos expliquen todo lo que la organización tiene de vital o importante. No puede deducirse, por ejemplo, que lo impensado (desde el poder), lo emocional y lo ideológico sean elementos marginales, que desestabilizan la empresa.

La visión desde el planeamiento y el control, que en apariencia es técnica o neutral, también implica un intento no declarado de descalificar el desorden o lo emergente. Se lo niega porque es una realidad que escapa a la racionalidad dominante en la organización. Hay un temor no declarado a reconocer variables que no son controlables desde la Dirección, o crisis que esta misma provoca. Ello no debe hacernos caer en el error de hablar de la organización como una estructura que se define en cada momento, como una realidad donde el planeamiento no cuenta y cada situación se analiza por separado. Pensamos que una descripción más completa y representativa requiere hablar de la coexistencia del orden y el desorden. Un equilibrio en lo manifiesto puede ser también un desequilibrio en lo subyacente. La tarea es mostrar cómo ello es posible y de qué manera funciona en cada organización, la cual, bajo esta perspectiva, pasaría a ser una configuración.

Las organizaciones sociales existen en la medida que logran articular los esfuerzos de los integrantes, satisfacer necesidades y prestar servicios al contexto en el cual operan. Esto no significa que exista un contrato que todos cumplen, pero sí que hay una trama de intereses y fuerzas que dan una mínima cohesión a la organización. La cohesión puede derivar de las formas de gestión, de los propósitos y de las tecnologías que permiten articular esfuerzos. Pero también de fuerzas internas que integran a los individuos y de actividades en el plano de la subjetividad, como las formas de pensar, las creencias y valores que son compartidos y hacen a la cultura de la organización.

Las razones de la cohesión y la posibilidad de crecimiento conjunto (de los individuos y la organización) tienen que ver con la naturaleza del sistema, sus elementos constitutivos y las demandas del contexto. En ciertas organizaciones, los procesos productivos determinan condiciones muy fuertes que influyen sobre las restantes funciones del sistema. En estos casos, las capacidades humanas son vistas como factores productivos. La organización en sí misma se visualiza como una unidad económica, donde prevalece la racionalidad técnica o instrumental orientada a la eficiencia y al producto; por ejemplo, en una explotación minera, una destilería, una acería, una planta de energía. En ellas, las ideas y formas de pensar en la organización están muy impregnadas por el diseño de los procesos, las especificaciones del producto y la presión de los mercados.

En las organizaciones que operan con tecnología y producto estandarizados, los procesos productivos aparecen como los factores de articulación más importantes. El diseño de la estructura y las redes de comunicación suelen reflejar estos procesos. No es el único factor de cohesión, pero fija condiciones al conjunto. Ello ocurre porque no hay muchas alternativas respecto de los métodos que permitan alcanzar el nivel de producción requerido por la organización. En estos casos hablamos de la organización racional, determinada por el producto o las prestaciones finales. Su núcleo tecnológico avanza (es prioritario) sobre las restantes variables de la organización.

La referencia a la llamada *organización racional* no implica que en ellas se niegue la importancia del factor humano. Por ejemplo, es cierto que en el caso de un laboratorio de productos medicinales existe la figura de la responsabilidad social y la capacidad profesional de sus investigadores, factores que no pueden considerarse técnicos o formales. Pero también es cierto que no hay muchos métodos para lograr ciertos medicamentos de manera eficiente y bajo estrictas condiciones de calidad. El laboratorio, como tal, está determinado por programas y normas, de manera que son esos y no otros los que pueden aplicarse. La flexibilidad no hace al núcleo de sus operaciones.

Otras organizaciones tienen mayores libertades en el momento de diseñar y definir sus formas de producción. Su comportamiento depende más de los análisis de la situación hechos por los directivos, de las cambiantes demandas del medio, de la capacidad innovadora y la creatividad del personal. Están más influenciadas por aspectos que hacen a la subjetividad de la organización, tales como la comunicación, la motivación y los fines compartidos; por ejemplo, un periódico, una escuela, un centro de atención médica, una agencia de publicidad, una explotación agropecuaria familiar. En estas organizaciones, los factores socioculturales tienen mayor importancia sobre los modos de pensar y actuar. En estos casos, hablamos de una organización compleja, una conjunción de factores sociales y técnicos, en interacción con los cambios ambientales.

La distinción que estamos realizando no intenta agotar las posibles categorías de organización. En los hechos, muchas organizaciones incluyen los rasgos que hemos presentado por separado. En una misma estructura podemos encontrar áreas que están determinadas o programadas, mientras que otras tienen la posibilidad de reformarse a sí mismas en el tiempo (autoconstrucción). Por ejemplo, en una escuela hay aspectos que están determinados, como los planes de estudio, los exámenes, la matrícula y los requisitos de admisión. Pero el diálogo alumno-docente en el aula es una relación que incluye el cuestionamiento y la innovación; es un proceso creativo no definido *a priori*, que dinamiza a la institución.

Las categorías que estamos proponiendo corresponden a modos de ver o entender, pero también son ideas que llevan a establecer o preferir ciertos métodos y orientaciones de gestión. Nuestra intención es mostrar los alcances y limitaciones de esas visiones o estrategias de conocimiento aplicadas a la organización. Verla como un sistema racional o determinado, que existe porque sigue pautas y cuyas decisiones deben ser programadas, se enmarca dentro del llamado *paradigma de la simplicidad*. El paradigma de la complejidad, en cambio, se caracteriza por considerar a la organización como un sistema sociotécnico abierto, que existe porque tiene la capacidad interna de renovarse en un entorno incierto y ambiguo.

Entiéndase que ambas perspectivas reconocen que la realidad supera lo programado; pero, ante esta brecha, las explicaciones son diversas. Por ejemplo, frente a los procesos de liderazgo que son paralelos o que, incluso, desplazan a los jefes formales, la visión racional considera que están mostrando una crisis de autoridad y corresponde corregir el desvío (se podría proponer capacitar a los jefes o revisar las designaciones). En cambio, el enfoque de la complejidad admite que las dualidades son parte de la misma organización. En esta coexisten ideas, procesos y fuerzas que no son complementarios, aunque conviven en la misma realidad.

A continuación veremos las implicancias de los enfoques de la organización en dos planos. En el dominio de lo descriptivo, como forma de entender y explicar la realidad. En el dominio de lo normativo, como un conocimiento referido a la forma de conducir la organización en el sentido de sus propósitos. Respecto de la descripción, podemos analizar si es correcta, si considera los factores relevantes de la organización y si brinda alguna explicación sobre sus comportamientos. Respecto de lo normativo, es posible evaluar si las estrategias son congruentes con los objetivos que dicen perseguir los directivos, asociados o accionistas de la organización.

Es difícil que sobre la base de un análisis incorrecto de la organización (que ignora sus variables críticas) se pueda construir una gestión efectiva. Las omisiones o negaciones de la realidad social son una fuente de crisis y conflictos en la organización. En el presente trabajo deseamos señalar: *a)* las fallas en los modelos descriptivos de la organización, porque omiten factores relevantes o simplifican en exceso la realidad analizada; *b)* los errores de lógica en el diseño de estructuras y procesos que los hacen incompetentes para lograr los propósitos que dicen perseguir, y *c)* las dualidades que introducen en la organización las estrategias de poder desde la conducción. Sobre este marco crítico queremos destacar la importancia de los principios, las creencias y los valores sociales como factores que hacen a la convivencia y el crecimiento de la organización.

3. La organización y sus propósitos múltiples

Las organizaciones suelen explicarse como grupos coordinados y conducidos, cuyas actividades están articuladas por ciertos propósitos conocidos y que se suponen compartidos (por convicción o por conveniencia). Desde esta visión racional, técnica y económica, un centro de salud se explica por sus intenciones declaradas de brindar prestaciones médicas, una escuela por sus actividades de enseñanza, un periódico por su intención de informar al público, y un banco por sus finalidades de tomar y prestar dinero. Son organizaciones en la medida que actúan en forma coordinada y son previsibles porque se orientan por sus fines. Los directivos deciden, en el sentido que plantean y comparan alternativas y luego eligen de manera razonable (eficiente).

En esta visión de la organización, la realidad se explica desde lo razonable. Si alguien está haciendo algo, y esa actividad se mantiene, es porque tiene un sentido. Digamos que esta actitud finalista se convierte en una condición de todos los comportamientos en la organización. Esta visión lleva a confundir lo razonable con las prácticas emergentes (que surgen, que no se planifican). La idea desde lo racional es que las actividades deben tener un sentido, por tanto, en la práctica, también lo tienen.

Esta confusión mental no es ingenua, puede ser parte de un "querer pensar" de ese modo, de una ideología. Uno de los peligros es descalificar o marginar los hechos que no resultan de una decisión programada. Se mira con temor ciertos procesos que surgen de la interacción social, pero a los cuales es difícil asignarles un propósito predefinido; por ejemplo, las actitudes derivadas de las emociones, principios o creencias. Estas ideas no son "para obtener algo", sino que reflejan una tensión, una ilusión, un modo de pensar. Los gerentes, con un enfoque racional, se preguntan sobre el aporte de los valores sociales (como la equidad, la justicia, la solidaridad) a los objetivos de la organización.

En los enfoques sobre Dirección es necesario distinguir entre: *a)* el conocimiento que se construye para hacer referencia a la realidad de las organizaciones (el plano de lo descriptivo), y *b)* las afirmaciones sobre los mejores modos de diseñarlas y conducirlas (el plano de lo normativo). La intención del analista o directivo es diferente en ambos casos. En la descripción se trata de una afirmación que pretende representar los hechos, cómo están ocurriendo, e, incluso, hacer algunas predicciones sobre la base de ciertos principios o pautas de comportamiento. En la prescripción, la afirmación implica un deber ser o un tener que hacer sobre la base de la autoridad del ejecutivo, sus fines o sus intereses en la organización.

La descripción muestra los hechos e intenta explicar las variables y las razones que llevan hacia los estados de la realidad organizacional. Estados o procesos que pueden ser verificados o confrontados por otros analistas de la realidad, porque no son opiniones personales. Por caso, la descripción de los servicios que está prestando la organización, la identificación de los usuarios, la naturaleza de sus demandas, su posición en el mercado. La descripción admite distintas perspectivas según la mirada del analista, que puede estar más conectado con las dimensiones de lo económico, lo político, lo cultural o lo social. Respecto del contexto, el analista muestra y puntualiza cómo la organización se adapta a los cambios ambientales.

El enfoque racional explica que las organizaciones, a través de esas actividades finalistas, sirven a la sociedad (una oficina pública), generan recursos para retribuir a sus integrantes (un sindicato) y permiten satisfacer las necesidades que llevaron a su creación (un hospital). En todo caso, la organización es presentada como un medio o instrumento que permite alcanzar ciertos propósitos predefinidos y que son considerados legítimos desde el medio social. Visto como un mecanismo o instrumento productivo, el estudio de la organización muestra que puede ser más o menos efectiva (en el logro de sus objetivos), más o menos eficiente (en la utilización de sus recursos), más o menos adecuada (en su relación con el medio externo).

El enfoque racional supone que los comportamientos en la organización tienen una explicación basada en la relación entre medios eficientes y fines deseados. Y que este rasgo está siempre presente, porque en la organización no hay lugar para lo impensado y todo tiene un sentido. Claro que hay incertidumbre en el ambiente y que no todo es programable, pero la Dirección se encarga de tomar decisiones para enfrentar lo imprevisto. Ello implica una actitud racional que consiste en buscar la estabilización de los procesos y hacerlos previsibles en un entorno cambiante. La idea es que una organización no puede sobrevivir si actúa en forma irracional. Su condición de vida es ser eficiente y avanzar en el sentido de sus objetivos, los cuales también son adaptados a través de un proceso decisorio que evalúa su congruencia con el medio ambiente.

En el plano de lo descriptivo, el enfoque de la simplicidad dice que una organización existe porque tiene, en la práctica, una dosis de racionalidad, es eficiente y efectiva, y se adapta a las demandas ambientales. En términos de J. Thompson (1993): "Parece claro que los promotores de las diferentes escuelas que utilizan el modelo racional han estado en su mayor parte preocupados por el desempeño o la eficiencia y por lo tanto centrados en los procesos de planeamiento y control". El enfoque del comportamiento racional lleva a pensar que todo lo que ocurre en las organizaciones tiene un sentido y que ante respuestas no planeadas los sistemas de control se encargan de corregir los desvíos. Esto implica que aspectos de la subjetividad como la motivación o las ilusiones pueden considerarse como "indeseables" o "disfuncionales" en la medida que no se ajustan a lo programado.

Esta explicación, basada en el planeamiento y el control, corresponde al llamado *paradigma de la simplicidad* (Etkin y Schvarstein, 1986) aplicado para describir la organización. Hablar de lo simple no significa que el enfoque sea ingenuo o suponga que todas las actividades sean programables. Considera que la organización es un plan y un diseño llevado a la práctica. Los hechos (comprar, producir, vender, financiar, conducir, comunicar) se ajustan a un esquema pensado y orientado. Las actividades se ubican dentro de una estructura que relaciona funciones con resultados. En los hechos, los procesos muestran desviaciones, pero esas diferencias (que tienen la connotación del desorden) llevan a la Dirección a realizar los ajustes necesarios en las estructuras y procedimientos. En ese sentido, la Dirección es un elemento constitutivo de la organización.

El enfoque de la simplicidad es una explicación que parte de la existencia de una estructura (de funciones y de poder), que hace a la definición de una organización, que la pone en marcha, la sostiene y la orienta. Cuando esa estructura se desactualiza, los mismos procesos de conducción se encargan de evaluar la diferencia y tomarla o rechazarla. Por ejemplo, si una empresa de transporte se mantiene en el tiempo es porque está prestando servicios de la manera programada (eficiente y efectiva). La aparición de factores no planeados, como los procedimientos informales para la carga o la distribución de la mercadería, son señales que muestran una desviación y corresponde a la conducción analizar si la realidad es complementaria o antagónica respecto del proyecto de la organización.

La visión desde lo razonable sostiene que las desviaciones tienen que ver con las zonas ambiguas de la organización, lo no especificado o determinado. Los desvíos pueden aceptarse en la medida que las prácticas informales tengan alguna funcionalidad respecto del conjunto. Por ejemplo, ciertas actividades sociales en los grupos, aunque no sirven a la producción, ayudan a fortalecer las relaciones internas. Y esa cohesión es positiva para estabilizar la estructura del conjunto y motivar a sus integrantes. Desde el enfoque de la simplicidad, el análisis de la organización se basa en buscar relaciones de causales, para luego explicar la necesidad de estas relaciones. Por ese camino es posible hallar el sentido productivo de las redes informales, los procesos de liderazgo o las relaciones de poder social.

De todos modos, el paradigma de la simplicidad (en el plano de lo descriptivo) y la estrategia racional (en el plano de lo normativo) no consideran que la organización se pueda construir a sí misma. Los procesos que surgen se entienden en el marco del orden establecido. Esta premisa es insuficiente e incorrecta cuando observamos la realidad organizacional. Es cierto que hay fuerzas orientadas a establecer y aplicar los programas, pero eso no es todo. Un aspecto importante de la organización en marcha es que los comportamientos no siempre responden a un proceso decisorio previo (lo racional), ni tienen relación directa con lo proyectado desde la Dirección. Además no siempre son complementarios o funcionales al orden establecido.

No estamos hablando del caos o presentando un drama. Lo emergente y lo impensado son parte de la realidad social de las organizaciones. Suelen ocurrir, y detrás hay elementos lógicos (cubrir los vacíos de autoridad), así como imágenes y factores emocionales. Y es en este aspecto de la realidad donde los valores y principios cuentan, porque aportan criterios y orientaciones para situaciones imprevistas, como en el caso de los alumnos que se reúnen para armar una actividad que cubra la ausencia del profesor o para movilizarse contra los gestos autoritarios de la Dirección. A continuación estudiamos estos aspectos de la realidad autoconstruida, lo que también nos va a permitir ingresar en el análisis de la complejidad de las organizaciones.

4. La trama de fuerzas en la organización

Las organizaciones, en la realidad, presentan estados y procesos que no responden a los criterios y procedimientos definidos desde la conducción. Tampoco las conductas pueden explicarse en términos de los objetivos, proyectos originales y planes oficiales. Por ejemplo, hay actividades que se contradicen con las rutinas formales. En una fábrica, los obreros aplican prácticas que los protegen o les dan seguridad, aunque ello tiene efectos negativos sobre la productividad. En un centro de salud, dentro de su margen de acción, los médicos pueden elegir aquellas operaciones que les permiten trascender en los medios de comunicación, y no las prácticas más correctas en términos de la organización. ¿Hasta qué punto puede esperarse que los integrantes actúen siguiendo las expectativas, los métodos, las tecnologías y el orden establecido por los planes de la organización?

En una organización orientada hacia la eficiencia y los resultados existe, en el plano de lo formal, un poder central que controla las decisiones de las distintas áreas. Pero, en los hechos, las propias tensiones y dualidades generadas por la búsqueda de eficacia llevan a una trama de poder que refleja los fines de los diversos grupos de interés e influencia, en lucha por mejorar su posición en la apropiación de recursos. Respecto de esta trama, en el plano de la gestión social, Tânia Fischer (2002) destaca que "se constata la alternancia y pluralidad de las relaciones de poder. Existen la transversalidad y complejidad de las relaciones entre dominantes y dominados, con tensiones, avances y retrocesos permanentes, ganancias y pérdidas reales y simbólicas de los poderes espacialmente localizados". En el modelo competitivo, la trama de fuerzas moviliza a la organización, pero también trae inestabilidad e injusticia. En cambio, en un modelo colaborativo y participativo, las relaciones de poder se realizan en el marco de acuerdos de base y proyectos compartidos. No se elimina la complejidad, pero la divergencia no lleva a la exclusión, y entonces se habla de *tensión creativa*.

A la existencia de múltiples objetivos (financieros, productivos, comerciales, sociales) se agrega que muchas acciones y decisiones tienen efectos múltiples, es decir, resuenan en forma ambigua en diferentes dominios al mismo tiempo. En estas acciones se puede ver sentido y sinsentido, actos razonables e irracionales, según el marco lógico o los propósitos con los cuales se evalúa el camino elegido. Sobre este tema son clásicas las referencias de Cyert y March (1965) al problema de la suboptimización. Los objetivos están relacionados de tal manera que el logro de alguno tiene efectos negativos sobre los restantes (los marginan, los postergan, les quitan posibilidad). Por su parte, H. Simon (1963) acuñó el concepto de *racionalidad limitada* para marcar que las decisiones no llevan a los mejores resultados sino a los posibles. Por ejemplo, sabemos que la decisión de hacer inversiones en una nueva planta afectará los objetivos de liquidez, la libre disponibilidad de fondos, el costo del capital y la posibilidad de negociar descuentos con los proveedores. Un programa de subsidios continuados, como "asistencia social" asegurada, puede afectar la cultura del trabajo.

Otro problema derivado de la complejidad de fuerzas actuantes es que estas se relacionan o encadenan generando un estado de cosas que es contrario a la intención de quienes deciden. J. Elster (1989) habla de las consecuencias no intencionales de las elecciones aisladas, que llevan hacia una contrafinalidad o sinsentido para la organización. Por ejemplo, "cuando los actores por desconfianza tratan de sacar en forma simultánea dinero del banco su actitud genera una corriente que puede hacer que todos pierdan sus depósitos". Es también el caso de las firmas que adoptan la estrategia de enfrentar la recesión (coyuntura) mediante la reducción de los salarios. La consiguiente pérdida de poder adquisitivo puede convertir la recesión en una depresión generalizada que arrastre a toda la economía.

También hay una parte de lo impensado que no se deriva de la incertidumbre en el entorno, sino de la existencia de prácticas informales dentro de la organización. Prácticas que vienen a cubrir problemas no definidos por las políticas y los procedimientos, o que están mal definidos. Son códigos y reglas construidos por aquellos cuyo trabajo es estar, en forma cotidiana, en medio de los problemas que sólo ellos conocen en profundidad. La atención médica en los hospitales está llena de prácticas informales, pero gracias a ello es posible encauzar un flujo de pacientes que supera la capacidad nominal de la institución. En los periódicos, hay toda una sabiduría no declarada que permite detener la impresión en el último minuto para incorporar noticias resonantes.

Otra realidad importante e imprevista tiene que ver con las actividades de los grupos que por razones emocionales o sociales se movilizan para cuestionar o renovar el orden establecido. En ese punto nos referimos a: *1.* elementos de la cultura, como los mitos y leyendas que ignoran o desplazan los procedimientos técnicos o el saber fundado; *2.* las imágenes que individuos y grupos construyen sobre la organización y que no coinciden con la misión difundida y enseñada por los voceros de la Dirección; *3.* las relaciones de influencia y poder que se instalan en los grupos y que llevan a una superposición con la estructura oficial. El resultado es una trama de relaciones formales e informales, con sus dualidades, tensiones y oposiciones.

A título de ejemplo, podemos pensar en las actividades no programadas en una escuela. Situaciones que surgen por razones afectivas o afinidades ideológicas, que vienen a complementar (o fisurar) las relaciones entre profesores y alumnos. En este marco, la Dirección suele presionar sobre los docentes para que cumplan con la agenda y las reglas, y esto es una fuente de problemas en la relación con los estudiantes. La educación requiere un ambiente de innovación, creatividad y libertad de pensamiento, y ello suele cuestionar la idea del orden. Surge una oposición entre los grupos que respaldan la disciplina y aquellos otros que defienden la libertad en el proceso de enseñanza-aprendizaje. El resultado es que alumnos y docentes instalan medios alternativos de comunicación y grupos de estudio al margen de las aulas. Eso no ocurre "fuera" de la escuela, es parte de su realidad (dualidad) cotidiana. Este relato tiene que ver con lo complejo porque muestra y explica la coexistencia del orden y el desorden.

La realidad organizacional no diseñada o planeada, en lo que tiene de natural o social, no puede ser ni reprimida, ni ignorada por el modelo de gestión o las estrategias de los directivos. La realidad no pensada no muestra la incompetencia de los directivos, sino un estado de cosas con incertidumbre, tensiones y oposiciones internas. Cuando la Dirección intenta avanzar sobre esas fuerzas paralelas, estas suelen reaparecer en otros lugares de la misma organización, no por rebeldía sino como expresión de la diversidad de ideas que la componen. El paradigma racional intenta reducir la diversidad a una forma única de pensamiento. En cambio, el enfoque de la complejidad se aplica sobre un ambiente de pluralismo, buscando un denominador común y la unidad en diversidad.

En esta realidad compleja, la función de la Dirección es aplicar criterios compartidos para reducirla y orientarla, de modo de hacer viable o realizable a la organización. La reducción no puede hacerse poniendo todas las actividades en función de los objetivos, porque eso sería desconocer la diversidad de fuerzas y razones que actúan en la organización. Los criterios de dirección no son excluyentes o unilaterales. Incluyen razones y convicciones, especificación y ambigüedad, centralización y delegación, rigidez y flexibilidad, apertura y protección, iniciativa personal y programación. Entre estos pares conceptuales (y dentro de ellos) no siempre hay coordinación o complementación. Y todos son necesarios por la diversidad de problemas y finalidades que enfrenta la organización.

Estos pares conceptuales se utilizan en el diseño de la organización. Al respecto, L. Schvarstein (1998) explica que el desafío es hallar una síntesis dialéctica que permita superar las oposiciones. Afirma que el diseño debe entenderse como "el análisis y resolución sistemáticos de las contradicciones (...) y esto ocurre en el marco de un contexto de significación dado por la organización". A los efectos de nuestro estudio, queremos destacar que en dicho contexto de significación influye el sistema de valores y creencias. Los valores compartidos no son sólo una declaración de deseos, sino también una base del acuerdo constitutivo y una importante capacidad de la organización a la hora de enfrentar e intentar superar las tensiones que derivan de su propia complejidad.

5. Sentido y contrasentido en las decisiones

El enfoque racional de las organizaciones explica que los directivos tienen una mirada abarcadora, que siempre ubican los problemas en un marco amplio, más allá de las cuestiones de corto plazo o las metas de un sector particular. Desde este enfoque simplista y normativo, se espera que quienes conducen realicen un análisis de las consecuencias de sus políticas sobre la organización en su conjunto. En un entorno complejo, esta consideración suele ser ingenua o voluntarista, porque la Dirección opera como un grupo que tiene sus propios intereses y debe satisfacer compromisos con los grupos que representa y la sostienen en el poder. Opera, además, en una realidad con procesos contradictorios, sobre los cuales hay que tomar posición sin posibilidad de armonizar intereses.

Que se declaren propósitos generales y se hable de la misión de la organización no implica que el rumbo tomado considere todas las fuerzas en juego. En particular cuando no hay un proyecto compartido sino un grupo propietario que controla los recursos y designa a los directivos que los representan. En esta situación siempre hay sectores o temas que son afectados o sacrificados en el altar del llamado *interés general*. Por caso, con el argumento de la renovación tecnológica, los directivos pueden desarmar grupos sociales o equipos de trabajo que lleva años construir. Esta situación no tiene sentido cuando se analiza desde el punto de vista del capital humano de la organización. Muchas veces las decisiones no son inteligentes (en términos de los fines generales), sino movimientos en el mapa de poder para eliminar a una minoría adversa, enfrentar al poder sindical o imponer un nuevo proveedor.

Quienes estudian las decisiones en las empresas reconocen que hay problemas y zonas de ambigüedad que no se resuelven mediante programas o procedimientos. Son espacios indefinidos, no por falta de previsión, sino por las propias dualidades de la organización. En su difundida obra sobre la teoría de las decisiones, Cyert y March (1965) han advertido que "el conflicto entre objetivos nunca queda totalmente resuelto dentro de la empresa. Para tomar sus decisiones bajo un sistema de objetivos no enteramente compatibles entre sí, la política de la empresa consiste en descentralizar la toma de decisiones, atender cada objetivo en forma secuencial y dejar que ciertas acciones tengan una solución indefinida". La diversidad de fines y su falta de congruencia (junto a factores emocionales y sociales) llevan a la existencia de acciones no explicables o sin sentido cuando se intenta analizarlas desde la perspectiva del proyecto de empresa.

No estamos hablando del sinsentido (o lo emocional) con una visión crítica del tema, porque los individuos y grupos, al tener la posibilidad de expresarse a sí mismos, utilizando convicciones y emociones (no siguiendo reglas), pueden aportar a un ambiente de creatividad. Una de las claves de nuestra explicación es que estos márgenes de libertad (recursos y capacidades que buscan una orientación) se pueden aplicar de manera constructiva, tanto para la empresa como para su entorno. Para que esto sea posible, en la organización debe operar un sistema de ideas y valores con contenido social, o un diseño que siga un modelo de organización solidaria. Si no hay consenso sobre estos valores, los espacios no definidos son ocupados por el interés egoísta o las luchas por el poder.

Se podría pensar que la irracionalidad, si se presenta, tiene un límite, y que este límite está fijado por el peligro de fracturar o afectar la continuidad de la organización. Por ejemplo, los médicos que se obstinan en hacer operaciones costosas, llegado un momento se enfrentan con la posibilidad de provocar la quiebra de la empresa que los ha contratado para prestar servicios. En un comercio no parece razonable que los vendedores puedan mantener su obstinación de ofrecer ciertos productos sólo porque les conviene a ellos. Lo que se califica como no razonable olvida que los individuos pueden pensar en irse y dejar de preocuparse por su trabajo actual. Cuando los grupos no ven satisfechos sus intereses pueden romper el acuerdo y retirarse de la coalición. Y tienen sus razones.

El problema del sinsentido no sólo tiene que ver con la diversidad de intereses. También pesa el hecho de que la organización deba avanzar en un mercado o un medio social en el cual operan fuerzas o influencias contradictorias. Por ejemplo, la sociedad demanda la preservación ecológica, pero al mismo tiempo exige a las empresas la producción de bienes que necesariamente consumen recursos no renovables o contaminan el ambiente (el caso de los combustibles). Se habla de la imagen corporativa, del cliente satisfecho y de la orientación al mercado, al tiempo que deben hacerse extremas rebajas de costos que afectan necesariamente la calidad de los servicios.

Al interior de la organización, se pide a los individuos que colaboren entre sí, integren sus esfuerzos y trabajen en equipo. Pero al mismo tiempo se premian los esfuerzos individuales y se capacita en la lucha competitiva. Lo irracional está dado por el contenido de las comunicaciones y el discurso directivo. En términos de G. Bateson (1980), los individuos están atrapados en una relación de "doble vínculo". Para ser razonables tienen que emprender acciones que los convierten en transgresores para la misma organización. Deben comprometerse y estar motivados por factores que los enferman (la presión de los jefes). Este es también el camino hacia las llamadas "empresas neuróticas", donde individuos y grupos actúan con temor, ansiedad o agresividad por efecto de exigencias crecientes que no pueden satisfacer en forma razonable.

En el modelo de la racionalidad también se argumenta que las actitudes y fines personales están acotados por los dispositivos de control, que establecen los estándares y permiten detectar y corregir desvíos. Estas definiciones se complementan con los límites derivados de los sistemas de recompensas y sanciones, el ejercicio de la autoridad y la vigencia de los procedimientos oficiales. Sin embargo, estos dispositivos, aunque fijan condiciones para la acción, no aseguran los comportamientos, no los hacen previsibles. El diseño de los instrumentos de control responde a cierta visión de la organización desde las posiciones de poder. Un ejemplo típico de irracionalidad es el intento de fijar normas a la creatividad en una empresa que produce ideas.

La practicidad y la efectividad de los controles dependerán de la aceptación o resistencia en los grupos responsables de modificar las decisiones o comportamientos que están afectando al conjunto. Hay una dosis de irracionalidad en los controles cuando se obstinan en poner restricciones que le quitan futuro a la organización o limitan la calidad de los servicios. Por ejemplo, esto ocurre con las normas de disciplina que sancionan a quienes intentan pensar diferente. O en el caso de un periódico, cuando se presiona para obtener notas que vayan más allá de la línea editorial, hecho que ubica a sus autores en el grupo disidente. Los directivos que imponen cierto orden estricto en las empresas no lo hacen desde su ignorancia o su autoritarismo; saben que están reprimiendo pero temen que las nuevas ideas pongan en evidencia la incapacidad del aparato burocrático de conducción.

6. Imagen, estrategias y rasgos de identidad

La realidad de la organización puede ser analizada en diversas dimensiones. A los efectos de nuestro estudio podemos distinguir entre: *a)* el plano de las ideas, como las imágenes, los significados o los esquemas mentales; *b)* el plano de las relaciones sociales, en cuanto a las comunicaciones y la interacción en grupos, y *c)* el plano de las prácticas y operaciones cotidianas, referentes a productos y servicios. En estas dimensiones es posible diferenciar entre lo planeado o deseable (la visión de lo normativo), y los hechos tal como ocurren (la visión de lo descriptivo). A estas dimensiones y niveles de análisis les corresponden ambientes, lógicas, lenguajes, tiempos y finalidades también diferentes.

En el presente punto nuestro interés está puesto en el plano de las ideas y en cómo se relaciona allí lo normativo con lo descriptivo, el diseño con la realidad social emergente. Para el mundo de las ideas podemos utilizar distintos conceptos: *a)* el sistema de creencias y valores, los principios que refieren a lo bueno, lo correcto y lo deseable, y que conectan a la organización con su medio social; por ejemplo, la libertad de expresión o el respeto a la ley; *b)* las imágenes de la organización, que son representaciones con alto componente simbólico; por ejemplo, la figura mítica del fundador, ver la empresa como una familia o un lugar de cautiverio, y *c)* los esquemas mentales que caracterizan las formas de pensar de los integrantes cuando deben decidir, por caso, la ecuación costo-beneficio o la aversión al riesgo.

Algunos estudios sintetizan los mencionados factores en el concepto de *cultura de la organización*, que pone énfasis en la educación y los conocimientos, así como en los códigos, ritos y ceremonias compartidos. Pero el concepto tiene un alto componente normativo, porque marca la influencia de las llamadas *pautas culturales* sobre los comportamientos individuales. En este sentido, hay culturas más abiertas o más cerradas, que integran o que separan. Para nuestro análisis de las ideas en la organización, vamos a referirnos al concepto de *identidad*. Este marca la existencia de ciertos rasgos conocidos y compartidos, que distinguen a la organización, le dan estabilidad, la hacen previsible. No es un tema de estrategia o algo que se aprende, sino una idea de conjunto que cristaliza y se refleja en la práctica cotidiana. Por caso, la libertad de expresión y de movimientos en un jardín de infantes, o la disciplina y la jerarquía en un colegio militar. Son rasgos propios de la organización, que se construyen y se mantienen en el tiempo.

En las organizaciones, junto con los planes, existen las formas de pensar y hacer que construyen sus integrantes, y que pueden diferir del orden establecido. A estos procesos de construcción desde adentro, que enfrentan la incertidumbre y ajustan las estructuras frente a lo inesperado, refiere el concepto de *autoorganización*. El sistema no sólo produce y hace intercambios con el medio ambiente para satisfacer las demandas de los socios, usuarios o clientes. También, a través de procesos y regulaciones internas, la organización se mantiene a sí misma y desarrolla ciertos rasgos propios y diferenciados que constituyen "la identidad de la organización" (Etkin y Schvarstein, 1986). El concepto no debe analizarse como algo bueno o malo, sino como una realidad social.

La identidad se construye tanto en el orden de las relaciones cotidianas (haciendo juntos) como en el plano de lo simbólico. No es un interés de un grupo dominante o el diseño de expertos en imagen, porque lo esencial son las ideas aceptadas, no las impuestas. Puede decirse que en la organización opera un acuerdo en lo implícito sobre las ideas y valores que le dan cohesión. Como significado, la identidad refiere a la representación compartida que los miembros tienen de su organización. Ello les permite pensar y decir que trabajan en ella, les otorga una sensación de pertenencia y ciertas expectativas compartidas sobre lo correcto y lo deseable.

Desde la perspectiva ética, la empresa debe ir más allá de su imagen comercial, que responde a consideraciones estratégicas. Debe demostrar que hay una correspondencia y continuidad en el tiempo entre el pensar, el decir y el hacer del personal y los directivos. Desde el medio social, la organización es identificable en función de la continuidad en las ideas que ha declarado como propias y que la diferencian. Sobre esta base, la organización construye la confianza y credibilidad social. Ello implica, por ejemplo, que sus directivos no cambian sus modos de pensar para salvar los intereses del momento. En términos de A. Cortina (1994), "la empresa tiene que construir una identidad o personalidad cuya base conceptual es la coherencia entre las palabras (las justificaciones) y los hechos (las acciones)".

Decir que la organización se mantiene en el tiempo no implica que no pueda cambiar o que deba ser burocrática. Significa que sus reglas y estructuras le dan flexibilidad y le permiten adaptarse a las nuevas demandas ambientales. Pero esa organización, en un proceso de cambios, sigue siendo reconocida como "la misma". A través de sus valores sociales reafirma "su" identidad como unidad diferenciada en un medio cambiante. No es una imagen diseñada por los directivos, sino una idea compartida por los integrantes. Un factor de complejidad es la relación entre los procesos autónomos que hacen al mantenimiento de la organización, que operan junto a la necesidad de obtener recursos y producir para un contexto incierto, exigente y cambiante.

Como los rasgos de identidad son construidos y sostenidos por los integrantes, se trata de elementos que también fijan condiciones para los procesos productivos. Por ejemplo, en una cooperativa, la igualdad y la justicia distributiva son condiciones en las decisiones sobre asignación de tareas y en los sistemas de retribución. Estas ideas constituyen el marco en el cual los directivos deberían definir las políticas y las estrategias de negocios. De otro modo, si las políticas internas se dejan someter por los criterios tecnológicos o las reglas de los mercados, hay una mutación en los principios que sustentan a la organización. Es una cuestión ideológica y no de forma.

De todos modos, la identidad no debe verse como una condena, sino como una construcción, una manifestación de la autonomía de la organización. Si hay una voluntad política de transformar la praxis para independizarla de los principios, los socios y directivos deben ser conscientes de que no se trata de una adaptación sino de empezar de nuevo. El peligro es instalar una dualidad entre el modelo de organización (solidario) y las formas de gestión (eficientistas), porque entonces una parte de las energías de la organización deberán dedicarse a negociar los conflictos entre principios y prácticas. A veces es una cuestión de transición, un proceso pensado que tiene sus métodos y sus tiempos. Pero cuando se trata de un cambio irreflexivo, no consensuado, se instala un estado de indefinición que hace inviable a la organización. Puede decirse que en un entorno de cambios y exigencias crecientes, la cuestión es: identidad o indefinición.

7. La dinámica: cambio adaptativo y transformación

La visión de la identidad y de los acuerdos constitutivos (acuerdos de base) de la organización nos advierte sobre los límites que deben respetar las decisiones de política y sobre los riesgos del pragmatismo como enfoque de Dirección. Nos avisa sobre los peligros de los negocios irracionales, tanto cuando atraviesan la frontera de lo moral, como cuando vulneran los compromisos y acuerdos que sostienen a la organización. Y no sólo porque esas decisiones cambien los modos de producir, sino también porque rompen con las creencias y valores aceptados. La organización deja de ser un proyecto articulador y un contexto de significación compartida. En lo que sigue veremos los cambios legítimos e ilegítimos que ayudan a construir o destruir la organización, diferencias importantes a la hora de definir una filosofía de gestión solidaria.

Las organizaciones existen en tanto presentan rasgos (no siempre ventajas) que las diferencian e identifican. Las decisiones o los sucesos externos que afectan esos rasgos también originan una crisis profunda, porque llevan a que la organización no se reconozca a sí misma. Por ejemplo, un banco que por razones de conveniencia incurre en demoras a la hora de devolver los depósitos de sus clientes tradicionales, o arancelar una universidad pública que fue creada para brindar educación gratuita, o introducir la enseñanza religiosa obligatoria en una escuela que siempre ha sido laica, no confesional. Con el pretexto de un proyecto de reingeniería se pueden mezclar cambios de diferente calidad, como confundir nueva tecnología con la ruptura en los rasgos de identidad (que implica renovar la institución). Por caso, la educación a distancia en lugar del docente en el aula. No se trata de lo bueno o lo malo, sino de empezar de nuevo o adaptar lo existente.

En estos casos de ruptura con las ideas que sostienen a la organización, se puede hablar de un proceso de refundación, desintegración (se rompen los lazos) o desnaturalización (se pierden los valores). Un aspecto de la complejidad de una organización es la necesidad de la adaptación al medio junto con la condición de invariancia en sus rasgos distintivos. Este comentario no está en contra de las transformaciones que deben hacerse ante al avance tecnológico o las nuevas demandas de los asociados y usuarios.

Pero advertimos sobre la magnitud de los efectos (las resonancias sociales) cuando se tocan elementos constitutivos de la organización.

Cuando la transformación es necesaria, no sólo hace falta revisar la estructura, los sistemas y procedimientos, también se requiere armar un nuevo consenso, un acuerdo sobre bases diferentes. Por ejemplo, el proyecto de tercerizar una función que es vital para la empresa y cuyo control deja de estar en manos de esta, como el mantenimiento en una compañía de aviación. O el caso de un laboratorio de productos medicinales que resuelve entrar en el negocio de las armas químicas. La importancia del tema no se satisface con una decisión "meditada" de quienes gobiernan. Por sus implicancias, se requiere un diálogo abierto y una consulta amplia. Esa es la idea para las decisiones que afectan la identidad.

Estas rupturas pueden ser legítimas y deseables, o no. Pero, en todo caso, tienen consecuencias sobre la actitud (confianza, compromiso) de los integrantes y la mirada de los actores sociales externos a la organización. Son procesos que no pueden quedarse en el plano de lo implícito. Adentro, es necesario cambiar el modo de pensar, y no siempre los miembros están dispuestos o preparados para hacerlo, en particular si tienen el carácter de socios, asociados o afiliados. Afuera, la opinión pública tiene ciertas expectativas y debe ser advertida sobre los cambios en su interlocutor. Podemos pensar el caso de un periódico que es adquirido por el partido gobernante, o de una clínica cuyos médicos (todos científicos) venden sus acciones a un grupo financiero.

El problema, desde el marco de los principios y valores, es la conversión que se realiza a espaldas de los socios. En el caso de las cooperativas, deben enfrentar la creciente necesidad de capital para actuar en mercados cada vez más concentrados. Para ello recurren a la financiación de grupos privados que, con el tiempo, pueden asumir el control de la cooperativa. Este predominio de los inversores sobre los socios en los órganos de conducción lleva a priorizar los objetivos de rentabilidad y el pago de intereses al capital externo. La conversión, aun con la continuidad de los socios fundadores, deja de lado los principios cooperativos de asociación y ayuda mutua. Y además implica una redistribución en la asignación de los ingresos de la entidad.

En el caso de las cooperativas, los procesos de conversión (por capitalización externa) afectan el sistema de ideas y creencias compartidas. En su estudio sobre la "desmutualización", R. Rhodes (1999) explica las razones económicas del cambio, pero también marca el peligro de la ruptura de los lazos sociales. Una entidad solidaria que busca crecer sobre la base de la defensa mutua de los socios pasa a ser un espacio de divergencias ideológicas. En las asambleas aparecen los intereses enfrentados entre los socios productores y los inversores que defienden sus capitales. A estos últimos les importan más la competencia y las finanzas de la operación (cobranza en efectivo) que la acción común, la educación, la mejora en la calidad y el precio de los productos, aquello que sostienen los socios cooperativos.

Este proceso de cambios puede presentarse como un proceso de adaptación a los escenarios donde la cooperativa desarrolla su acción. Por ejemplo, la tendencia a la concentración en las unidades económicas o el creciente endeudamiento de las capas de pequeños agricultores que son la base de la cooperativa. Pero esta idea de adaptación implica formas de organización institucional que ponen en crisis los principios que sustentan a la cooperativa. En lugar de adaptación, hay un punto de inflexión en las decisiones de cambio, momento en el cual se transforma la cooperativa en una empresa que busca optimizar el rendimiento del capital invertido.

Un aspecto crítico en estas nuevas formas es la ruptura de la relación de integración de los miembros con la organización (un asociado, un voto). El productor o el usuario pasa a depender de la empresa (se subordina). En lugar de usar el eufemismo de "la adaptación al medio", los asociados deberían preguntarse si no hay otra alternativa que renunciar a sus valores básicos, a los efectos de superar sus carencias técnicas o financieras. En realidad, si esto debe considerarse una posibilidad o un riesgo. Debatir si la ruptura de los lazos sociales que plantea la modernización es una respuesta adecuada, o si, junto con la transformación, la institución corre el riesgo de perder su misión o su capacidad (humana) más importante.

En el caso del modelo cooperativo, se cambia un ambiente de colaboración y suma de capacidades por un clima de desconfianza y esfuerzos aislados. La ingeniería financiera permite incorporar recursos, instalar tecnologías de avanzada y acceder a nuevos mercados. Por otra parte, los socios pasan a ser proveedores o clientes. El concepto de *identidad* enseña que no es suficiente decir "hace falta cambiar", también importa la inteligencia del cambio y los caminos alternativos. Corresponde debatir la magnitud del precio a pagar, y si con ello se resuelven o se ahondan los problemas en el futuro (bajo otras formas). Se requieren soluciones creativas, pero es difícil que esa creatividad se logre al tiempo que se rompen las actitudes solidarias. En lugar de la ruptura, se puede intentar el reforzamiento de los principios, junto con claras actitudes de apertura al medio.

Sobre la base de respetar sus principios, un modelo cooperativo puede crecer haciendo una conversión, pero no en el plano de los valores sino en el de las tecnologías de gestión. Ello, incluso, podría resolver el tema de la adaptación y, a la vez, potenciar la capacidad productiva de la institución. En este sentido, P. Davis (1999), en su obra sobre conducción de las diferencias cooperativas, señala la necesidad de instalar prácticas de dirección estratégica en un contexto solidario. "Desde una perspectiva estratégica los propósitos y la identidad cooperativa son de gran valor para legitimar y diferenciar a esta organización en su mercado." Además, la reinversión de las utilidades y los aportes de los propios socios les dan la ventaja de no estar presionados por las tasas de mercado. Tampoco sus directivos están angustiados por la necesidad de la acumulación creciente de utilidades, y en su lugar deben preocuparse por aumentar la calidad de los servicios a los socios.

La construcción de la identidad es un tema vital para las organizaciones que han sido creadas por cuestión de principios o razones ideológicas. Esa es su fuerza cohesiva, no depende sólo de los negocios. Otras organizaciones tienen una base pragmática y están razonadas en términos económicos. Por ejemplo, el modelo de empresa eficiente y globalizada sólo se preocupa por las ventajas competitivas y el posicionamiento en los mercados. Como hemos dicho en una obra anterior (Etkin, 1996), "la empresa competitiva plantea valores contradictorios y lleva al doble discurso. Porque en un marco de agresión y de conquista, bajo la consigna de ganar o ganar, los directivos aparecen hablando de lealtad y búsqueda de excelencia".

La visión estratégica de los negocios suele recomendar avanzar hacia una visión compartida de la empresa, y no encerrarse en los objetivos de ganancias. Los estrategas y formadores de imagen explican los valores y creencias como un recurso en la medida que generan lealtades y unen esfuerzos. Ello es un contrasentido, dado que los valores son fines en sí mismos, no un instrumento para la productividad. Los valores sociales hablan de ser mejores en términos de la comunidad haciendo lo correcto, no de formas para vencer al adversario o conquistar clientes. El concepto de *identidad* es importante cuando refiere a los valores de equidad, solidaridad y libertad. Es decir, cuando los rasgos muestran una sincera preocupación por el medio social, más allá de los intereses aislados de la propia empresa. Con sobrevivir y estar dentro de la ley no alcanza, se requiere además una actitud ética.

Bibliografía

Aubert, Nicole: *El coste de la excelencia. Del caos a la lógica o de la lógica al caos*, Paidós, Barcelona, 1993.

Bateson, Gregory: *Espíritu y Naturaleza*, Amorrortu Editores, Buenos Aires, 1980.

Cortina, Adela: *Ética de la empresa. Claves para una nueva cultura empresaria*, Trotta, Madrid, 1994.

Cyert, R. y March, J.: *Teoría de las decisiones económicas en la empresa*, Herrero Hermanos, México, 1965.

Davis, Peter: *Managing the Cooperative Difference*, International Labour Office, Ginebra, 1999.

Elster, Jon: *Nuts and Bolts*, Press Syndicate of the University of Cambridge, London, 1989.

Etkin, Jorge: *La doble moral de las organizaciones y los sistemas perversos*, Mc-Graw-Hill, Madrid, 1993.

Etkin, Jorge: *Política, gobierno y gerencia de las organizaciones*, Prentice Hall, Buenos Aires, 2000.

Etkin, J. y Schvarstein, L.: *Identidad de las organizaciones. Invariancia y cambio*, Paidós, Barcelona, 1986.

Fischer, Tânia: *Gestão do desenvolvimento e Poderes Locais*, Casa da Qualidade, Salvador, Bahía, 2002.

Kliksberg, Bernardo: "Seis tesis no convencionales sobre participación", *Revista Instituciones y Desarrollo* Nº 17, PNUD, setiembre de 2000.

March, J. y Simon, H.: *Organizations*, John Wiley & Sons, Nueva York, 1961.

Morin, Edgar: *Introducción al pensamiento complejo*, Gedisa, Barcelona, 1994.

Rhodes, Rita: *The conversion debate. An overview of the pressures facing cooperatives*, Plunkett Foundation, Oxford, 1999.

Scott, W. y Mitchell, T.: *Organization Theory. A Structural and Behavioral Analysis*, Richard Irwin, Illinois, 1973.

Schvarstein, Leonardo: *Diseño de organizaciones. Tensiones y paradojas*, Paidós, Buenos Aires, 1998.

Simon, Herbert: *El comportamiento administrativo*, Aguilar, Buenos Aires, 1963.

CAPÍTULO 3

DESARROLLO CON EQUIDAD

1. Las condiciones sociales para el desarrollo

La complejidad de factores que intervienen en el crecimiento de la organización debe analizarse no sólo en su aspecto técnico, sino también en sus implicancias sociales para que la complejidad en las decisiones sea tratada desde una filosofía de gestión y no se convierta en una fuente de discriminación o desigualdades injustas. El hecho de operar en un entorno incierto, adverso y cambiante no es argumento para desgarrar el tejido social, desarmar los lazos de colaboración o afectar las libertades en la organización.

Por el contrario, en un entorno agresivo, con demandas crecientes, la organización requiere mayor sustento en la motivación, colaboración y creatividad de los integrantes. Esa es la propuesta (entre otros enfoques solidarios) de la gerencia social, la gestión de valores, la organización democrática y el management cooperativista. La salida no es simplificar los objetivos postergando la dimensión humana, sino reconocer la importancia de los principios y prioridades sociales. Prioridades que reflejan un proyecto compartido, no una racionalidad dominante o los fines particulares de un grupo en el poder.

El enfoque de la complejidad trata cuestiones concretas en la organización que no tienen salida cuando se las analiza solamente desde el plano técnico, la eficacia o los rendimientos. El pensamiento de la complejidad propone articular (no disociar) los factores que componen los problemas de conducción y las necesidades de los integrantes. Propone integrar la dimensión social y cultural con las razones derivadas de la política y la economía. Ofrece una propuesta de interacción razonable entre esas dimensiones, enfrentando las contradicciones que plantean las relaciones de poder entre los diversos grupos de opinión e interés en un entorno incierto y cambiante.

El enfoque de la gerencia social entiende las dualidades y la diversidad existente en una organización compleja. Pero no por ello posterga la salida de carácter humanista, es decir, no disimula las necesidades de los grupos injustamente postergados en la organización. Trata de superar la complejidad a través de una filosofía de gestión basada en la colaboración y la "inteligencia social", en la búsqueda de nuevos acuerdos sobre la base de principios y razones de equidad y justicia distributiva, demostrando que ello hace sustentable a la organización, que la estabiliza y la hace vivible. Es una actitud distinta a la decisión de "poner orden" desde las estrategias de poder que intentan aplicar quienes controlan los recursos de la organización en el sentido de sus propios intereses.

La gerencia social entiende a la organización o el proyecto que debe ser gestionado como una realidad compleja, es decir, con objetivos múltiples no siempre congruentes, que requiere más recursos que los disponibles, que depende del aporte de grupos con visiones diversas y que debe responder a exigencias del contexto también opuestas. No hablamos simplemente de "diferencias" de opinión sino de presiones en sentidos dispares, que no pueden atenderse al mismo tiempo. Provienen de factores internos y externos; de propietarios, afiliados, asociados y personal, así como de proveedores, clientes, instituciones, acreedores, organismos de regulación, sindicatos y otros actores que influyen sobre la organización.

Tratar con la complejidad no es una cuestión de orden formal o técnico. No se trata de buscar la solución matemática a un complicado problema de ecuaciones múltiples, sino de una evaluación de las políticas y sus consecuencias desde una prioridad social. Implica una visión de la subjetividad de la organización, de la potencialidad social y las necesidades humanas, no sólo desde la óptica de los presupuestos, el plan de negocios o el balance proyectado. No hay una relación incompatible entre estos términos del problema. Pero en un entorno competitivo está el peligro de entronizar el crecimiento de la organización por sobre el desarrollo individual. Desde la gerencia social se advierte que la superación de la complejidad debe hacerse considerando factores de orden social, cultural y político, no sólo tecnológicos.

Deseo avanzar en el tema de la gerencia social y la complejidad, con referencia a cinco dualidades, entre las posibles: *a)* la cuestión del crecimiento con desempleo, como expresión de la dualidad individuo-organización, y de la praxis enfrentada con los principios sociales; *b)* los significados contrapuestos respecto del orden establecido en la organización, dualidad ubicada en el plano de las imágenes y comunicaciones; *c)* la ambivalencia entre la identidad construida y los manejos estratégicos de la Dirección, que enfrenta los procesos de adaptación al medio (cambio) con los rasgos constitutivos de la empresa (invariancia); *d)* el tiempo, por la oposición entre los resultados en el corto plazo (excesiva carga de trabajo) y su impacto sobre el estado futuro de la organización (personal desmotivado); *e)* la dualidad entre el llamado a confrontar y competir (ganar o ganar) en términos individuales, y el simultáneo requerimiento de una actitud de colaboración y trabajo en equipo para el bien de la organización.

Respecto de estos ejemplos de complejidad, mostraré las distintas formas de tratar las dualidades y contradicciones desde la visión racional-mecanicista que lleva a una dirección por resultados y un enfoque de gerencia social que lleva a la dirección por principios. En lo concerniente a las dualidades, aclaro que no siempre reflejan una oposición entre distintos grupos de interés, también se refieren a las múltiples posiciones que coexisten en la misma organización, en parte porque la organización se construye sobre una diversidad de lógicas, capacidades y motivos; por ejemplo, en un servicio público, la limitada visión del burócrata, del proveedor del Estado, y las necesidades del ciudadano. Pero también porque la propia organización no es un proyecto compartido, emerge y se sostiene como la expresión de una racionalidad dominante. La capacidad humana es un aporte creativo en la medida que se reconocen sus necesidades y sus propios requerimientos, no cuando se la trata como recurso o medio productivo.

En este sentido, al referirse a los rasgos de una filosofía humanista de la empresa, L. Gratton (2001) afirma que las políticas de conducción deben reconocer tres principios asociados con las características del capital humano: *a)* "funcionamos en el tiempo"; ello implica que la conducta actual se ve influida por creencias sobre qué ofrece la empresa con vistas al futuro, o sea, una memoria del futuro; *b)* "buscamos significados" mediante la interpretación de señales del entorno, que también nos lleva a construir dicho entorno, y *c)* "tenemos sentimientos"; por tanto, desde la confianza y las creencias, aportamos creatividad a la empresa, si el clima es apropiado.

2. Dualidades y oposiciones en la organización

En una realidad compleja, la Dirección se encuentra ante relaciones y procesos que son complementarios, pero también con situaciones contradictorias de carácter estructural. Un primer ejemplo es la dualidad que plantea el cambio tecnológico cuando la incorporación de nuevos equipos genera ansiedad y desempleo. Desde la visión mecanicista, la explicación refiere a los dilemas de la evolución, a los procesos de mejora continua o a la necesidad de racionalización en un entorno desafiante y competitivo. Desde lo social no hay una mirada resignada, se enfrenta la dura realidad buscando decisiones que no lleven a la marginación o exclusión de los empleados. Decisiones que consideran el crecimiento de la empresa, así como las necesidades de orden emocional y afectivo de sus integrantes. Políticas de empresa que traten de compensar los efectos indeseables que la lucha en los mercados tiene sobre el tejido social de la organización.

Desde la gerencia social el cambio tecnológico implica considerar múltiples alternativas o medidas complementarias. Por caso, la decisión de capacitar al personal para nuevas tareas, su movilidad hacia otras áreas de la empresa, la posibilidad de armar cooperativas de trabajo con los desplazados para contratarlas, la reubicación de estos individuos en empresas de proveedores con las cuales existe alguna alianza estratégica, la gestión para su inclusión en proyectos comunitarios que permitan la continuidad laboral, la búsqueda de nuevas alternativas junto con las asociaciones gremiales en el marco de los convenios de trabajo, en un contexto de colaboración para problemas que son compartidos.

Como enfoque sustantivo para estas crisis asociadas a la innovación, la orientación social lleva a evaluar el cambio tecnológico buscando alternativas que generen el menor impacto negativo o mejoren el nivel de empleo en la comunidad. Quizás ello requiera un diálogo y acuerdos entre empresas con la mediación de organismos de regulación de los mercados. Un diálogo enmarcado por la búsqueda del bienestar general y la plena ocupación de las capacidades humanas, y no sólo sobre la base de acuerdos para aumentar los niveles de productividad en ciertas empresas, aisladas de la problemática social de su contexto.

El enfoque de la gerencia social considera a la empresa como una fuente de empleo y no sólo como un dispositivo formal y productivo orientado hacia objetivos de rentabilidad. Trata de articular y buscar puntos de encuentro entre objetivos que aparecen dispersos y que responden a fines e intereses diversos. La idea de la gerencia social es, precisamente, una búsqueda de integración de estas capacidades humanas y factores productivos, considerando también la misión de la empresa en su contexto.

En cuanto a la cuestión de la significación de los mensajes, refiere al doble discurso del emisor y la disonancia (reserva, divergencia) que provoca en los receptores. En las organizaciones utilitaristas, los directivos no dicen lo que piensan, sostienen propósitos no declarados. Frente a ello los empleados aceptan los mensajes sólo en el plano de lo manifiesto, al tiempo que resisten sus contenidos en el plano de lo connotado o subyacente. Estas dualidades devienen de proyectos encontrados, pero también tienen sus razones en el hecho de que los actores viven y significan realidades (necesidades) diferentes, aunque de ellos se dice que conviven en "la misma" organización.

Por ejemplo, el directivo considera que los contratos flexibles son una posibilidad de crecimiento para la empresa, al tiempo que el empleado acepta esas cláusulas con la angustia propia de quien ingresa a un ambiente de inseguridad laboral. Un conflicto en la fábrica es visto por el gerente (mecanicista) como un golpe a los indicadores de producción, en tanto que el trabajador lo entiende como una reivindicación de sus derechos laborales y una expresión de su existencia como individuo (no como recurso).

Desde lo social, la idea en el plano de las comunicaciones y en situaciones conflictivas es explicitar los principios de justicia y equidad que deben regir la relación laboral, y en ese contexto construir las comunicaciones. Es instalar la transparencia y la libertad de expresión como forma superadora. Debatir la cuestión de fondo y no quedar enredado en los juegos de palabras y mensajes que refieren a una realidad inexistente, al menos para quienes la sufren. Una realidad que "se dice" armoniosa, cuando de hecho se basa en relaciones de fuerza, no declaradas pero sí practicadas. Desde lo social, el objetivo es la significación reconocida por los actores, aun en la diversidad. La construcción de una base de credibilidad para poder hablar de una realidad compartida y de los caminos para mejorarla, sin ocultamientos.

En cuanto a la cuestión de la identidad, la dualidad tiene que ver con los cambios en la estructura, la reingeniería o la racionalización, que se contradicen con los rasgos constitutivos de la organización. Por caso, un proceso de reforma administrativa que convierte a los gerentes en "propietarios" de una cooperativa. Reforma a partir de la cual los socios pasan a ser dependientes, ya no están en un plano de igualdad y son alejados de las posiciones de conducción. Son parte de un cambio cultural en el que la idea solidaria se sustituye por un enfoque competitivo y eficientista. El argumento de "la modernización" o de competir en mercados cambiantes no es razón suficiente para modificar los rasgos que permiten a los miembros reconocer a "su" organización (sentido de pertenencia).

Desde lo social, la identidad es esencial porque cohesiona, refleja un consenso y es un sustento para la organización. Una cooperativa tiene una base ideológica que no puede ignorarse por razones de competencia. Su cambio no es tema de marketing sino de revisión cultural. No se trata de una actualización; es empezar de nuevo en el plano de la razón de ser, los valores y la estructura de poder de la organización. Ello tiene una fuerte resonancia sobre los fines, necesidades y motivos de los integrantes, temas que deben ser tratados en forma explícita.

El enfoque de la gerencia social toma a la organización como una construcción cultural y no como un recurso productivo. No digo que la gerencia social se pone del lado de la conservación de las ideas existentes o los acuerdos para la defensa de los lugares y las pautas de trabajo. No se trata de rechazar los procesos de innovación, sino de analizarlos desde la necesidad de cierto consenso. Hablo de la importancia de la identidad construida desde las relaciones libremente ejercitadas, y no desde la mirada del poder de quienes la sustentan. En este marco advierto sobre las diferencias entre: *a)* los cambios que son constructivos, y *b)* las estrategias de poder disfrazadas de modernización. El cambio cultural (y la identidad refiere a ello) no puede derivarse de un análisis de costo-beneficio, sino que requiere una amplia consulta y búsqueda de consenso en la organización.

Otro ejemplo de dualidad se relaciona con el horizonte temporal de las decisiones. Por caso, la relación entre el sacrificio en el presente y el logro de resultados en el largo plazo. Este par conceptual de orden temporal también refiere a la dualidad de hipotecar el futuro a cambio de una satisfacción en el presente. En forma intencional o no, las decisiones en la organización tienen efectos diversos sobre su trayectoria. Según la posición en el tiempo, la organización avanza y retrocede por una misma decisión; por ejemplo, una costosa campaña publicitaria que endeuda a la empresa pero le permite superar una crisis transitoria. En el caso del gobierno, hay medidas arbitrarias que resuelven un tema puntual, pero le quitan credibilidad en el futuro.

Otra dualidad es la necesidad de aplicar al mismo tiempo los conceptos de competencia y cooperación. La competencia refiere a la actitud de superar la calidad y atractivo de los servicios o productos de los adversarios en el mercado. La Dirección toma la iniciativa, llama a superar a los adversarios y mejorar los rendimientos como una regla de conducta. Es una forma de gestión que pone las metas y resultados de la organización por encima de los fines individuales, en el sentido de que "el fin (ganar) justifica los medios". Pero estos mismos resultados requieren en forma simultánea la actitud de aunar esfuerzos, compartir conocimientos y recursos. A ello refiere el trabajo en equipo, la cooperación, junto con la lucha individual.

Bajo reglas de juego competitivas, los individuos se encuentran con situaciones laborales en que deben "ganarles" a sus colaboradores o sacrificarlos. Contar con principios y valores sociales (como condiciones para decidir) permite enfrentar esta dualidad sin romper la relación entre los actores, y también actuar dentro de los objetivos de la organización (que incluyen fines solidarios). Lo contrario a los principios es la mera praxis, el ejercicio de la ambivalencia y el doble discurso como forma de conducción en un entorno incierto y cambiante.

El juego de las oposiciones, tensiones y dualidades, dejado en manos de las estrategias de poder, determina una organización "cambiante", donde se analiza qué hacer en cada caso. Por lo tanto, también inestable, no creíble ni confiable para sus integrantes y su entorno. Desde el enfoque social, este ambiente imprevisible (por falta de principios y políticas sociales) es incongruente con las necesidades afectivas y emocionales de los individuos. Un ambiente donde es difícil instalar un proyecto compartido. Ya no se trata de un desorden limitado o una complejidad admisible en el trabajo, sino de una realidad indeseable, derivada del enfoque pragmático de la Dirección que instala el malestar y favorece las situaciones de injusticia en la organización.

3. De la gestión por resultados a la eficacia social

La gerencia social es un concepto y una responsabilidad siempre presentes en las organizaciones, por cuanto siempre son construcciones humanas, no dispositivos mecánicos. De modo que toda actividad de conducción implica la consideración de lo social. El problema radica en el concepto y el alcance de esta "consideración" de lo social. Se trata de una cuestión de convicciones, de prioridades y, por lo tanto, de filosofía de gestión. La idea de gerencia social propone el debate sobre qué fines se priorizan y cuáles se postergan, sobre la legitimidad de las diferencias y desigualdades que emergen en toda organización compleja.

Cuando se instala un enfoque mecanicista, los directivos consideran que la dimensión humana está condicionada o sometida a los requerimientos de la producción, las reglas de los mercados o la lucha por la supervivencia. Hablan de los "costos sociales" del crecimiento, que si bien se dicen no deseables, se toman como inevitables. Este enfoque eficientista y competitivo encubre la existencia de intereses dominantes que no se declaran, pero que operan a través de un discurso persuasivo que oculta las concretas relaciones de poder.

Los llamados *costos sociales* por parte del enfoque mecanicista no son inevitables, sino que resultan de las decisiones de política de sus directivos, aun en un entorno adverso y competitivo. Desde una perspectiva pragmática y utilitaria, este enfoque de gestión considera el empleo y la remuneración como "variables de ajuste", y no reconoce el factor humano como constitutivo de la empresa. En el enfoque mecanicista se puede prescindir de los empleados disconformes porque se los toma como recurso reemplazable. En esta visión no se piensa en la misión de la empresa o su responsabilidad en cuanto a satisfacer necesidades públicas y ayudar al desarrollo social en su contexto.

Respecto de la evaluación de las decisiones, la visión mecanicista razona en términos de eficacia y eficiencia, es decir, las estadísticas de resultados, el volumen de lo producido, los índices de productividad y de optimización en el uso de los recursos disponibles (la relación insumo-producto). Se busca la racionalidad de las decisiones en cuanto a su relación con las metas, y la utilización de tecnologías que reduzcan los costos y aumenten la producción (la relación costo-beneficio). Esta racionalidad lleva hacia procesos de formalización e impersonalidad de las tareas y convierte al trabajo en programas y rutinas que reducen la posibilidad de razonamiento y creatividad de los individuos.

La racionalidad finalista e instrumental es insuficiente para la gerencia social, que requiere indicadores de carácter valorativo. Por ejemplo, sobre la calidad de las prestaciones, la equidad en la distribución, los aspectos educativos asociados a los servicios, el respeto a los derechos de los beneficiarios, la atención de los reclamos y legítimas demandas de la población, la participación de los propios beneficiarios en los resultados, el fortalecimiento de las instituciones democráticas, el impacto ecológico, la prioridad de los grupos necesitados o postergados, el trato a los individuos como ciudadanos, no como consumidores (según su capacidad de pago) o como clientes políticos.

La gerencia social piensa en términos de calidad, equidad y necesidad pública de los servicios, y no sólo en la optimización de resultados cuantitativos o en el cumplimiento de las metas de los presupuestos financieros. El gerente social no actúa como un ejecutivo convencional, aplicando la dirección por resultados. Lo hace como agente responsable por los efectos ambientales y sociales de esos resultados. La satisfacción de las necesidades (como una buena educación o una digna pensión) no resulta de una estrategia directiva, no es una alternativa entre otras. La calidad de la prestación y la actitud responsable en el servicio son condiciones en el desempeño de la gerencia social, y no solamente los resultados estadísticos o la ejecución de un presupuesto. No es sólo lo visible o lo mensurable en lo inmediato (la cantidad de vacunados, alfabetizados o alimentados), sino también la equidad y dignidad de las prestaciones.

Es cierto que la relación costo-resultado y el análisis de la productividad son parte de la ecuación de la eficacia en la evaluación de los proyectos públicos y de las instituciones sociales. Se puede medir la cantidad de casos resueltos por los tribunales, la duración del trámite y la producción por juez. Pero en el plano de lo social, la justicia es más que un servicio administrativo: es un factor de equidad y, por ende, también importa la naturaleza de los casos resueltos, la condición social de sus actores. O sea, verificar si la justicia funciona y es accesible para todos, o si opera solamente para los litigios por cuestión de negocios y para la gente que puede pagar los costos de los largos procesos judiciales.

El tema de la eficacia social también se relaciona con la consideración del impacto (deseable, inevitable) de cada proyecto sobre distintas áreas de la comunidad. Un programa de construcción de carreteras tiene consecuencias sobre el tráfico ferroviario; el avance de los programas de sanidad pública se relaciona con las prácticas culturales; los proyectos educacionales influyen sobre la vida en familia de las comunidades rurales. Tal como he mencionado en otra obra (Etkin, 2000), "lo social requiere relacionar, no aislar o reducir la evaluación a metas específicas. En los impactos hay factores culturales que también deben ser considerados. Los programas de asistencia económica (sin tarea compartida) pueden generar un efecto indeseable en cuanto a la degradación de la cultura del trabajo". No afirmo que la gerencia social tenga respuesta anticipada a estos dilemas, pero sí criterios para su consideración.

La estrategia de la lucha competitiva y la eficacia económica (asociada con el modelo eficientista de gestión) no sólo es indeseable en el plano de lo social y cultural, sino también incongruente respecto de sus propios objetivos. Es destructiva del capital de la empresa, la desestabiliza, la pone en un estado de tensión y conflicto, impide la instalación de un ambiente creativo e innovador. Es un modelo para el corto plazo en operaciones y ambientes programables, pero insostenible en un entorno de cambio con demandas de innovación en constante aumento. No es razonable pensar en producción creciente, mejoras en la calidad y valor agregado a la empresa en un ambiente de trabajo desmotivado, presionado por la necesidad de generar un incremento de los resultados en el corto plazo.

Las desigualdades, las exigencias abusivas y el trato injusto en la relación laboral, que inicialmente se instalan bajo el argumento de la productividad y la eficacia, finalmente operan como un factor de retraso para organizaciones que no pueden superar los conflictos internos derivados de sus propias estrategias competitivas. Estrategias que reflejan la reducida visión de un grupo de interés e influencia determinado. Ante esta realidad indeseable, en los valores y en la praxis, he destacado la importancia e inteligencia del enfoque de la gerencia social, que relaciona la idea del crecimiento y la producción con el desarrollo humano y la responsabilidad social de la organización.

4. Principios y valores en proyectos compartidos

Considero que no es suficiente advertir la convivencia del orden y el desorden, la razón y las emociones. No basta con señalar los factores de la subjetividad que están presentes o son consecuencia de decisiones en apariencia racionales. Se trata también de evaluar las consecuencias sociales (y ecológicas) de las políticas de empresa cuando los directivos deciden considerando solamente la productividad y la eficiencia en las operaciones. He señalado que el énfasis en los resultados de corto plazo también afecta la continuidad de la organización. El incremento constante en las exigencias laborales deteriora la actitud del personal, anula su creatividad en un entorno que demanda innovación sostenida. No sólo hay incongruencia en estas estrategias directivas, sino que también son una fuente de injusticia y deterioro del clima y las relaciones laborales.

Asimismo debe señalarse que la complejidad no es sinónimo de negatividad o desigualdad. El trabajo en un entorno incierto también puede llevar a reforzar las relaciones y a construir formas de superar problemas no previstos, en un sentido constructivo para la organización. Hemos visto que la complejidad es un concepto que refiere a zonas de diversidad y ambigüedad, pero se relaciona con la existencia de procesos de autoconstrucción en la organización, es decir, con la capacidad de enfrentar y superar situaciones imprevistas o impensadas. Y de hacerlo con un sentido social y no como parte de un juego egoísta o competitivo.

Hay positividad en la creación autónoma de nuevas pautas de colaboración, en la ayuda mutua y en la innovación. Pero también es cierto que estos procesos autónomos son posibles en un ambiente de colaboración, de trabajo en equipo con libertades reconocidas. En un clima represivo, la autoconstrucción tiene que ver con los mecanismos de defensa y agresión de los grupos sociales respecto de una realidad amenazante e indeseable. La autoconstrucción, como aporte creativo desde los grupos sociales, plantea sus condiciones con relación al clima laboral; por tanto, debe analizarse en qué medida la complejidad afecta estas condiciones. Este análisis no implica una actitud resignada frente a lo imprevisto o impensado, sino que debe ser parte de una estrategia proactiva de la Dirección ante la complejidad.

En la obra *Trabajo y subjetividad*, L. Schvarstein destaca cómo este clima influye sobre la salud psíquica de las personas en la organización. En este sentido, señala la necesidad de respetar el contrato psicológico que se construye en la relación de trabajo. El autor se refiere al contrato psicológico "como un conjunto de expectativas recíprocas en cuanto a derechos y obligaciones, en gran parte de naturaleza inconsciente, de carácter informal, dinámico, y fuertemente relacionado con el reconocimiento recíproco que necesitan tanto la persona como la organización" (Schvarstein, 2005). El tema de la salud tiene que ver con la distancia y la congruencia entre las demandas de la empresa y las expectativas de los individuos, en cuanto al cumplimiento de las promesas de la dirección.

La organización sustentable se basa en el reconocimiento de sus integrantes, no en el mapa de poder establecido como un orden instituido. En este sentido, R. Ackoff (2000) se refiere a lo deseable de promover una corporación democrática donde todos los grupos de interés participen de manera directa o indirecta en la toma de las decisiones que los afecten. "Y que cada persona investida de autoridad también esté sujeta como funcionario a la autoridad colectiva de sus colaboradores. Sin el apoyo de los subordinados, compañeros y superiores, nadie puede administrar adecuadamente."

Hemos destacado la forma en que la gerencia social trata con esta incertidumbre ambiental y complejidad en las relaciones. Reconoce las dualidades entre los valores de la organización y las exigencias de la realidad cotidiana (por caso, la constante demanda de productividad y reducción en los costos de producción). Cuando se razona desde el interés de los grupos dominantes y sus fines sectoriales, no hay una sincera preocupación por estos temas, y sí una tendencia a explicar cómo el crecimiento permite afrontar dichos costos sociales (no evitarlos).

Sostenemos que el camino deseable no consiste en negociar para pagar los costos sociales de la supervivencia en un entorno agresivo, porque ello hace de la organización un espacio inestable e injusto en términos sociales. Se trata de actuar pensando en un desarrollo sustentable y no en pactos transitorios para cubrir fisuras que, de todos modos, seguirán operando bajo la superficie, resistiendo a las condiciones de injusticia en la organización. Los arreglos forzados desde el poder, sin un proyecto o una base compartida, también implican resistencias en el plano de lo social que consumen a la organización y, finalmente, la hacen inviable.

Para superar las limitaciones de la complejidad, es prioritario repensar la organización buscando construirla desde la idea de un contrato social. Es decir, no sólo como un equilibrio de aportes y contribuciones, sino también como un acuerdo de voluntades tras un proyecto compartido sobre principios de equidad. La pregunta es: ¿por qué los directivos habrían de aceptar este cambio o ampliación del enfoque de conducción desde la eficacia hacia la responsabilidad social? Al respecto, existen factores de orden ideológico que requieren un debate previo para construir una voluntad política, porque no se trata sólo de discutir la factibilidad técnica de un enfoque. Se requiere superar el razonamiento basado en el poder dominante o los intereses que promueven la lucha competitiva en la organización. Corresponde plantear el debate sobre la eficacia y la sustentabilidad social, sus relaciones, sus aspectos complementarios y excluyentes.

Desde la conducción, el argumento pasa también por la búsqueda de congruencia entre los objetivos de la organización, porque son diversos debido a la multiplicidad de actores que influyen en su funcionamiento, así como por las dispares exigencias que se plantean desde el contexto. La idea de la colaboración se relaciona con la existencia de un proyecto compartido. No es un recurso persuasivo o parte del discurso ideológico de la Dirección. Refiere a una capacidad derivada del compromiso de los integrantes, al desarrollo de una ventaja comparativa (consecuencia de compartir conocimientos) en un entorno adverso y exigente, donde la organización no puede presentar fisuras internas sino que debe desarrollar toda su potencialidad social.

Las razones humanas y sociales hacen a la posibilidad y necesidad de un desarrollo sostenible. Razones que no se relacionan con la fuerza o la imposición, sino con la voluntad y el compromiso de los integrantes de la organización. La visión humanista tiene que ver también con la responsabilidad social y la integración de esfuerzos con los grupos de interés e influencia vinculados con la organización, que actúan en su entorno. La gerencia social no resuelve o impide la complejidad, que, como hemos visto, tiene componentes estructurales. Pero enfrenta lo que hay de injusto y desigual en la complejidad, y de ese modo fortalece y hace sustentable a la organización. En lugar de una estrategia de dominación que intenta resolver la complejidad mediante el pensamiento hegemónico y el ejercicio del poder (excluyendo y marginando), el enfoque de la gerencia social se propone construir una trama de relaciones y políticas concertadas sobre la base de valores éticos, principios solidarios que mejoren la calidad de vida, y el cumplimiento efectivo de la responsabilidad social de las organizaciones.

5. Gobernabilidad, factibilidad y sociabilidad

Hemos señalado cómo se trata la complejidad desde el enfoque de la gerencia social, diferente de la visión mecanicista. Para ello tomamos cinco ejemplos de pares duales o fuerzas contrapuestas que coexisten en la organización: *a)* la relación dual entre tecnología y estabilidad laboral; *b)* el pensamiento hegemónico y la diversidad en la significación de los actores; *c)* la identidad frente a la estrategia competitiva; *d)* la relación entre la necesidad de resultados en lo inmediato y la situación en el largo plazo, y *e)* la relación entre las estrategias competitivas y los principios de cooperación.

En una obra anterior (Etkin, 2003), al referirme a la gestión de la complejidad, he sostenido que esta realidad contradictoria se relaciona con la influencia que sobre la organización ejerce la incertidumbre ambiental, la diversidad de visiones internas y la oposición de intereses (oposiciones) que conviven en la misma estructura de poder. El tema es cómo avanzar en este ambiente de tensiones y oposiciones sin que ello afecte la gobernabilidad de la empresa (aspecto político), la producción y el flujo de recursos (factibilidad económica), y el compromiso requerido de sus integrantes (aspecto cultural).

Tal como señalo en la citada obra: "No basta con mejorar la programación de las decisiones o las maniobras estratégicas. Se requiere aplicar principios éticos y lograr el buen gobierno de la organización. La gobernabilidad se preocupa por el respeto de los acuerdos internos con los diversos actores que sostienen a la organización. En lo externo se trata de negociar en forma equitativa con los grupos de interés y lograr una educada sintonía social orientada a satisfacer las legítimas y cambiantes demandas de la población". En el presente trabajo intento ampliar estas ideas y explico que el enfoque de la gerencia social es un camino deseable para construir la gestión de la complejidad, para darle sentido.

El enfoque social ofrece una visión de la relación entre estas dimensiones de gobernabilidad (participación democrática), factibilidad económica (recursos) y sociabilidad (capital social). Lo hace desde la consideración de principios y valores éticos, para lograr una asignación equitativa de recursos y la construcción de proyectos compartidos. Haciendo base en lo social, se trata de evaluar las condiciones para la factibilidad y gobernabilidad. La idea de filosofía de gestión que sostenemos en esta obra refiere a la actitud de atravesar la problemática del crecimiento con varias dimensiones, buscando puntos de encuentro donde los mínimos de cada perspectiva estén contemplados. O sea, que no se tomen decisiones puramente económicas o políticas sin considerar sus consecuencias sociales. De hecho, los efectos no se pueden evitar y lo correcto es una evaluación amplia desde la mirada de un proyecto compartido.

La idea de gobernabilidad se orienta a construir empresas con capacidad propia para superar los conflictos y tensiones que devienen de vivir en un entorno con diversidad de exigencias. Un entorno en el cual operan múltiples actores sociales o grupos de interés e influencia; los participantes, denominados *stakeholders*, aportan y sostienen a la empresa porque también la necesitan. En esta concepción de la empresa, Davis y Donaldson (2005) destacan que no se trata de cambiar una razón dominante por otra, sino de instalar un ambiente democrático, porque "ninguna organización debiera servir los intereses de solamente un grupo de participantes o *stakeholders*". El enfoque cooperativista propone la búsqueda del denominador común o esfuerzo articulador en el marco de esta diversidad, y para ello es vital promover valores permanentes y principios compartidos.

6. La cooperación como ventaja comparativa

Para crecer en un entorno incierto y cambiante, donde confrontan con otros competidores, las organizaciones necesitan desarrollar todo su potencial creativo y actuar en forma cohesionada tras objetivos compartidos. El potencial creativo de una organización mecanicista o utilitaria está limitado por su capacidad de programación en un entorno imprevisible y por la falta de compromiso del personal. Esta capacidad no puede lograrse en un clima de temor e injusticia, por ejemplo cuando la Dirección utiliza la amenaza de desempleo para mantener reducidas las remuneraciones.

Las empresas y formas de gestión autoritarias, en un contexto agresivo, no están condenadas a desaparecer y, de hecho, sobreviven con algún grado de conflicto. Pero deben dedicar una parte de sus recursos y energías para atender (sin resolver) el malestar de la organización y controlar la inestabilidad en los procesos. Aunque lo necesitan, estas empresas no son confiables ni creativas, porque la impersonalidad, la frustración y la obediencia favorecen el orden burocrático. Vemos en ellas el doble discurso directivo que llama al aporte de nuevas ideas en el marco de un ambiente uniformador y represivo.

En su obra crítica sobre el modelo competitivo, Davis y Donaldson (2005) afirman que "una gran parte de la teoría del management ha estado ocupada buscando medios para lograr el compromiso junto con la disciplina y conformidad de sus empleados". Estos tienen motivaciones de orden social, emocional y afectivo, pero los directivos ponen condiciones y exigencias formales que ignoran los factores emocionales. Esta realidad compleja tiene que ver con lo imprevisto o impensado (la adversidad en los mercados), pero también con la aplicación consciente de políticas incongruentes. Es difícil, en estas condiciones, articular una filosofía de gestión que sostenga a la organización y la legitime en su contexto.

Ante estas incongruencias, el enfoque cooperativista intenta ser coherente y sostenible, tanto en el plano de la descripción (conceptual) como en la propuesta normativa. No como voluntarismo o expresión de deseos acerca del triunfo del bien sobre el mal. El enfoque es un llamado a la inteligencia social en la formación y conducción de organizaciones. Los acuerdos sobre principios, valores y formas de gobierno democráticas refuerzan a la organización. Es la búsqueda de razones de justicia y de orden humanitario para construir un esfuerzo colaborativo y una capacidad social que permita satisfacer las necesidades de los individuos, las demandas de la comunidad, y evitar los aspectos destructivos de la lucha competitiva en los mercados.

El modelo cooperativista no supone que todos piensan y quieren lo mismo. No refiere a la uniformidad, sino a la coexistencia de diferencias que se debaten en el marco de las comunicaciones. Admite la diversidad de actores buscando un denominador común (principios) y rumbos (objetivos) que resulten de acuerdos, no de una imposición o desigualdad de fuerzas. Implica dejar de lado la simplista explicación económica del balance entre los aportes y remuneraciones de las partes. Simplista porque este balance puede darse en un ambiente de malestar e indiferencia. La explicación de una desigualdad manifiesta e impuesta no es aceptable desde la perspectiva de la organización sustentable.

La propuesta desde la gerencia social no se sostiene en razones de conveniencia o marketing, no es para limpiar la conciencia de los directivos o para armar un discurso legitimador frente a las demandas de responsabilidad social y mejores servicios que la comunidad realiza. Con un fundado planteo crítico, el enfoque basado en valores señala las desigualdades y exclusiones sociales que resultan del modelo tecnocrático o del management convencional. No es solamente la cuestión de renovar o actualizar las tecnologías, sino de lograr nuevos acuerdos de base para construir un proyecto compartido.

El enfoque cooperativista también deriva en ventajas comparativas para la empresa, pero estas ventajas son aportes a un proyecto más significativo, centrado en lo humano. La propuesta implica revisar los fundamentos constitutivos de la empresa y permitir un desarrollo sustentable, no basado en la desigualdad del poder. En esta propuesta cooperativista, la mutualidad como esfuerzo compartido y la visión solidaria de las relaciones en el trabajo no se consideran medios para aumentar los beneficios. Son condiciones a reconocer y respetar en tanto las organizaciones se construyen buscando el pleno desarrollo (en libertad) de su capital social y no la sola eficiencia económica en sus procesos productivos.

Se busca la integridad en la gestión directiva, en cuanto a la articulación de la estrategia competitiva o de mercado, con el necesario respeto a la identidad de la organización y del contexto en sus aspectos culturales y sociales. Hablamos de una identidad construida sobre bases solidarias y equitativas, y no para la defensa de intereses minoritarios. Un concepto de integridad planteado no desde el voluntarismo o el discurso ideológico, sino como propuesta factible de desarrollo sostenible en las organizaciones y su entorno, para atacar la desigualdad y la crisis derivadas de la aplicación de la "economía de empresa" en las formas de organización y gestión eficientistas y mecanicistas. La visión integrada (social, económica, política), como base del modelo de organización y gestión directiva, favorece en la empresa relaciones basadas en la equidad y la justicia, manteniendo principios compartidos y democráticos que no se negocian.

Bibliografía

Ackoff, Russell: *Recreación de las organizaciones*, Oxford University Press, México, 2000.

Davis, P. y Donaldson, J.: *Management cooperativista*, Granica, Buenos Aires, 2005.

Etkin, Jorge: *Política, gobierno y gerencia de las organizaciones*, Prentice Hall, Buenos Aires, 2000.

Etkin, Jorge: *Gestión de la complejidad en las organizaciones*, Granica, Buenos Aires, 2006.

Gratton, Linda: *Estrategias de capital humano*, Prentice Hall, Madrid, 2001.

Schvarstein, Leonardo: *Trabajo y subjetividad. Entre lo existente y lo necesario*, Paidós, Buenos Aires, 2005.

CAPÍTULO 4

LA VOLUNTAD CREATIVA

1. El capital social y las organizaciones vitales

El concepto de *lo vital* en una organización es una aplicación de la metáfora de lo viviente. La organización se explica como la unidad de procesos que interactúan en un todo (organismo) diferenciado, con sus propios límites y condiciones de existencia. Es diferente de la mera articulación de mecanismos físicos para aumentar la producción y distinto también de la coordinación de conductas de agentes económicos que se movilizan solamente por incentivos monetarios. Hablamos de lo viviente en el sentido de la capacidad que tiene la unidad para producirse a sí misma y crecer en un entorno cambiante. No se trata de un mecanismo que funciona bajo programas externos. Esta capacidad, propiedad y potencialidad no es un diseño impuesto desde el poder, sino el resultado de las interacciones y acuerdos voluntarios. Y esta construcción voluntaria, conocida y compartida es también su mayor fuente de potencialidad.

En el sentido más amplio del concepto, la fuerza vital es la capacidad de la organización para generar ideas y acciones que le permiten: *a)* continuar con sus operaciones en un entorno incierto, y *b)* desarrollar respuestas innovadoras o creativas para crecer en dicho ambiente. Creativas no sólo por resolver problemas, sino también por ir más allá de lo conocido. Y ello sin estar dependiendo de un poder o de una retribución externa. Entonces, es una condición interna que se pone de manifiesto en forma de acciones y de resultados que mueven a la organización hacia una mejor posición. Mejor en términos de la calidad de vida de los integrantes, del impacto en el medio ambiente, de la satisfacción de las necesidades y legítimas demandas de la población.

La vitalidad en lo social no tiene un sustento de plena armonía. Reconoce la presencia de tensiones y oposiciones que ayudan al debate y la superación de los propios límites de la organización. En este marco, la crítica y el diálogo son signos vitales, indican un potencial de crecimiento y de supervivencia en un ambiente incierto o desafiante, con demandas y necesidades que apremian y requieren soluciones. El concepto de *fuerzas vitales* no es una idea abstracta, sino que puede explicarse en términos de los factores motivacionales que la componen, los acuerdos para hacer juntos expresados en pautas culturales. No decimos que si una organización crece, ello demuestra que está "poseída" o movida por fuerzas o energías que la animan y la conducen por encima de los individuos. Hablamos de una toma de conciencia, de una reflexividad y un conocimiento compartido acerca de lo que es importante para todos en la organización y de la voluntad de hacer lo necesario para lograrlo.

Es posible crecer por múltiples razones; algunas pueden tener un fundamento que les da continuidad y otras pueden ser de carácter accidental o transitorio. En nuestra explicación estamos pensando en el crecimiento sustentable y no en los hechos transitorios, que no están en condición de repetirse. En un centro de salud, algunas operaciones exitosas o resonantes no equivalen a una capacidad sustentable si sólo expresan la voluntad de un equipo médico aislado. Algunos cambios importantes son impensados, pero también están demostrando la actitud constructiva de la organización, su capacidad de procesarlos en un sentido positivo. Lo sustentable refiere a capacidades internas que son movilizadoras y que se sostienen a sí mismas, que no dependen de un poder externo o de los impulsos de un líder iluminado. Estos atributos de ciertos sistemas naturales se explican bajo el concepto de la "autoorganización", en los términos propuestos por los investigadores Maturana y Varela (1984) en sus estudios sobre la naturaleza de lo viviente.

Las organizaciones vitales disponen de fundamentos que les permiten afrontar los riesgos sobre la base del esfuerzo y los valores compartidos. Decimos que disponen de un capital social que las sostiene y las moviliza en el sentido del crecimiento. En los estudios y políticas sobre desarrollo económico y social, el concepto de *capital social* refiere a rasgos positivos de la sociedad civil relacionados con el grado de confianza existente entre los actores sociales, el nivel de asociatividad o intensidad de la interacción (el tejido social), la capacidad de actuar en forma cooperativa, la efectiva responsabilidad social de las organizaciones, el ejercicio de la participación ciudadana y la vigencia de los valores éticos (Kliksberg, 2000). Factores que no sólo deben estudiarse, sino que también deben movilizarse a través de políticas sociales activas desde el sector público y las instituciones de la sociedad civil.

Este importante concepto vinculado con los esfuerzos del desarrollo económico y social también es válido en el ámbito de la gestión de organizaciones. En este campo, el concepto de *capital social* refiere a una capacidad de construir y crecer, basada en: *a)* el compromiso y la orientación de los integrantes hacia los objetivos de bienestar general más allá de los intereses egoístas o de los fines sectarios;

b) la existencia de actitudes cooperativas y solidarias entre los miembros de la organización como forma de alcanzar proyectos también compartidos; *c)* el comportamiento basado en principios éticos; *d)* el respeto por las formas democráticas de gestión y la equidad en la apropiación de los recursos que dispone y genera la organización, y *e)* la responsabilidad social por las decisiones de política, considerando sus efectos sobre la sociedad civil.

Tal como ha escrito A. Hirschman (1984), se trata de una forma de capital que no se amortiza con su uso, sino que la práctica lo hace desarrollar bajo modalidades que se adaptan a los cambios ambientales.

El capital social está en la base de la organización vital, hace a sus contenidos, a la calidad y el sentido (deseable) del cambio. Pero esta capacidad de crecimiento se hace práctica a través de ciertos procesos internos que no son naturales y que, por lo tanto, deben activarse y desarrollarse en la organización. Ellos son: *a)* los procesos de comunicación que permiten esclarecer, difundir y obtener aceptación acerca de los cambios necesarios; *b)* los procesos de liderazgo, influencia y conducción que involucran a ciertos actores reconocidos y aceptados por los demás, en el marco de las actividades grupales, y *c)* las formas concretas (operativas) de trabajo en equipo que permiten convertir en resultados las metas de los proyectos compartidos.

Estos procesos tienen que ver con la conversión de una voluntad, de un conocimiento y de actitudes potenciales en una praxis o práctica organizacional. Es importante destacar que esta conversión no es neutra, no sólo se valúa por los resultados. Los procesos (por caso, el liderazgo, la comunicación o la motivación) también deben ser democráticos, equitativos y participativos, no basta con que sean prácticos. Imponer las ideas por la fuerza o mediante el manejo de las necesidades básicas de los integrantes no es expresión de un capital ni muestra de vitalidad, porque en estos procesos hay un componente de agresión y destrucción de la condición humana en la organización.

Los factores y procesos que hacen al capital social de la organización son una posibilidad (deseable) para las empresas de negocios. Y son condiciones básicas (no opcionales) para el desarrollo de las organizaciones voluntarias, las asociaciones civiles, las cooperativas y los programas sociales. Estamos marcando la diferencia entre una posibilidad (en las empresas) y una condición (en organizaciones sociales). Pero en un ambiente competitivo y bajo las reglas de mercado, prevalece la racionalidad económica y la eficacia como una lógica que domina las decisiones. Desde la óptica del management de la eficacia, tanto el factor humano como la cultura suelen tomarse como recursos que importan por su impacto sobre la producción, no son fines en sí mismos. Si la conducción no se propone el desarrollo humano y la cooperación en forma explícita, la idea de la responsabilidad social sólo será discurso y mera estrategia de imagen.

El management competitivo lleva a una organización dual y ambivalente con una marcada escisión entre lo declarado y lo actuado (la mentira convencional). En estas empresas se plantean exigencias contradictorias, como esperar lealtad y fuerte compromiso hacia la tarea, al tiempo que se instalan condiciones precarias de trabajo (contratos transitorios) y se utiliza la amenaza del desempleo como un modo de reducir los costos. Tal como planteamos en una obra anterior sobre la dinámica de las empresas competitivas (Etkin, 1996), estas dualidades llevan a la decadencia de las organizaciones preocupadas solamente por la conquista del mercado, por vencer o morir en una lucha de carácter económico. Una lucha donde es difícil mantener principios teóricos, en la cual prevalece el pragmatismo (sólo importa aquello que funciona) y la idea de que el fin justifica los medios.

Carentes de valores sociales, de colaboración y pautas solidarias, es imposible que estas mismas empresas logren el nivel de compromiso y la disposición de sus miembros para promover los cambios necesarios y enfrentar la incertidumbre que plantea un medio ambiente inestable y agresivo. Este clima de lucha y extrema competencia lleva al doble discurso y al ocultamiento de fines no declarados. Por esta vía también se llega a la falta de credibilidad en los directivos, y se convierte el trabajo en una relación sólo especulativa o remunerativa. Esta descripción es precisamente contraria al ambiente de confianza que hemos utilizado para caracterizar el capital social en una organización vital y creativa. En este sentido, es mucho lo que las corporaciones comerciales, de servicios y fabriles pueden aprender de las bases de funcionamiento de los proyectos y organizaciones sociales.

Estos programas, proyectos y organizaciones voluntarias, así como, por ejemplo, la articulación de esfuerzos entre productores pequeños para proteger el valor de sus cosechas, enseñan que se puede y se debe crecer bajo la idea compartible (no antagónica) del capital social articulada con las ideas de eficacia y calidad en los resultados. Claro que estas asociaciones tienen su propia problemática, como la discusión del poder y la tendencia al debate ideológico sobre los fines deseables, la igualdad y la equidad en las relaciones. De manera que la cuestión es orientar esas energías y esfuerzos construyendo acuerdos en el marco de un diálogo abierto y sostenido. Esta modalidad de apertura, los procesos de participación y la definición de proyectos compartidos van a poner en evidencia y a enfrentar los intentos de autoritarismo y doble discurso de los cuerpos directivos. Insistimos en la importancia de resguardar el carácter democrático y educativo dentro de los procesos de discusión y transformación en las organizaciones.

En las organizaciones voluntarias (pensadas desde el consenso y los aportes a la sociedad), el capital social es una capacidad que hace a su existencia. Es también lo que esas organizaciones reproducen hacia dentro y vuelcan hacia la comunidad. Por ejemplo, la calidad de la educación en una escuela que adopta la forma de cooperativa, creada por los docentes y familiares de los alumnos. No estamos razonando en términos de la clásica distinción entre fines de lucro y fines sociales. Estamos marcando las diferencias entre la racionalidad y la lógica de funcionamiento de esas organizaciones, sus distintas posiciones respecto de la importancia del factor humano y la cultura.

Esta diferencia no significa una condena para las empresas (no es algo inevitable), porque las compañías inteligentes y responsables intentan ir más allá de la dirección por resultados. Buscan, junto con sus integrantes, alguna configuración vivible que permita articular las exigencias del mercado con la naturaleza social de la organización. No actúan basadas en el poder y la política, sino intentando construir y desarrollar la llamada "inteligencia social" de las organizaciones. Es una inteligencia en el sentido de que la colaboración y los principios solidarios no se plantean como cuestiones emocionales o ideológicas, sino que se basan en convicciones y razonamientos concretos orientados a preservar el tejido social, la cohesividad y capacidad transformadora de la organización.

2. Ciclos de vida y procesos de transformación

Una de las claves del crecimiento sostenido de las organizaciones (industrias, escuelas, granjas, fundaciones, hospitales) es su disposición y capacidad para promover y realizar transformaciones en su rumbo y en su funcionamiento. En el presente trabajo vamos a identificar esa capacidad como "las fuerzas vitales" de la organización, para diferenciarlas de otras que sólo la mantienen. Estas fuerzas vitales permiten: *a)* la superación de los propios esquemas mentales, de las oposiciones y tensiones internas; *b)* la generación de proyectos innovadores como una actitud reconocida e instalada en los integrantes, y *c)* la puesta en práctica de nuevas ideas y creencias que llevan a renovar la organización.

No estamos pensando en aspectos formales, como la optimización de procesos, la actualización de estructuras, normas y procedimientos. Nos referimos a cuestiones más sustantivas, como la decisión de diversificar la producción, cambiar los criterios de apropiación de recursos (equidad distributiva), incorporar formas de gestión compartida, superar mitos y leyendas en el plano de lo simbólico o asociarse con otras empresas para desembarcar en nuevos mercados. Es el caso de una publicación que deja de ser un órgano del gobierno para sumarse al periodismo independiente. A veces por decisión propia, otras en respuesta a exigencias crecientes del entorno, pero siempre mostrando la capacidad de enfrentar y dar soluciones renovadoras para salir de la crisis.

Vamos a indagar sobre las razones de estos cambios disruptivos en la organización y sobre las capacidades que están en juego. Cuánto hay en ellas de naturales o emergentes y cuánto de construidas o aprendidas. Corremos el peligro de explicar las organizaciones renovadas diciendo que ellas "han tenido la capacidad de cambiar", recurso que otras no han podido desarrollar. Como toda metáfora que refiere al mundo de los organismos o de lo viviente, el hablar de vitalidad conlleva el riesgo de la tautología ("sobrevive el más apto por su mayor capacidad de supervivencia"). Para evitar estos problemas, vamos a intentar una explicación que vaya más allá de los efectos o consecuencias, para que no sea sólo circular. Veremos entonces en qué se basa esta capacidad, los factores sociales, económicos y políticos involucrados, la importancia de la conciencia crítica de los integrantes frente a las dualidades y contradicciones de la propia organización en que trabajan.

100

Hemos señalado los riesgos que plantea la analogía con lo viviente. ¿Por qué entonces seguir con esta metáfora? Porque lo viviente es una realidad donde se evidencia que la transformación implica un salto por sobre los dispositivos de regulación que mantienen el sistema tal como está. En sus estudios sobre la autoorganización, Maturana y Varela (1984) han explicado cómo los organismos se caracterizan por producir en forma recursiva aquello que los mantiene tal como son. Los ciclos de vida se cumplen preservando los núcleos o raíces que hacen del organismo una unidad autónoma y diferenciada. Un sistema que procesa los cambios en su entorno bajo sus propias condiciones (como su metabolismo) y de modo de no perder identidad.

Pero también es evidente que esos sistemas sufren transformaciones y saltos en su proceso evolutivo, que modifican los ciclos y los reinician bajo otras condiciones. Ciertos cambios tienen que ver con el impacto de sucesos que perturban los dispositivos de regulación, y por esa relación se amplían las respuestas posibles. Esta diversidad y novedad no es algo que "se incorpora" al sistema desde afuera, no se toma simplemente del ambiente, no es una adaptación cuya magnitud y calidad sólo esté determinada por lo externo o por un orden previo. Es una salida que el organismo desarrolla según sus capacidades, producto de reconfigurar o transformar relaciones y procesos internos, según la descripción que ha propuesto G. Bateson (1980).

La vitalidad del organismo refiere al desarrollo de nuevas formas y procesos en un entorno cambiante, concepto diferente a la recurrencia o desaparición de procesos productivos. La vitalidad nos habla de la complejidad del sistema y no de su determinación o programación externa. Por analogía, aquí hemos proyectado esta explicación de la novedad a los grupos y organizaciones. Como sostiene E. Morin (1994), "no puede comprenderse la organización vital con la misma lógica que la máquina artificial o los mecanismos programados". En el campo de lo social, la transformación ya no refiere a nuevos equilibrios físicos y químicos; también hay significación e intencionalidad. El cambio se construye mediante realidades que corresponden a lo social, como la interacción, la comunicación, el aprendizaje, la reflexividad, la imaginación (manejo de símbolos) y la voluntad de poder. Nosotros veremos cómo estos temas se conjugan en las fuerzas vitales de la organización.

3. Crecer con los demás: la apertura del sistema

La dinámica de los cambios en las organizaciones reconoce varios motivos, tanto internos como externos. Respecto de los factores endógenos, la línea de montaje se ajusta a las especificaciones que definen los equipos de planeamiento y de diseño de productos. En lo externo, vemos cómo las demandas del mercado o la presión de la competencia influyen sobre las decisiones operativas de la organización. Ello no significa que la organización (fábrica, escuela, hospital) dependa por completo del contexto (como una hoja al viento), ni que pueda imponerse sobre la voluntad de la población. No está inerme porque cumple una función y sus servicios satisfacen necesidades. Y no es dominante porque actúa en un entorno con controles y reglas de juego, donde cuenta la voluntad de los ciudadanos.

Aun cuando existan intentos de dominación desde la organización, estos se enmarcan en un contexto donde operan otras fuerzas igualmente activas en el plano de lo social, lo económico y lo político. Aunque busquen ganar espacios, las organizaciones que aquí estudiamos no son maquinarias para la conquista, sino agrupamientos sociales que para crecer necesitan de la colaboración y los acuerdos voluntarios con otros actores. Desde el plano de los valores decimos que la vitalidad es una capacidad no sólo porque funciona, sino porque también refiere a la posibilidad del "hacer juntos". En lo interno, la creatividad carente de valores es una fuente indeseable de conflictos y frustraciones que lleva a la "contraorganización". A su vez, estas prácticas de resistencia pueden ser convocantes y movilizadoras, pero no necesariamente creativas. Nosotros hablamos de las fuerzas vitales en un sentido constructivo, con resultados deseables que mejoran la calidad de vida de los integrantes y otros actores en el medio social.

La vitalidad se explica en un ambiente determinado, en el cual se valoran los resultados. En la medida que existen a través del intercambio con su medio ambiente, las organizaciones deben ajustar sus relaciones y sus capacidades a las novedades en el contexto. De manera que la organización determina (hacia adentro y afuera), pero también es determinada por poderes que la exceden y por factores no manejables ni previsibles desde la conducción (el riesgo, la incertidumbre). La naturaleza de la organización (junto a su gente, sus servicios, su tecnología) plantea sus propias condiciones, diferentes en un jardín de infantes que en una bolsa de valores. Ello implica que no hay una mejor forma de organización y que la organización tiene su singularidad, que combina en cada caso los rasgos de autonomía-dependencia, apertura-cierre, rigidez-flexibilidad. La vitalidad es un concepto que adquiere sentido en el marco de dicha singularidad.

Las fuerzas vitales se mueven en los espacios no programados, en las brechas de planes no cumplidos, en las situaciones imprevistas. Son una realidad que opera más allá de los diseños previos y de las estrategias formales. La vitalidad es salir de la duda y la indecisión sobre la base de voluntad e imaginación. Y esta disposición no es mágica sino construida en el marco de una cultura que permite articular esfuerzos y es movilizadora. Las fuerzas son creativas en el sentido de que plantean alternativas no definidas por la propia cultura o la estructura vigente. Por caso, en un programa de ayuda a la población necesitada, los trabajadores sociales buscan en cada hogar las formas creativas de resolver la pobreza de familias que presentan diversidad de demandas, para las cuales es necesario elaborar respuestas no programadas pero que deben surgir del propio proyecto social. Los trabajadores no pueden atarse a esquemas que desconocen las urgencias y realidades específicas.

Los esquemas (los roles, las normas y los procedimientos) son uniformadores porque tienen que ver con la necesidad de especificar las actividades y estabilizar las relaciones en la organización. Las estructuras tienen un carácter dual porque permiten la adaptación al medio, pero también, cuando se las mira desde el poder, "son aparatos para no cambiar (...) para reducir la variedad de conductas posibles de los miembros, reforzar lo existente y oponerse a lo emergente" (Schvarstein, 2003). Esta realidad no es una condena o una atadura insalvable. La definición de los planes refiere a un momento dentro de un proceso más complejo y dinámico, el cual también incluye la reacción de individuos y grupos que son marginados o ven postergadas sus necesidades y fines particulares. Además, se oponen otros actores con demandas insatisfechas, que interactúan con la organización (proveedores, usuarios, clientes) y no pueden ser ignorados o dejados de lado. Se intenta resolver las crisis utilizando el poder o en forma creativa, buscando nuevos marcos de relación que también deben ser consensuados.

La inestabilidad y las situaciones de crisis resultan de contradicciones internas y de factores externos, como la aparición de nuevas tecnologías o la presión de los adversarios en un contexto competitivo. El orden establecido también estabiliza, pero es un esquema que trata de articular las múltiples preferencias, fines y motivos que coexisten en la organización. Estos factores no siempre son complementarios o congruentes, si bien los diferentes grupos también tienen intereses en común, como la intención de apropiarse de una parte significativa de los recursos que genera la organización. Ese interés compartido no implica que existan coincidencias sobre los propósitos de la organización. Los médicos, en un hospital, tienen diferentes opiniones sobre los modos de atender la salud, aunque están de acuerdo en ser remunerados (lo mejor posible) por la organización.

La continuidad de la organización (seguir con vida) implica la coexistencia de proyectos y decisiones que se toman con distintas lógicas para atender necesidades también diversas. La continuidad depende del logro de ciertos equilibrios entre los objetivos generales y particulares (individuo-organización), las condiciones de existencia (bases del acuerdo), los rasgos distintivos de la organización (su identidad) y las demandas ambientales. Un cambio en la tecnología del proceso productivo puede servir al objetivo de aumentar los rendimientos, pero también afectar las bases del convenio fundacional, por los despidos o la modificación de las condiciones de trabajo que derivan de él. Enfrentar y superar el conflicto planteado, y hacerlo mediante soluciones creativas (sin violencia), muestra la vitalidad de la organización. En otra obra explicamos que enfrentar situaciones conflictivas tiene que ver con la función de gobierno de la organización (Etkin, 2001).

En un entorno incierto y con exigencias crecientes, la idea de la vitalidad está relacionada con el cambio, pero esta posibilidad de resolver tensiones o crear nuevos caminos tiene sus condiciones y sus límites. Se trata de crecer y superar obstáculos, pero sin romper la organización, salvo que exista la decisión política de terminar con lo existente y empezar de nuevo. En ese caso, sería un ejemplo de mutación y no de la vitalidad del propio sistema. El hecho de que una empresa se fusione con otra, y pierda su autonomía decisoria, será un cambio profundo y quizás necesario, pero no podrá tomarse como un síntoma de vitalidad, porque el proceso está asociado con una pérdida o desaparición del sistema anterior. El desafío es, entonces, realizar la transformación sin perder autonomía o representación en la conducción del nuevo proyecto.

4. Sostenerse y navegar en la incertidumbre

En el devenir de la organización o la dinámica de sus cambios intervienen: *a)* los procesos de mantenimiento y conservación de lo existente (más de lo mismo); *b)* los procesos de adaptación o de ajuste estructural, y *c)* los proyectos de transformación disruptiva o renovación (cambios en los propósitos y en las relaciones constitutivas). Estos procesos refieren a distintos contenidos, necesidades y finalidades, y también requieren capacidades diversas. En una granja familiar, el cambio de semillas y de método de siembra no es lo mismo que la decisión de formar una cooperativa con otros propietarios para unificar las compras y defender los precios de la cosecha.

El predominio de alguno de estos procesos tiene que ver con las relaciones de poder, los recursos disponibles, la voluntad de seguir adelante, las posibilidades y obstáculos en el entorno, la capacidad de aprendizaje y el pensar diferente de ciertos grupos en la organización. El presente trabajo no refiere a la racionalización o la reingeniería presente en los ajustes estructurales, sino a los factores que hacen a la capacidad de superación y renovación, lo cual implica un pensar y hacer disruptivos, un punto de quiebre con lo existente. Para ello no hace falta crear una nueva empresa. En una agencia publicitaria la vitalidad se expresa por la apertura cultural, la imaginación puesta en práctica en cada campaña, la incorporación de nuevos profesionales con posibilidades de participar en la tarea creativa.

El hecho de que una empresa esté en actividad muestra cierta capacidad de mantenerse, pero no necesariamente un potencial renovador. La empresa puede vivir de la copia, si hay demanda para ello. Su historia nos indica que no está preparada para crear y, por lo tanto, su viabilidad está atada a otras organizaciones, su autonomía es reducida y es mayor su debilidad frente a lo inesperado o las nuevas demandas ambientales. Si bien las fuerzas vitales no son instrumentos que se puedan "comprar" afuera, hay formas de desarrollar recursos y articular ambientes de trabajo aptos para la renovación. Insistimos en que las empresas que sobreviven no son una prueba de organizaciones superadas. Pueden mantenerse de muchos modos, y aquí nos interesan las que avanzan en virtud de su praxis creativa y no simplemente (aunque también sea encomiable) por su capacidad de resistir exitosamente los desafíos en su entorno.

Pero la conservación no es todo, en especial si se consideran las oposiciones y exigencias cambiantes que se deben atender. Es el caso de un laboratorio que debe ingeniárselas para reconvertir su excelencia y sus conocimientos considerando que la población se ha empobrecido y no está en condiciones de acceder a medicamentos sofisticados. Con efectos hacia afuera, la renovación se basa en un cambio hacia dentro, en los modelos mentales. Refiere a la capacidad de la empresa para cuestionarse y reformarse a sí misma, no en el sentido del caos o lo desconocido, sino manteniendo con vida a sus integrantes y sin renunciar a ciertos valores básicos o principios compartidos. Se trata de un cambio de prioridades, fines y razonamientos, pero no del reemplazo de todas las actividades y personas (lo cual sería una refundación para empezar de cero).

Los procesos de transformación son de diversa magnitud, más o menos cercanos a una situación de ruptura. Pero, en todo caso, refieren a una continuidad de la capacidad creativa, que no se agota con sus logros, lo que demuestra su potencial de seguir creciendo o generando alternativas. Así, la conversión de una empresa privada en cooperativa, o la privatización de un servicio público, implican un salto de orden jurídico, pero nos interesa en el sentido de una mejora en la condición laboral de los integrantes y en la calidad de las prestaciones a los usuarios. La vitalidad refiere al crecimiento de un grupo, a su posibilidad de fortalecerse hacia dentro y desarrollarse hacia afuera, mejorando sus prestaciones en términos de valores compartidos.

El concepto de vitalidad requiere un análisis cualitativo, no solamente en términos de productividad o desempeño. El mero énfasis en el aumento de la eficacia, el actuar bajo la presión de los resultados, privilegia el corto plazo y reduce la imaginación creativa. No hablamos de la vitalidad como fórmula copiable o receta milagrosa de un directivo iluminado. Esta fuerza que genera una transformación disruptiva no es algo que se logre naturalmente, por el mero paso del tiempo o producto de las circunstancias. Tampoco resulta de la casualidad o la catástrofe, sino de un pensar y una praxis que se promueve y se construye socialmente, en un marco de colaboración y de esfuerzos compartidos. No es el cambio como un fin en sí mismo, con efectos impensados y consecuencias indeseables, como la exclusión social o la contaminación ambiental. Pensamos en la posibilidad de crear nuevos cursos de acción mediante el debate o la confrontación de ideas diferentes: en los mecanismos de negociación bajo reglas de juego acordadas y no en la imposición o la ruptura de contratos por la fuerza.

5. Capacidad de superar la adversidad y salir renovado

Las organizaciones presentan una configuración variable donde se articulan (en distinta medida) procesos de conservación, adaptación y renovación. Esta variedad tiene que ver con múltiples factores, incluyendo, por ejemplo, la naturaleza de los servicios (una escuela en comparación con un casino), la energía disponible (un jardín de infantes frente a un asilo de ancianos), la importancia de la apariencia (el negocio de moda respecto de una secta religiosa), el peso de las variables ambientales (la paz de los cementerios respecto de una bolsa de valores).

La organización tiene sus márgenes de maniobra, pero siempre hay una discusión sobre la posibilidad de correr los propios límites sin perder viabilidad o desnaturalizar los servicios. En un diario, por ejemplo, se debate en qué medida debe confirmar las fuentes antes de publicar una noticia determinada, o en una escuela, el alcance de mantener el orden y la disciplina. En las situaciones de crisis este debate se hace impostergable.

En los momentos de desafío, en las crisis, en la confrontación con lo imprevisto o lo impensado, es cuando se manifiesta lo trascendente de las fuerzas vitales de la organización. Esto es muy diferente de enfrentar lo reiterado o los problemas de rutina, circunstancia en que predomina la idea de sobrevivir bajo formas que se han demostrado como posibles y aceptables por el entorno. En los procesos de supervivencia, hay un mayor peso de la recursividad o de lo reiterado, y la actividad se basa en no inventar porque ello implicaría entrar en lo desconocido. En lo recursivo, predomina la idea de que "el show debe continuar". Este deber refiere a una internalización, a una pauta aceptada, y no tanto a una imposición directiva.

En esta parte de la realidad conservadora, la empresa se copia a sí misma, reitera aquello que funciona, su capacidad crítica queda en suspenso. No lo decimos en un tono crítico o peyorativo: sencilla y ostensiblemente es así. No es cuestión de burocracia sino de afirmación y búsqueda de certeza. Claro que también es necesario analizar la magnitud y las implicancias de este proceso circular para que no invada toda la realidad de la empresa. Siguiendo con esta idea de lo circular: con el tiempo, en el circo saben que hay un número que convoca al público y conmueve a los niños, y entonces el espectáculo se articula normalmente detrás de esa presentación. La organización es tanto un marco para la acción como la cristalización de lo normal y lo aceptado.

Pero en algún momento esta recursividad o conservación no es suficiente porque aparecen necesidades insatisfechas o demandas incumplidas, así como tensiones que requieren alguna solución o superación (la llamada *tensión creativa*). La vitalidad de la empresa no se mide por su capacidad para reprimir, ocultar, castigar o ignorar estas dualidades, diferencias y oposiciones. La vitalidad se expresa por la búsqueda de nuevos caminos y relaciones, su capacidad de construir nuevas ideas y respuestas. La vitalidad está asociada a la creatividad, no como una cualidad o conocimiento determinado, sino como una capacidad de superación que implica para la organización **el renovarse a sí misma, sin renunciar a su identidad.**

Si un periódico pierde lectores frente a la competencia en el marco de una realidad cambiante, puede buscar mantenerse a través de actitudes solamente conservadoras, intentando relaciones de fuerza o prácticas desleales. Por caso, reducir los precios, si es que logra sostenerse mientras ahoga financieramente a sus adversarios. Pero su vitalidad se demuestra por la capacidad de renovar la ideología de los mensajes, el compromiso de los periodistas, la presencia de la opinión pública en las notas, el reconocimiento del derecho a réplica o la incorporación de temas sociales que tradicionalmente ha ignorado.

Estamos suponiendo que la idea es crecer y desarrollarse, pero manteniendo las raíces, los principios o los rasgos de identidad. En el caso del periódico, manteniendo la independencia de criterio y el respeto a la privacidad de los ciudadanos. No se trata de una creatividad sujeta a las tradiciones, sino de crecer sobre una base compartida que haga sustentable el proyecto. Salvo que este consista en renovar los fundamentos, en cuyo caso se busca una ruptura. Deseable o no, quienes se comprometen con el proyecto deben conocer las diferencias entre acuerdos y estructuras. Cambiar de templo y de liturgia no es lo mismo que cambiar de confesión. En otro trabajo (Etkin, 2001) hemos analizado la forma en que la identidad actúa como factor de cohesión, pero también como límite para los cambios, en tanto se trata de un modo de pensar sobre lo prioritario que atraviesa toda la organización y requiere de un acontecimiento o suceso para ser cuestionado.

Lo vital refiere entonces al seguir con vida (capacidad creativa), pero dentro de los rasgos que identifican a la organización. La refundación, en cambio, implica terminar y empezar de nuevo con otros elementos constitutivos, lo que puede ser tanto el resultado de una ruptura consciente, como una demostración de la incapacidad de crecer bajo el modelo existente. Nosotros, además, hacemos una valoración ética sobre el modelo y los proyectos. En este marco, decimos que la vitalidad tiene que ver con la apertura, el crecimiento, el desarrollo, y no con el aislamiento, la represión o la uniformidad. Por ello no nos parece vital (socialmente) que la mafia renueve sus formas de violencia. Hablamos de superación cuando se promueven las libertades, no las formas destructivas. Una escuela demuestra su vitalidad cuando incorpora nuevas formas pedagógicas y enseñanzas en un entorno cambiante, no por una orden ministerial sino a partir de su propia capacidad crítica, reflexiva e imaginativa.

6. Límites de la racionalidad y organizaciones vitales

Para la transformación no basta con disponer de autocrítica o con hacer una lectura inteligente de la realidad. También se requiere construir propuestas y tener una firme voluntad de implementación y capacidad para la acción. En su obra sobre crisis y renovación, D. Hurst (1998) ha destacado la importancia no sólo de los argumentos racionales sino también, básicamente, de la visión y la imaginación. Afirma que "en realidad, es la ausencia de una racionalidad de medios a fines, y de metas claras lo que permite un resultado creativo, que esté relacionado con la novedad".

La idea de vitalidad plantea caminos que parecen irracionales en términos del orden vigente, se manifiestan como un desorden. De manera que es una capacidad que debe superar las limitaciones de la experiencia y la preferencia por lo conocido. Expresa la dualidad de la organización que busca la certeza, pero que también necesita emprender nuevos y riesgosos cursos de acción. Por ello, el mencionado autor describe la estrategia innovadora como oportunista y emergente, en lugar de deliberada y planificada.

Desde nuestro criterio, las fuerzas vitales no tienen que ver con el rediseño o con la reingeniería. No es sólo cuestión de mejorar la eficiencia o racionalizar el uso de recursos. ¿Qué hace que una empresa de alimentos reaccione con rapidez y pertinencia a una crisis emergente en su entorno más cercano? Hay varias respuestas en juego. Pero desde la mirada de la vitalidad, lo importante es que existan en esa empresa la disposición y el saber necesarios para renovar los modos de operar, las estructuras y las relaciones con los clientes. Disposición al cambio no es lo mismo que mirar la realidad y hacer proyectos desde la sola óptica del interés del propietario. No es sumar o restar ingresos, costos o ventas, sino reformar la relación almacén-proveedores-clientes-servicios. Antes que dejarse llevar por la determinación externa de la crisis, es renovar los términos de la relación con los grupos de interés e influencia que operan en la empresa.

El concepto de *disposición* refiere, sobre todo, a una actitud humana y un proceso social que están en la base de las actividades de orden tecnológico, comerciales o financieras. Esta conclusión nos parece significativa para nuestro análisis: la vitalidad de la empresa tiene que ver con su condición de sistema social, con la motivación de sus integrantes, con su voluntad de crecimiento. No se trata de conocimiento predefinido que se pueda adquirir para aumentar el capital intelectual de la empresa.

La creatividad no es un producto determinado, sino una compleja construcción cultural y psíquica que se abre paso en la organización, en un marco de tensiones. Es una orientación al cambio que opera tanto en el nivel de lo explícito (búsqueda de un proyecto compartido) como en el plano de lo subyacente (ilusiones y motivos de los integrantes). Entonces, es difícil avanzar con nuevos conocimientos si este ambiente no está preparado, si no hay una actitud permeable.

La búsqueda de **innovación a través del aprendizaje** se encuentra con un marco de intereses que muestran una dualidad preocupante: por un lado, individuos y grupos perciben la necesidad de estar actualizados, de cubrir la brecha del conocimiento, pero, por el otro, temen la incertidumbre propia de la novedad y no quieren perder los espacios ocupados. Ello no es estrictamente una patología, porque así funcionan las organizaciones con culturas más o menos abiertas y permisivas.

Al escribir sobre el aprendizaje organizacional, C. Argyris (1999) plantea que este proceso enfrenta la cuestión de las defensas instituidas y los bloqueos mentales, que son encubiertos pero operan como contraparte y limitante de las fuerzas creativas en la organización. "Cualquier cambio que no empiece por modificar el significado de la acción efectiva no puede persistir, porque pone a los individuos ante el riesgo potencial de ser atacados o complicados." La creatividad (y las fuerzas asociadas a ella) no se agota en intenciones o reconocimientos del cambio, sino que también demanda una revisión crítica del saber existente, de lo que se da por sentado.

Al evaluar distintas organizaciones, vemos que puede prevalecer la búsqueda de certeza, el ajuste a los programas y la comunicación basada en el pensamiento hegemónico expresado por sus directivos. En estas organizaciones **racionalmente determinadas**, el cambio tiene que ver con las decisiones de planeamiento y el poder decisorio en el marco de un sistema de controles que corrigen las desviaciones emergentes. En el otro extremo existen **organizaciones vitales**, las cuales definen políticas, prioridades y líneas de acción, pero también respaldan culturalmente las actitudes de búsqueda, aprendizaje continuo, indagación y creación, aun cuando estas actitudes supongan una posición crítica respecto de la conducción.

Estos modelos de organización y gestión no son accidentales, sino que se discuten, se eligen y se construyen. Claro que tienen sus propias condiciones en cuanto a propósitos, ideologías y capacidades. También la elección tiene que ver con una búsqueda de modelos congruentes con la distinta naturaleza de los servicios o productos (la central nuclear frente a un parque de diversiones). Asimismo, representan una trama de intereses y una toma de posición respecto de la importancia y el peso relativo del concepto de orden (uniformador) y desorden (lo impensado pero creativo).

Respecto del desarrollo de las fuerzas vitales, la Dirección tiene mucho por hacer, y en varias dimensiones de la organización. Si está seriamente preocupada por el crecimiento y la continuidad de esta, deberá optar entre distintas prioridades y formas alternativas en lo referido **a temas vitales**, como las estructuras, el modelo de organización, las comunicaciones y los estilos de poder. A continuación veremos algunas propuestas concernientes a estos temas. En cuanto a las estructuras, deben contemplar dispositivos que permitan ajustar las actividades y relaciones internas a un medio con demandas cambiantes y reconocer un margen para el desarrollo de las capacidades individuales y su adecuación a la tarea asignada. La idea es quitarles rigidez a las relaciones y buscar un equilibrio entre la formalización y la ambigüedad en la definición de las tareas.

El modelo de organización debe reconocer la complejidad de las relaciones, la posible **coexistencia del orden y el desorden como factor movilizador y creativo**. En cuanto a las formas de gestión, un ambiente innovador requiere tomar distancia del pensamiento único y las posiciones hegemónicas, incorporando dispositivos que permitan la representación y participación de los diferentes grupos reconocidos de opinión e influencia en la organización. En cuanto a las formas de comunicación, deben dar transparencia a los propósitos y decisiones, facilitar el diálogo, el trabajo en equipo y la difusión de las propuestas innovadoras. La organización implica la búsqueda de una significación compartida respecto de propósitos, valores y principios; desde la visión de lo creativo, la comunicación también debe rescatar y procesar la diversidad de apreciaciones que surgen acerca de los proyectos y las decisiones directivas.

Respecto de las relaciones de poder, en el marco de la vitalidad debemos destacar su carácter cuestionador y movilizador de los proyectos de cambio. Pero debe evitarse la tendencia del poder a concentrarse e imponerse, a provocar la marginación y exclusión de quienes piensan diferente. La idea es construir proyectos de poder legitimados y compartidos. La apertura hacia la innovación requiere acompañar los procesos de liderazgo en grupos, así como delegar recursos y actividades, de modo que estas puedan mejorarse en el lugar de la acción, sin la intermediación burocrática. El poder tiene que ver con las asimetrías en las relaciones laborales, y ello debe compensarse con los mecanismos activos de consulta, representación y participación en los proyectos de cambio.

Las fuerzas vitales, tanto las emergentes como las propias de una cultura movilizadora, operan en varias dimensiones, afectan a distintos procesos y lógicas de la organización. El análisis de la vitalidad requiere tomar en cuenta los aspectos disfuncionales, tanto la justicia como las postergaciones que se asocian al cambio. Pero también considerar el carácter reversible o irreversible de los cambios provocados, la posibilidad de salvar errores. Las actividades innovadoras son difíciles de ubicar como parte de un movimiento sincronizado o armónico, en especial considerando los fines múltiples de la organización y las exigencias contradictorias en su contexto. Las medidas que hemos sugerido requieren salvar las defensas y los obstáculos del orden instituido, así como también el dar lugar y reconocer los aportes emergentes de la actividad instituyente. En el presente trabajo hemos insistido en que la búsqueda de nuevos caminos y la superación de las oposiciones en situaciones de crisis es, precisamente, una capacidad distintiva de las organizaciones vitales.

Bibliografía

Argyris, Chris: *Conocimiento para la acción*, Granica, Barcelona, 1999.

Bateson, Gregory: *Espíritu y Naturaleza*, Amorrortu Editores, Buenos Aires, 1980.

Etkin, Jorge: *Política, gobierno y gerencia de organizaciones*, Prentice Hall, Chile, 2001.

Hirshman, Alberto: "Against parsimony: tree easy ways of complicating some categories of economic discourse", *American Economic Review*, Vol. 74, Nueva York, mayo de 1984.

Hurst, David: *Crisis y renovación*, Temas, Buenos Aires, 1998.

Kliksberg, Bernardo: "Capital social y cultura. Claves del desarrollo", *Boletín de la Red de Gobernabilidad*, N° 17, PNUD-IIG, Washington, setiembre de 2000.

Maturana, H. y Varela, F.: *El árbol del conocimiento*, Editorial Universitaria, Chile, 1984.

Morin, Edgar: *Introducción al pensamiento complejo*, Gedisa, Barcelona, 1994.

Schvarstein, Leonardo: *La inteligencia social de las organizaciones*, Paidós, Buenos Aires, 2003.

CAPÍTULO 5

GERENCIA SOCIAL

1. Fundamentos y versiones de la gerencia social

La gerencia social refiere a modelos de organización, formas de gestión y políticas de dirección cuyo objetivo es el desarrollo sustentable basado en principios de equidad, valores éticos y responsabilidad social en sus relaciones con la comunidad. Es un sistema de ideas que involucra los fines y necesidades del conjunto de actores internos y externos, no una forma de atender los intereses de un grupo dominante. El concepto de gerencia social implica una variedad de propuestas o versiones en el campo de la dirección de organizaciones públicas y privadas, con y sin fines de lucro. Los fines justos y correctos no se separan de los medios aplicados, que también deben ser aceptados como justos y correctos.

El enfoque social tiene un fuerte componente de subjetividad en sus conceptos, tales como calidad de vida, igualdad de oportunidades, libertad de expresión, compromiso con la organización o responsabilidad social. Pero no se trata de una dificultad para la gestión social, sino de un carácter distintivo del enfoque, que se convierte en ventaja comparativa frente a otros modelos basados en la racionalidad económica. La superación de opiniones no se logra mediante el poder de los directivos sino con la construcción de consensos a través del diálogo continuado sobre los mejores principios (compartidos) que deben sustentar y orientar a la organización. Por caso, R. Ackoff (2000) habla de la planificación interactiva como un proceso donde "la participación implica que se incorpore la mayor cantidad de trabajadores y grupos de interés posible". En un marco de enseñanza y aprendizaje, se trata de fomentar la planificación por parte de todos los que intervienen en actividades de la empresa.

El enfoque de la gerencia social se ha construido en el tiempo mediante propuestas tales como "el management cooperativista", "la dirección por valores", "la administración de instituciones sin fines de lucro", "la responsabilidad social corporativa", "la inteligencia social aplicada", "las estrategias de capital humano", "la gestión del capital social". Son aportes que se sustentan en una filosofía de gestión, en un sistema de ideas compartido y deseable, que va más allá de las técnicas de administración eficaces. En las propuestas se integran: a) valores sociales (solidaridad, equidad, confiabilidad); b) criterios políticos (participación y conducción democrática), y c) principios de economía (planificación interactiva, justicia distributiva).

Con respecto a la gerencia social, se trata de superar el plano del discurso y las declaraciones. De allí que refiera a la función gerencial, pero con un sistema de ideas que la sustenta, incluyendo formas democráticas de gobierno y justicia distributiva, no solamente la búsqueda de eficiencia y eficacia. No se trata de hablar sobre la importancia de la motivación, la comunicación y el capital humano, mostrando preocupación por el tema. Es una posición que se sustenta en un acuerdo para llevar los principios a la práctica. En sus contenidos, la gerencia social es más que una propuesta para mejorar la eficacia, enfrentar el desorden administrativo o agregar valor económico a la empresa. Refiere a una renovación conceptual, a una filosofía de gestión que se vuelca sobre los principios rectores y decisiones de política en la organización.

Al referirse a las instituciones sociales, P. Drucker (1990) destaca que estas necesitan gerencia, pero orientada hacia la gente y los servicios. Afirma que la gestión "no se limita a la provisión de bienes o servicios. Su producto no es un par de zapatos, ni una ley, sino un ser humano cambiado. Son agentes de cambio humano. Su producto es un paciente curado, un niño que aprende, un joven transformado en adulto, que se respeta a sí mismo, reformado, una vida humana enteramente cambiada". La gestión basada en la dimensión de lo social y cultural no condiciona el desarrollo humano a la producción, sino que razona en términos de la calidad de vida de los integrantes y la comunidad más amplia (la responsabilidad social).

En esta visión social de la gestión y de los modelos de organización, se redefinen los procesos de dirección desde lo sociocultural. Esta redefinición o ampliación conceptual refiere a los siguientes procesos, que hacen a la función directiva:

a) políticos y de poder, en el sentido de incorporar en la conducción el tema de la participación de los miembros en las decisiones de política vinculadas con el desarrollo social. También el análisis de los principios y valores que se reflejan en los sistemas de ideas (ideologías) y en los propósitos de la organización;

b) de decisión e influencia, en cuanto a resolver sobre la base del consenso, dando espacio a la creatividad de los integrantes. Debatir en términos sociales los criterios y premisas de valor que deben sustentar las decisiones de política. También acordar las condiciones que legitiman las relaciones de autoridad entre individuos y grupos en la organización;

c) de estructura y comunicación, en cuanto a evitar las formas burocráticas o autoritarias y disponer de adecuados procesos de interacción, diálogo y transparencia en las relaciones. Ofrecer capacitación y diseñar redes de comunicación que permitan construir una significación compartida (en lo cultural), creando un ambiente de credibilidad en la organización;

d) de evaluación y control, destinados a corregir errores o desviaciones pero no como vigilancia y castigo. Es el aprendizaje a partir del análisis de los resultados, para la mejora en la calidad de las decisiones y la actualización de planes y proyectos. Los indicadores refieren a la satisfacción de necesidades y la calidad de la atención, no sólo a las estadísticas sobre producción o servicios realizados.

Esta descripción no refleja el contenido de los procesos, sino que intenta marcar cuáles son las prioridades desde el enfoque de la gerencia social. Existen muchos otros aspectos de carácter formal y técnico, vinculados con los métodos para tomar decisiones racionales, el diseño de estrategias o las formas de comunicación. Pero en la descripción se destaca la necesidad de considerar la dimensión humana, social y cultural que debe estar presente en la definición de dichos procesos de dirección. En esencia, el enfoque social enfatiza, entre otros factores, sobre la democratización de los procesos políticos en la organización, la construcción y el desarrollo del capital social de la organización, la motivación de los integrantes, la justicia distributiva, la honestidad en los intercambios y la transparencia en las comunicaciones.

Se trata de ubicar el razonamiento directivo en el ámbito de la llamada "inteligencia social de las organizaciones" (Schvarstein, 2003). Este autor sostiene que "es necesario que se cumplan las condiciones económicas, porque en ello va la viabilidad de cualquier organización. Pero también debe existir la preocupación por la satisfacción de las necesidades sociales de los miembros y de la comunidad. Sin esta intencionalidad se daña la cohesión social, y sin ella la organización no puede ser efectiva en el logro de sus metas". La inteligencia social trasciende el esfuerzo aislado de los miembros de la organización, se refleja en las estrategias, las políticas, las prácticas externas e internas, en las decisiones y acciones de conjunto.

Están en juego el concepto y alcance de las condiciones económicas porque no son realizables en forma aislada sin una organización estable, sin credibilidad y esfuerzo compartido. Imponer una condición como racionalidad dominante puede darse en una situación de emergencia o incertidumbre. Pero no es una realidad a tomar como norma, no es una idea sostenible considerando la base social que caracteriza a toda organización. Es cierto que la cohesión social puede darse en distintos grados, debido a la propia complejidad de la realidad interna y circundante. Pero esta complejidad no se supera en términos económicos, acumulando o distribuyendo recursos sobre bases no equitativas. El enfoque social propone un proceso de mejoramiento continuo considerando valores sociales, buscando logros concretos en la calidad de vida de la organización y en sus aportes al medio externo.

2. Deber ser, poder hacer y voluntad creativa

La gerencia social es el enfoque conceptual y la práctica de la conducción de organizaciones que se basa en la consideración y aplicación de propósitos de bienestar, principios de cooperación y valores éticos. De modo que el fundamento y la propuesta de la gerencia social refieren al respeto de los derechos humanos en toda organización, relacionados con los valores y el ejercicio de la libertad, justicia, equidad, honestidad, solidaridad, dignidad del trabajo, participación e igualdad de oportunidades. Conceptos que no son definidos desde un poder central sino emergentes de la interacción comunicativa, los acuerdos y pautas culturales compartidas.

La gerencia social razona en términos de un desarrollo integrado de la organización, buscando el compromiso de los miembros en el marco de prioridades compartidas. En este marco, los objetivos de la organización se definen articulando (no tratando por separado) los diversos fines de los individuos y grupos que la componen, pensando también en el desarrollo de las capacidades humanas (como valor, no como recurso). Es una filosofía de gestión que integra:

a) **el deber ser**, expresado en los proyectos compartidos, principios solidarios y valores éticos y sociales, legitimados en el contexto de la organización y aceptados por sus integrantes;

b) **la voluntad creativa**, que refiere a la identidad y rasgos culturales que se construyen en la relación social cotidiana, en una compleja interacción con el orden instituido;

c) **el poder hacer**, que refiere a las capacidades para lograr un proyecto compartido y considera los conocimientos y actitudes necesarios para aplicar la voluntad colectiva en situaciones concretas, para orientar la realidad en el sentido acordado.

El enfoque y las prioridades de la gerencia social son amplios y comprensivos, aplicables en un amplio espectro de organizaciones privadas y públicas, con fines igualmente diversos. De manera especial, sus conceptos se entienden y son aplicables en:

a) las áreas relacionadas con la dimensión humana y cultural de todas las organizaciones, a través de las funciones de asistencia y desarrollo del personal, comunicación social, motivación, relaciones con asociaciones gremiales, tareas de protección ecológica y ayuda a instituciones de la comunidad, cumpliendo con la responsabilidad social corporativa;

b) en los proyectos e instituciones públicas creados para cumplir una finalidad social y cultural específica, como los programas de ayuda y difusión relacionados, por ejemplo, con servicios de salud, educación, ayuda familiar, justicia o lucha contra la pobreza;

c) en las organizaciones de la sociedad civil (no gubernamentales) creadas para resolver necesidades de la población, de sus integrantes, afiliados o asociados, como las entidades de bien público, cooperativas o asociaciones civiles sin fines de lucro.

El enfoque de la gerencia social no es sólo una toma de posición o una propuesta renovadora en el plano de lo ideológico. No se agota en recordar la importancia del deber ser como marco de referencia teórico, sino que incluye la tarea de innovar de cara al futuro. Ofrece respuestas a las dualidades y contradicciones que enfrentan las organizaciones y empresas complejas, públicas o privadas, con y sin fines de lucro. Organizaciones que actúan en un entorno incierto y desafiante, a la vez que enfrentan una diversidad de presiones (no siempre compatibles) en el plano de lo interno. Contradicciones que provienen de la diversidad de fuerzas internas y externas, exigencias que mueven a la organización, pero que también llevan a desigualdades que afectan las capacidades humanas y el crecimiento de la propia entidad.

El enfoque de la gerencia social implica: *a)* revisar críticamente lo existente (corregir las injusticias); *b)* formular nuevos proyectos (tomar la iniciativa), y *c)* construir y difundir nuevos modelos de organización y gestión basados en la idea del desarrollo sustentable. Es actuar sobre la dimensión humana de la organización, considerando lo humano como capacidad personal, no como medio o recurso productivo. Una capacidad aplicada desde el consenso, no desde la imposición, en el marco de un proyecto compartido. Más allá del interés solamente económico o de la voluntad política del grupo dominante.

Estos principios no son sólo una declaración sobre los aspectos ideales de una gestión. En tanto refieren a organizaciones sociales, se trata también de factores concretos que hacen a la salud, cohesión y estabilidad de los grupos humanos. Y desde allí influyen sobre la creatividad, la producción y los servicios finales que ofrece la organización. Son conceptos prácticos dado que refuerzan su identidad, implican que disponga de ventajas comparativas y le otorgan credibilidad. Factores que hacen a la subjetividad de las actividades y relaciones, pero también elementos concretos que permiten el reconocimiento y el crecimiento sostenible de estas organizaciones en su contexto social.

3. Principios del management cooperativista

El concepto de gerencia social se entiende en el marco de una filosofía de gestión de la organización. No se trata de una tecnología aplicada o un modo de conducción para aprovechar los recursos humanos. Es una gestión que involucra (atraviesa) a toda la organización. La idea de gerencia social incluye una diversidad de enfoques que han surgido en el tiempo para superar las formas basadas en la racionalidad económica. Estos nuevos enfoques tienen en común poner el énfasis en el factor humano, en la colaboración y participación como prioridades a la hora de elegir un modelo de organización y definir los lineamientos de la gestión directiva.

En el presente capítulo vamos a profundizar en los rasgos distintivos de la gerencia social, que en un sentido amplio son los siguientes:

1) En cuanto a los propósitos y compromisos de la organización:
   a) la responsabilidad social de la organización en el contexto donde actúa;
   b) el buen gobierno, referido a la legitimidad de sus relaciones de poder;
   c) los proyectos compartidos, orientados al bienestar general y desarrollo humano.
2) En cuanto a principios y valores:
   a) retribución digna, justicia distributiva, igualdad de oportunidades (equidad);
   b) relaciones basadas en la colaboración e interacción en grupos (sociabilidad);
   c) comportamientos orientados por valores (integridad).
3) En cuanto a los procesos organizacionales:
   a) participación en los procesos decisorios, incluyendo las políticas de empresa;
   b) estructuras que contemplan grupos de trabajo intersectoriales;
   c) transparencia y credibilidad en las comunicaciones;
   d) motivación amplia, que satisface necesidades básicas de orden material y social;
   e) persuasión y consenso en las formas de autoridad e influencia;
   f) controles y procedimientos que permiten la educación y la mejora continua.

La aplicación de la gerencia social requiere redefinir la visión convencional del desarrollo organizacional y pasar a considerar nuevas dimensiones de orden social y cultural en la gestión directiva. Tal como lo explica B. Kliksberg (2004), es una visión que integra en el modelo de organización y las decisiones directivas los siguientes factores: *a)* el desarrollo de la capacidad humana (salud, educación, motivación); *b)* la formación del capital social de la organización (cultura solidaria, cooperación, valores éticos), y *c)* el respeto a la equidad distributiva (justa apropiación de recursos). Este autor señala la positiva interrelación que existe entre el crecimiento económico y el desarrollo social, tanto en el plano de las comunidades en general, como en el de las organizaciones.

Otros enfoques dentro de la idea de gerencia social destacan la importancia de adoptar un modelo cooperativo para la organización, revisando el concepto de empresa en cuanto a las relaciones de poder (conducción con aceptación), los criterios de racionalidad (eficacia con valores) y la competitividad (superación con solidaridad). En este marco destacamos la obra de Davis y Donaldson (2005) sobre "management cooperativista", que también se presenta como "una filosofía para las empresas". Es un sistema de ideas para la construcción y desarrollo de la organización, de los grupos participantes y el medio social más amplio. Ideas y propuestas aplicables en un amplio sentido a las empresas, negocios, cooperativas, asociaciones civiles y empresas públicas. En todas existe la necesidad de crecer y la posibilidad de hacerlo mediante la cooperación, como propuesta compartida, no sólo en el orden de lo declarativo.

El concepto de management cooperativista destaca los principios que sustentan el crecimiento de una organización, más allá de los modelos de propiedad que adoptan. Los principios son: *a)* pluralismo, como la posibilidad de más de una forma o estructura empresarial, no sólo jerárquica; *b)* mutualidad, en cuanto a la actitud de ayuda y cooperación en el trabajo; *c)* autonomía individual, tanto la libertad personal como de la organización, en un marco de diversidad cultural; *d)* justicia distributiva, con bases equitativas para la remuneración de los integrantes; *e)* respeto a los derechos humanos; *f)* interés centrado en las personas, y *g)* reconocimiento de los aportes y las necesidades de todos los grupos que intervienen en la empresa o se relacionan con ella (llamados *stakeholders*).

A título ilustrativo mencionamos trabajos que impulsan el enfoque centrado en lo humano, en el campo de la gestión directiva. Destacan las ideas de asociación, compromiso y colaboración, tomando distancia de los modelos basados en el poder impuesto y la confrontación competitiva. Por caso, "la ética y el capital social" para el desarrollo sustentable (Kliksberg, 2004), el potencial de la "diversidad cultural" (Thomas y Ely, 1996), el rol de los *stakeholders* en la "organización democrática" (Ackoff, 2000), la "inteligencia social" de las organizaciones (Schvarstein, 2003), la gerencia de "la diferencia cooperativa" (Davis, 1999), la igualdad de oportunidades y el principio de "la justicia distributiva" (Rawls, 1971), las "estrategias de "capital humano" (Gratton, 2001), las ideas de "sociabilidad y comunidad" en la empresa (Goffee, 1996), la "generación de capacidades colectivas" (Gore, 2003), la aplicación del "buen gobierno y gobernabilidad" (Etkin, 2000). Son vertientes conceptuales que confluyen hacia una visión responsable, equitativa y solidaria de las organizaciones, legitimadas en su contexto social.

Estos aportes confluyen en la búsqueda de un paradigma renovador sobre el concepto de la organización y los enfoques del management. Una visión desde el dominio de lo sociocultural y del gobierno de la empresa, que viene a superar las limitaciones de los modelos económicos basados en la relación costo-beneficio. No se trata de buscar fórmulas salvadoras o de nuevas versiones para los métodos destinados a mejorar la productividad de la empresa. Los resultados se toman como un objetivo, pero en el marco del respeto a los valores sociales y las condiciones humanas, porque se trata de una visión sostenida en principios reconocidos y compartidos, no en el interés de los observadores. Tampoco es un intento de ignorar los criterios de eficiencia y eficacia en los procesos productivos. Lo importante, desde lo filosófico, es la búsqueda de verdades confrontables en cuanto a las necesidades de las organizaciones como grupos sociales, y no sólo como trama de fuerzas.

La propuesta es superar las limitaciones de la visión tradicional del management a través de los principios del enfoque cooperativista, el cual destaca que los gerentes no deben limitarse a resolver lo técnico, ni ser "servidores" de los niveles de política de la asociación u organización. Deben pensar en el crecimiento y la mejora en los resultados, pero también respetar los valores compartidos y asumir la responsabilidad por las consecuencias sociales y ambientales de las decisiones. Los resultados no son separables de los valores y preceptos acordados que hacen a la identidad de la organización. En una cooperativa, los principios de solidaridad, igualdad y propiedad conjunta de los medios de producción no son opciones sino rasgos identificadores.

El enfoque cooperativista prioriza el esfuerzo compartido, la colaboración y ayuda mutua en el trabajo. Y esta actitud se complementa con la idea de equidad y justicia distributiva en las relaciones laborales. De modo que implica una evaluación profunda sobre las bases que permiten la motivación y el compromiso de los miembros. Se busca la plenitud e integridad de la empresa, no como recurso, sino en su condición de organización social (incluyendo los sentimientos morales). Ello implica desarrollar y aplicar la capacidad o capital social de la organización, que se construye sobre la base de la colaboración de sus integrantes y su compromiso respecto del proyecto de empresa.

La base cooperativa y la solidaridad, junto con la justicia distributiva, son factores que marcan la diferencia respecto de los modelos de gestión que históricamente se han fundamentado en "las relaciones humanas". Se diferencian por varias razones. Primero, porque no se trata de motivar al personal para mejorar la productividad del recurso humano, sino de considerar las necesidades sociales como un fin en sí mismo. Segundo, porque este enfoque no viene a justificar la autoridad gerencial, sino a revisar las bases de su legitimidad, señalando que los gerentes deben responder por sus actos frente a los diferentes grupos de influencia que aportan a la organización. Tercero, porque la gestión cooperativista no toma al liderazgo como una capacidad para el manejo del personal, sino como una relación basada en la aceptación voluntaria de los miembros.

El enfoque no se limita a favorecer la dinámica de grupos de trabajo, también articula las relaciones sociales con los diversos grupos de influencia e interés que participan en la organización, como clientes, usuarios, proveedores, sindicatos o instituciones públicas. El enfoque cooperativista no supone un estado de armonía o cooperación natural, sino que admite la existencia de tensiones y conflictos derivados de la diversidad de intereses que actúan e influyen en la empresa. Tensiones y oposiciones para las cuales el enfoque propone medidas sustantivas, como la revisión de la estructura de poder y propiedad, las formas de participación, la vigencia de los derechos humanos y la construcción de un proyecto compartido y fuertemente comprometido con su medio social.

4. Cooperación y competencia: relaciones y exclusiones

El enfoque del cooperativismo considera a las empresas como grupos basados en acuerdos para la colaboración, no en relaciones impuestas o utilitarias. La organización crece desde el esfuerzo compartido, construyendo una capacidad colectiva y resultados que no son alcanzables en términos individuales. El enfoque no plantea condiciones insalvables respecto de la estructura de propiedad de la empresa. Tanto puede ser comunitaria, pública o participada, como estar en manos de un grupo de accionistas que controla y delega en los cuerpos directivos las decisiones de negocios. La idea de participación no se reduce a la condición de socio. Lo básico es el acuerdo sobre los contratos constitutivos, las formas legitimadas de gobierno, la aplicación de principios y valores sociales reconocidos.

En el plano de la racionalidad, el enfoque social advierte las contradicciones que presenta el management ortodoxo, en particular cuando los directivos llaman a la creatividad e innovación, y, al mismo tiempo, desde la conducción se impone una actitud de obediencia y se fomenta la confrontación entre distintos grupos que buscan apropiarse de los recursos de la empresa. La cooperación supone una cultura del management con directivos comprometidos y responsables socialmente, no meros servidores de un grupo dominante en la organización. Desde la visión cooperativista, la función de la Dirección es, sobre todo, articular un rumbo compartido y asegurar la colaboración de todos los participantes que contribuyen al proceso de creación de riqueza.

El nuevo enfoque propone un debate sobre los valores sustantivos de carácter humanitario que debe sostener la Dirección como premisa decisoria, no solamente la racionalidad económica. La propuesta no implica una actitud de exclusión respecto del saber gerencial existente. No desecha ni minimiza los avances tecnológicos asociados con el management competitivo, pero tampoco los copia en forma acrítica. Más bien los revisa y los mejora, para rescatar lo que tienen de constructivos. Por caso, reconoce formas de análisis y prácticas relacionadas con el desarrollo de ventajas comparativas, tales como mejora continua, calidad total, gestión del conocimiento, valor agregado en procesos, imagen y posicionamiento, formas de negociación eficaz, estrategias corporativas, estructuras matriciales, análisis de sistemas, organización por proyectos.

En el marco de la gerencia social, los modelos, tecnologías y formas de poder se evalúan considerando los valores sociales en juego, las bases de legitimidad (reconocimiento) de la autoridad y la responsabilidad frente a la comunidad. No se trata de imponer un proyecto para aumentar la concentración del poder y el sometimiento a los grupos sociales. El enfoque cooperativista toma distancia de esas prácticas porque, en un sentido social, llevan a desintegrar la organización. Generan un ambiente de confrontación y diferencias injustas, utilizando formas indeseables como las promesas incumplidas (falsas expectativas), el doble discurso o la comunicación autoritaria.

Ello no significa que deba promoverse la planificación centralizada o se rechacen los mecanismos del mercado. Una visión desde lo social no excluye mecanismos de orden económico, los enmarca. De modo que no estamos hablando de un efecto corruptor inevitable de los mercados o de la debilidad en el management. El tema es la falta de un adecuado compromiso de los profesionales a la hora de decidir lo mejor, que también debe ser lo justo. Se necesitan modelos alternativos de gestión, para resolver las falencias de los proyectos empresarios en que predomina la orientación económica y concentradora del poder. Esta tendencia se entiende en un marco de relaciones de fuerzas, con discriminación laboral y desigualdad social, pero no es una realidad inevitable. Frente a la injusticia y el malestar social, adquieren sentido los proyectos para construir organizaciones con gestión cooperativista.

Los enfoques deben probarse y convalidarse en su aplicación. En este sentido hay mucho que aprender en los movimientos de asociación y cooperación. Ello nos advierte sobre la necesidad de superar los esquemas limitantes que se dan en esas mismas organizaciones cooperativas. No alcanza con una modificación en las formas de gestión o en la estructura de propiedad de la empresa para instalar la cooperación. También se requiere concretar las ideas de solidaridad, igualdad y valores compartidos considerando condiciones de lugar y tiempo, la singularidad de la organización. Esto no es "relativizar" sino hacer posible un proyecto (factibilidad). En lo político se requieren modos de gestión profesional que eviten el peligro del aislamiento de los gerentes, para que no sean jueces y parte en el marco de su propia causa (la gestión).

En el caso concreto de las cooperativas, tal como señala P. Davis (1999), es necesario superar la tensión entre: *a)* las decisiones de los "legos" o miembros del Consejo de Administración elegidos por la asamblea de socios para representarlos, y *b)* los gerentes de la organización que actúan siguiendo criterios racionales y tecnologías administrativas. Criterios que también son irracionales por los efectos negativos de la eficacia impersonal sobre los principios del modelo cooperativo. Esta dualidad debe superarse en el enfoque cooperativista.

La superación implica un cambio de mentalidad en los profesionales de la gestión, para incorporar, por caso, criterios de justicia distributiva. Pero también lograr una mayor presencia profesional en las tareas del Consejo de Administración, y así evitar las desviaciones propias del ejercicio del poder. El enfoque plantea la integridad en las decisiones, o sea la necesidad de considerar principios, derechos y valores sociales tanto en las decisiones de política como en las formas de organización y la operación cotidiana.

5. Pragmatismo y visión ética de la empresa

El enfoque de la organización basada en principios y valores sociales no lleva a cuestionar a las empresas como tales, sino a aquellas que utilizan estructuras de poder excluyentes y formas de gestión pragmáticas que priorizan los resultados económicos por sobre la calidad de vida en la organización. La visión ética que proponemos en esta obra toma distancia del pensamiento hegemónico legitimado desde la ideología utilitarista y excluyente de los grupos dominantes. Asimismo, es una crítica a la posición relativista que ha contaminado la formación gerencial sosteniendo que "todo tiene un precio" o que "la conquista legitima y da derechos". En este incorrecto contexto gerencial, el bien de la organización y el de los individuos o la sociedad son, con demasiada frecuencia, divergentes (la brecha de la insatisfacción).

Debe evitarse el error de creer que estas divergencias son naturales o no se pueden impedir, aunque se trate de un medio incierto y competitivo. Muchos conflictos emanan de la propia filosofía del management cuando la conducción se encierra en un pensamiento hegemónico vinculado con el interés particular de un reducido grupo de actores. Grupos de interés que ven la organización como un recurso y no como una capacidad social para el desarrollo sustentable. En la forma empresaria de organización, no tiene por qué ser así. En el mundo de los negocios muchas decisiones racionales, como las políticas para mejorar la calidad de los servicios o la estabilidad en el empleo, también deben defenderse en términos éticos.

El problema cotidiano en los negocios es que la presión de la competencia en un ambiente inestable y adverso, la exigencia de beneficios crecientes y la necesaria racionalización de los procesos productivos instalan códigos de valores incorrectos, que llevan a la frustración y la confrontación como forma de relación. Por ejemplo, sostener como principio la obediencia incondicional hacia la autoridad, utilizar los salarios (sin tocar los beneficios) como variables de ajuste en la crisis, o redefinir las condiciones de los contratos laborales incorporando cláusulas de transitoriedad que hacen del trabajo una relación insegura e inestable. Estas bases son contradictorias respecto de las ideas acerca del trato justo, la responsabilidad y la solidaridad en el trabajo.

Frente a la indeseable posición pragmática e individualista del management ortodoxo, el paradigma renovador (no sólo alternativo) promueve una gestión basada en los propósitos compartidos, los principios de cooperación y las decisiones justas en términos sociales. Y no por seguir dogmas, creencias o sentimientos. En el nuevo paradigma pesan las convicciones relacionadas con las razones justas y los proyectos compartidos. Es una gestión cuyo sustento no son las relaciones de fuerza, la desigualdad del poder o el control de recursos escasos, sino el carácter social de las organizaciones y la necesidad de convivir en un medio que necesita de las empresas y que también las reconoce y sostiene. Una visión de la organización sustentada en el concepto de construcción e interacción social, de consideración de los derechos de múltiples grupos participantes; visión que es muy distinta del mero determinismo económico impulsado desde un grupo propietario.

El enfoque cooperativista propone fundar la organización sobre la base de principios que atraviesen todas sus decisiones, orientando las políticas de la empresa, que pueden asociarse con una variedad de modelos de propiedad y formas de gobierno. Las bases refieren: *a)* al pluralismo que reconoce una diversidad de estructuras de propiedad del capital, sin limitarse a pensar sólo en empresas por acciones; *b)* a la mutualidad como práctica de la solidaridad y al esfuerzo compartido tras un proyecto común; *c)* a la autonomía entendida como vigencia de la libertad responsable en la relación y el desarrollo de los individuos y de la organización; *d)* a la igualdad de oportunidades y justicia distributiva sin dejar de reconocer diferencias legítimas entre los participantes; *e)* al respeto a los derechos humanos, y *f)* al justo equilibrio entre tecnología y trabajo en el diseño de la capacidad productiva.

Es esta una perspectiva que trasciende los límites de la organización y los intereses de sus propietarios. Son principios que permiten construir una empresa con capacidad para convivir en la diversidad, atender los múltiples propósitos de diferentes participantes, sin por ello perder efectividad. Al contrario, a partir de estos valores y en ejercicio de su responsabilidad social, la empresa logra reforzar sus capacidades productivas, su creatividad y su sintonía con las demandas del contexto. Una visión de la empresa que no está sometida a las fuerzas de los mercados, sino que enfrenta el desafío de superar las desigualdades que dichas fuerzas, sin regulación, instalan en la sociedad.

Estos valores sociales, derechos humanos y principios de justicia son generalizados más allá de las ideas acerca de las formas mutuales y cooperativas para su difusión en la gestión de empresas privadas. El pensamiento está puesto en una organización que reconoce el aporte y la necesidad de satisfacer necesidades de grupos internos y externos, no solamente de los propietarios o accionistas. Y no por el hecho de negar el rol de las inversiones privadas ni para cuestionar la estructura de la propiedad, sino para renovarla y hacerla abierta y participativa. El enfoque implica reconocer que la capacidad de la empresa se deriva de la preparación, motivación y creatividad humanas, y no sólo de la energía física y los recursos financieros.

6. Gestión para una organización sustentable

El tema no es solamente conocer los principios y actuar desde una voluntad ética compartida, sino también disponer de criterios justos a la hora de la decisión, en un ambiente complejo con opiniones diversas. Es el desafío de actuar en situaciones concretas de la realidad empresaria, en la cual aparecen procesos duales, tanto en lo interno como en lo externo. En lo interno, por la necesidad de concretar los proyectos bajo la presión de una racionalidad y productividad crecientes que limita las libertades y motivaciones de los integrantes. En lo externo, porque la diversidad de fines y demandas de los grupos participantes *(stakeholders)* son diferencias legítimas que llevan a tensiones y necesidades postergadas en la organización.

Por otra parte, la responsabilidad social de la empresa no es una abstracción, sino que debe concretarse en un ambiente competitivo, donde suele darse una fuerte concentración del poder. En ese entorno de confrontación, no todas las organizaciones comparten la actitud cooperativista, porque buscan resultados y toman decisiones empresarias no complementarias. Es una realidad indeseable, en la cual los mecanismos de defensa individuales suelen excluir a los principios de cooperación. Debe considerarse, además, que el aparato estatal tiene su propia estrategia de poder, con políticas que inhiben o reprimen en lugar de facilitar o promover la búsqueda de pluralismo, autonomía y solidaridad pretendidos por las organizaciones empresarias bajo el enfoque cooperativista.

Desde la visión de los principios, ninguna forma empresaria debe hacer pagar a individuos y grupos por las "imperfecciones del sistema". El enfoque cooperativista no concuerda con estas injusticias "naturales", que se atribuyen a la modernización o el crecimiento. Son razones de poder e ideología, y no el proceso de desarrollo, las que llevan a la marginación y exclusión social derivadas de las estrategias focalizadas en la rentabilidad. Las decisiones injustas relacionadas con la inestabilidad en el empleo o las reducciones de salarios suelen explicarse como consecuencias no intencionales en la lucha de la empresa para sobrevivir en un contexto agresivo. La visión cooperativista critica estas decisiones, que sólo reflejan el interés económico de un grupo dominante en la organización.

El enfoque cooperativista requiere una visión de conjunto sobre las consecuencias de las decisiones, no para medir el impacto inevitable, sino para enfrentarlo y compensarlo pensando en términos de equidad y justicia distributiva. Porque, aunque ciertas decisiones puedan aumentar la producción o los ingresos, el principio de equidad enseña que no se deben sostener diferencias injustas en el trabajo. Ejemplos de ello son la inversión en tecnología que lleva al despido de trabajadores o la suspensión de los derechos laborales como forma de aumentar la producción. En un ambiente de justicia y en el plano de los valores sociales, el fin no justifica los medios. Si hay sacrificios por hacer o costos a pagar, la idea es que sean ajustados a las posibilidades de los grupos y no a sus posiciones de poder en la organización.

La organización es sustentable cuando no se basa en razones de poder o en los intereses de un grupo dominante, sino en acuerdos justos y principios compartidos que motiven a los integrantes a coordinar sus esfuerzos y desarrollar nuevas ideas para el crecimiento conjunto. La idea de *sustentable* implica que los procesos creativos se refuerzan en el tiempo, no por los controles o las sanciones, sino porque los integrantes están de acuerdo con los términos de la relación, y ello se expresa en la propia voluntad de mejorar sus ambientes de trabajo. Una organización sustentable también porque la sociedad considera que cumple con su misión, que está resolviendo legítimas demandas y necesidades de la población.

Bibliografía

Ackoff, Russell: *Recreación de las corporaciones*, Oxford University Press, México, 2000.

Davis, P. y Donaldson, J.: *Management cooperativista*, Granica, Buenos Aires, 2005.

Davis, Meter: *La administración de la diferencia cooperativa*, Oficina Internacional del Trabajo, Ginebra, 1999.

Drucker, Peter: *Managing the Non-profit Organization*, Harper Collins Publishers, Nueva York, 1990.

Etkin, Jorge: *Política, gobierno y gerencia de las organizaciones*, Prentice Hall, Chile, 2000.

Etkin, Jorge: *Gestión de la complejidad en las organizaciones*, Granica, Buenos Aires, 2006.

Goffee, Rob: "¿What Holds the Modern Company Together?", *Harvard Business Review*, Boston, diciembre 1996.

Gore, Ernesto: *Conocimiento colectivo*, Granica, Buenos Aires, 2003.

Gratton, Linda: *Estrategias de Capital Humano*, Prentice Hall, Madrid, 2001.

Kliksberg, Bernardo: *Más ética, más desarrollo*, Temas, Buenos Aires, 2004.

Rawls, John: *A Theory of Justice*, Harvard University Press, Cambridge, 1971.

Schvarstein, Leonardo: *La inteligencia social de las organizaciones*, Paidós, Buenos Aires, 2003.

Thomas, D. y Ely, R.: "Making differences matter", *Harvard Business Review*, Boston, octubre 1996.

SEGUNDA PARTE

SISTEMA DE IDEAS
Y SUBJETIVACIÓN

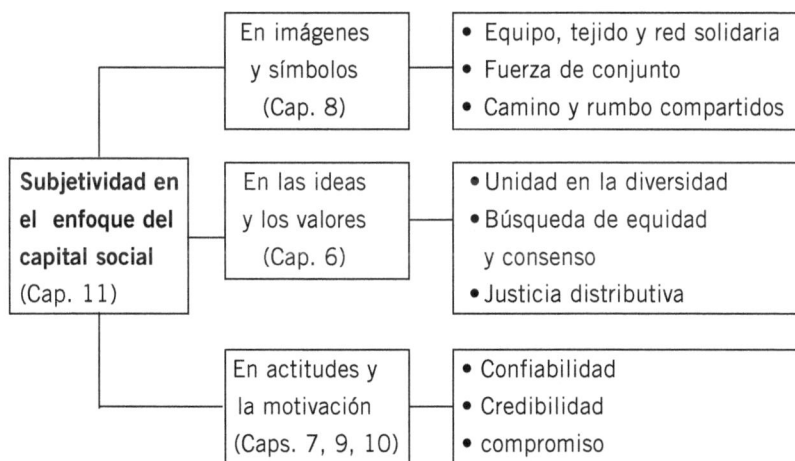

	En imágenes y símbolos (Cap. 8)	• Equipo, tejido y red solidaria • Fuerza de conjunto • Camino y rumbo compartidos
Subjetividad en el enfoque del capital social (Cap. 11)	En las ideas y los valores (Cap. 6)	• Unidad en la diversidad • Búsqueda de equidad y consenso • Justicia distributiva
	En actitudes y la motivación (Caps. 7, 9, 10)	• Confiabilidad • Credibilidad • compromiso

Gráfico 2. Factores de subjetividad en la organización sustentable.

CAPÍTULO 6

BASE IDEOLÓGICA
Y CONSENSO

1. Sobre convicciones e ideologías

El concepto de *sistema de ideas* refiere a la visión, las razones y propuestas que sustentan las decisiones de conducción o de gobierno en la empresa. El sistema de ideas incluye una descripción y una propuesta. Como descripción representa los factores y fuerzas que actúan en la organización y su entorno, sus orígenes y su dinámica. En el lenguaje de la organización, se dice "es nuestro modo de pensar aquí". Un saber basado en convicciones compartidas, no en intenciones. Como propuesta, representa los caminos compartidos deseables para la empresa. Un camino que no surge del ejercicio de la autoridad, sino de lo razonable a la luz del conocimiento disponible y los acuerdos vigentes.

Como sistema de ideas y creencias, el esquema conceptual es parte de la cultura construida desde las relaciones y comunicaciones de la organización. Como propuesta o recurso ideológico refleja las posiciones dominantes en el nivel de la conducción o en los grupos de interés e influencia que operan dentro y fuera de esta. Instaladas en la organización, estas posiciones son parte del discurso que sustenta las decisiones de política, y buscan difundir un modo de pensar deseable en sus integrantes. Modos de pensar y categorías conceptuales más asociados con un diagrama de fuerzas que con el debate o la búsqueda de consenso.

En su aspecto positivo o constructivo, el sistema de ideas es una explicación compartida que legitima y otorga razonabilidad a los comportamientos y decisiones de conducción. Por caso, la idea y convicción construida en el tiempo sobre la solidaridad y colaboración como base de la organización. En su aspecto negativo, el sistema de ideas deriva en el sesgo ideológico. Por caso, la visión de la autoridad que no admite críticas de los empleados. Hablar de un sesgo no implica que estas posiciones deban evitarse, sino que deben discutirse, explicitar sus premisas y no darlas por reconocidas. Esta distinción es importante a la hora de construir una organización democrática.

El sistema de ideas y creencias no es un conocimiento "neutral", es teoría aplicada que opera coordinando los comportamientos. Como característica, las afirmaciones derivadas del sistema de ideas son conceptos compartidos que hacen a la convivencia y el esfuerzo conjunto. No se trata de verdades demostradas, sino de conceptos reconocidos que se vuelcan a las relaciones y prácticas cotidianas. Como ideología, el sistema pasa a representar intereses e influencias en la organización. Se convierte en una visión interesada o comprometida, más allá de las evidencias. Por caso, ver el mercado como un espacio creado para la lucha, o la idea de que el fin justifica los medios, o sostener que la única motivación para el empleado es la remuneración.

Como señalamos en una obra anterior (Etkin, 2003), "la ideología ofrece a los integrantes o participantes de la organización, una conciencia y una percepción acerca del mundo en que conviven. No para esclarecerlos sino para que adopten ciertas prioridades en sus razonamientos". En los directivos, voceros o promotores hay una intencionalidad no declarada, que no siempre debe confundirse con una "mala intención". Quizás estén sosteniendo algo deseable, pero su base conceptual está acotada a fines no declarados. Dada la voluntad de un grupo o institución de avanzar con sus fines y para coordinar conductas, ellos sostienen e impulsan este sistema de ideas como algo cierto, que puede demostrarse.

2. El pensar desde lo deseado

La intencionalidad no declarada, los intereses involucrados, las bases discutibles y sus asociaciones con las relaciones de poder (para imponerse) son rasgos que diferencian la ideología respecto de los principios y valores sociales. Los códigos de conducta vinculados con la moral y los valores éticos están construidos sobre el consenso y para la convivencia, no para el posicionamiento de ciertas ideas. Respecto de los mitos, leyendas y creencias (también culturales), la ideología se diferencia por su intención de ofrecer razones o argumentos, no basados en la tradición, en actos de fe o de apoyo emocional. Al menos en la apariencia o el discurso ideológico.

En la definición de las ideologías, algunos conceptos surgen del debate y otros son una visión de grupo que se expande a la organización. Por ejemplo, sostener que la competencia es algo natural y que lleva a la selección del mejor o, por el contrario, que la solidaridad es condición necesaria para el desarrollo humano. Definido un esquema ideológico asociado a los intereses de un sector, cuando se intenta su expansión y aceptación en toda la organización (hacia otros grupos y contextos) la ideología se convierte en dominante y suele vincularse con alguna estrategia de

143

poder. Es decir, antes que en razones debatidas, las ideas se sostienen en presiones y dispositivos de persuasión.

Respecto de la presencia de estos componentes imaginarios en la conducta social, K. Mannheim (1941) también ha llamado la atención sobre la diferencia entre *utopía* e *ideología*. Destaca que ambos conceptos se refieren a visiones del mundo que trascienden las situaciones concretas. Pero la ideología habla de las actitudes o mentalidades conservadoras y legitimadoras del presente, en congruencia con los intereses de los grupos dirigentes. Como más adelante veremos, la falsedad política consiste en hacer uso consciente de esta representación o visión con fines manipuladores.

En el presente trabajo queremos destacar las características del doble juego de la ideología, que opera en la base de las comunicaciones y decisiones de la organización; el sistema de ideas que explica el sentido de las decisiones, sus prioridades y tendencias. Por un lado, señalamos un proceso de diálogo o debate continuado sobre lo verdadero o lo deseable. Como propuesta o esquema mental, no como afirmación probada, en el marco de las relaciones humanas. Y por otro lado, un proceso de adoctrinamiento, persuasión o búsqueda de adhesión en el contexto de una relación desigual entre los difusores de la ideología y sus seguidores.

El tema es trascendente en la medida que las ideologías son un componente de la cultura de la organización. La cuestión es cuánto juega como capacidad y cuánto como inhibición o exclusión. Toda actividad de conjunto perdurable requiere y desarrolla ciertos supuestos sobre lo mejor y lo deseable, que se toman (se imponen, se aceptan) como válidos y que impulsan los comportamientos en el plano de lo obvio, de lo que no se discute en lo cotidiano. Sirven como explicación cuando se trata de elegir entre alternativas que benefician a unos participantes y postergan a otros. Por ejemplo, la idea de que sólo una "autoridad fuerte" puede salvar a una empresa en situación de crisis, o que no importa el consenso sino aceptar la conducción de los que más saben.

Se trata de una propuesta basada en un mundo de representaciones, ideas, figuras, relatos e imágenes, que se presenta a los integrantes como un esquema o modelo de pensamiento (deseable). Un modelo que opera bajo sus propias reglas (su propia explicación) y con relativa autonomía respecto del dominio de los hechos o la realidad cambiante. Dadas las premisas o los juicios de valor en que se fundan, estas propuestas o consignas a lo sumo pueden ser calificadas como congruentes o pertinentes en un contexto, no como verdaderas o falsas. Sin embargo, al ser expresadas bajo la forma de un discurso o argumentación, sus difusores las defienden como algo sujeto a las reglas de la Lógica y la Sociología.

Por ejemplo, las ideas asociadas a "las fuerzas del mercado", "la selección del más apto" o "el espíritu de cuerpo". Estos conceptos no pueden no existir, son parte de una visión o una propuesta que está en la base de la descripción. Los ideólogos presentan dichas profecías sobre los mercados no como relación deseada, sino como un sistema pensante, inteligente, que moviliza y ordena las relaciones comerciales. En realidad no son explicaciones de procesos confrontables. Son opiniones, tienen que ver con el pensar desde el deseo, no con fuerzas o procesos naturales o inevitables.

3. Aspectos movilizadores y críticos de la ideología

En su versión constructiva, como aporte al conjunto, la ideología es una pauta cultural que se utiliza como orientación o propuesta para las relaciones y prácticas sociales. En particular como un componente de la decisión y acción política. En su versión negativa, es una estrategia destinada a oscurecer las contradicciones en la organización y ocultar los intereses particulares de ciertos grupos. Como estrategia discursiva, la ideología es un modo de utilizar estructuras de significación para legitimar intereses sectoriales de grupos hegemónicos muy diversos, no necesariamente los propietarios o directivos. En este sentido, es más apropiado hablar de "las ideologías vigentes", con distinto peso según los actores, el contexto y la organización (privada, pública, del tercer sector).

Es importante analizar la ideología mostrando aquello que tiene de oculto o no declarado, como también la transparencia en ciertos sistemas de ideas que se debaten abiertamente. Decimos que este sistema tiene connotaciones autoritarias cuando se impone en el tiempo no por consenso sino a través del ocultamiento o el doble discurso. Pero la ideología también puede ser expresión normal de opiniones divergentes. Es positiva en la medida que sus promotores también divulgan sus propósitos, como ocurre con las opiniones políticas en el marco de una campaña. En ambas versiones (positiva y como deformación) es importante el proceso de comunicación, en particular lo relativo al lenguaje, en el cual la ideología utiliza un discurso global legitimador de ideas y creencias.

Tanto en su versión constructiva como en la manipuladora (no declarada), los promotores de la ideología pretenden que su forma de pensar, con alta carga emocional, se tome como verdad absoluta. Quieren que su propuesta se convierta en una premisa implícita para toda la organización, en una regla mediante la cual los participantes construyan su experiencia. Un conjunto de ideas que se incorpore como un hábito en el pensar cotidiano. En este sentido decimos que es un saber esquemático, un aparato conceptual. En los procesos ideológicos está el peligro de la visión cerrada desde el lado de los promotores. Es el cierre que les impide ver cómo los deseos condicionan sus propuestas.

146

No estamos tratando de negar o ignorar el concepto de *sistema de ideas*, presente en la cultura organizacional. Pero además de explicar sus fuentes normales o naturales (la comunicación y la convivencia), queremos mostrar sus deformaciones y sus vinculaciones con el orden autoritario. En su obra sobre Ciencia Política, M. Pastor (1989) destaca los peligros del pensamiento oculto en los grupos y organizaciones. Afirma que "la ideología es una filosofía política popularizada, dramatizada, simplificada, sacralizada y desrealizada". Esta es sólo una lectura (política) de lo ideológico. También tiene un rol constructivo, como imagen o aparato conceptual, para guiar las conductas cotidianas. Sus limitaciones vienen dadas por su carácter de pensar impuesto y esquemático.

Respecto del par conceptual ética-ideología, J. Wagensberg (1985) sostiene que, bajo ciertas condiciones, puede ser un proceso social constructivo, en particular de las regulaciones sociales. "Nuestra noción de ideología es un simple sistema moral que debe ser compatible con los sistemas económicos y sociales en que se manifiesta." Como puede verse, este autor se aparta de la visión de la ideología como racionalización para justificar o disfrazar lo destructivo de una realidad social (sentido que le dan los pensadores marxistas). Para poder considerarla como algo positivo, como presunción orientadora y sin pretensión de legalidad, la ideología no puede ser enunciada como proposición arbitraria, dogmática y, por lo tanto, irracional.

Hay una instancia de activismo o difusión de los juicios de valor, pero también un proceso de cristalización de esas mismas ideas en las operaciones cotidianas. Se cristalizan en objetos simbólicos como mitos, leyendas, historias. Por ejemplo, en un hospital, la ideología de la enfermedad como si fuera "una invasión" de agentes externos. En una escuela, la idea del orden basado en la disciplina y la sumisión a la autoridad. En un negocio, la adoración al cliente como fuente exclusiva de atención, por encima de los motivos y necesidades del personal de la empresa.

El sistema de ideas "propio" de la organización (el partido, la empresa, el periódico, la policía) está relacionado con su particular historia, sus personajes y leyendas. Pero la ideología es también una conexión de la organización con su medio, con un orden institucional que excede sus propósitos específicos. La organización es influida por enunciados ideológicos que provienen del contexto político, los procesos culturales, los medios de comunicación, el aparato estatal, el marco jurídico y las instituciones económicas.

El mundo de los negocios no es sólo un espacio, recursos y transacciones, sino también un sistema de ideas donde se resalta, por ejemplo, la necesidad de un comportamiento racional. Las ideas asociadas a la eficacia, la eficiencia y la economicidad de los actos. Las empresas operan en este contexto, pero el sistema de ideas es un espacio que admite visiones directivas más cercanas o alejadas de las posiciones éticas o preocupadas por la responsabilidad social de las organizaciones.

En la temática de los sistemas de ideas encontramos entonces elementos del orden institucional y otros componentes vinculados con la naturaleza de la organización. Las ideologías reflejan el orden instituido, pero también construcciones relacionadas con la identidad de la organización concreta y con el diagrama de fuerzas que opera en esta. Por lo tanto, no hay un "menú fijo de ideologías" del cual elegir, o temas inmutables, sino influencias o aplicaciones. Así, el autoritarismo o la democracia son fuerzas ambientales que se hacen ideología en las organizaciones bajo sus condiciones concretas. Las influencias varían, según sean corporaciones monopólicas o pequeños emprendimientos.

En síntesis, la ideología no puede ser ignorada como una construcción social y componente de la cultura organizacional. Es una manifestación de la relación poder-política y poder-saber en las organizaciones. De tal manera, la ideología no es perversa como valor absoluto. Como expresión de los grupos de opinión o interés, las ideologías pueden llegar a tener efecto cohesivo o disruptivo. No corresponde negarlas como integrantes normales de la realidad organizacional, pero sí podemos señalar los peligros de su utilización con fines estratégicos no declarados.

Para ser positiva, es necesario que la ideología no promueva prejuicios e intolerancia. Que brinde la posibilidad de mostrar su falsedad cuando se la saca de su contexto de enunciación. Que exhiba sus premisas o condiciones de producción para permitir su comprensión. Finalmente, que pierda su carácter dogmático y su mayor o menor secreta pretensión a la eternidad o generalidad. Como hemos visto, antes que limitaciones, muchos de estos factores en realidad son condiciones que definen la ideología como concepto.

La visión positiva rescata el papel esclarecedor de las ideologías cuando funcionan como sistemas de ideas y no como estrategias de ocultamiento. Para M. Foucault (1985): "Llegamos a una noción muy embarazosa de la ideología presentada como un elemento negativo, porque la relación del sujeto con la verdad, o la relación de conocimiento, es velada, perturbada, oscurecida por las relaciones sociales o las formas políticas impuestas desde el exterior".

Según este autor, la ideología sería la marca, el estigma de estas relaciones políticas o económicas aplicado a un sujeto que, por derecho, debería estar abierto a la verdad. "Debemos mostrar cómo las condiciones políticas y económicas en la existencia cotidiana no son un velo o un obstáculo para el sujeto de conocimiento, sino aquello a través de lo cual se forman los sujetos y las relaciones de verdad" (Foucault, 1985).

4. Sistema de ideas y diagrama de fuerzas

Por su origen, el aparato ideológico no ofrece muchas alternativas para los destinatarios. Existe en su definición y en su lenguaje un clima de fondo, un tono inquisidor y prescriptivo. También una referencia implícita a posibles sanciones para quienes lo cuestionen. La ideología suele referir a razones de orden superior, como la supervivencia o el crecimiento de la empresa. Es esta una extensión ideológica del concepto de cohesión como condición para la continuidad de un sistema social (organización). En el discurso del poder, los ideólogos avanzan sobre los interlocutores hablando de una misión trascendente, no cuestionable.

La dimensión ideológica se comprende en el marco del orden simbólico y la subjetividad en la organización. No es un análisis de los actos visibles, sino de las significaciones que mueven a realizar estos actos. Si el poder es una relación de fuerzas, lo ideológico tiene que ver con los símbolos de esa relación, con su representación. Es un discurso que se forma con las predicciones y juicios de valor de los promotores o predicadores.

Por tratarse de un discurso globalizador poco dispuesto a la crítica, la rigidez propia de la ideología es una fuente de conflictos y tensiones en la organización, en particular para los innovadores y disidentes. En este sentido, D. Bell (1993) ha escrito que el avance de las formas participativas y la necesidad de dotar de legitimidad al poder también llevan hacia "el fin de las ideologías" (como doble discurso). Cuando la voluntad política es construir un proyecto sobre la base de la convicción y el compromiso, la ideología es una fuente de debate para los participantes, no una cosa juzgada.

Como mensaje hacia el exterior, las ideologías se expresan como un recurso identificatorio de la organización, para ocupar un espacio y lograr que la diferencien. Hacia dentro, y como forma de autoridad, ciertas corporaciones definen una declaración a la cual los integrantes deben adherir. Cuando se trata de un mensaje impuesto, refleja el orden de ideas dominante; por tanto, el hecho de cuestionar esa ideología sería poner en duda a la propia organización. En este sentido, el orden ideológico tiene una forma cerrada y resistente a la discusión, no admite alternativas. En estos casos la conducción asume el "monopolio de la opinión legítima" en la organización.

En el contexto de nuestra explicación, la ideología es una expresión de la racionalidad dominante en la organización. Lo característico de la ideología como aparato conceptual son sus tendencias centralizadoras, ya que los grupos de interés y de opinión quieren establecerla como algo excluyente. Al diagrama de fuerzas o la trama de poder le corresponde una red ideológica. Pero, en los hechos, no siempre es la única orientación conceptual que los miembros tienen acerca de lo considerado deseable o legítimo en la organización. Así, en las asociaciones voluntarias suelen coexistir múltiples corrientes de pensamiento sobre lo real y lo deseable para el sistema.

Los discursos en que se expresan las ideologías informan a los miembros de la organización (y a la comunidad) acerca de la importancia que la entidad les otorga a valores y relaciones tales como la figura del fundador, la autoridad, la búsqueda de la verdad, la competencia, la solidaridad, la calidad de vida, la protección de la ecología, la idea de la evolución, la libertad de los mercados, la igualdad de oportunidades para todos, la supremacía del sistema sobre los individuos, la obediencia como norma. Encontrar "la traza ideológica" requiere reconocer la conexión de estos valores y principios con respecto a la trama de intereses vigente.

En los hechos, hablar de un sistema ideológico significa que no todas las creencias y valores tienen igual peso relativo a la hora de actuar en una organización determinada. Este sistema reduce la variedad de cursos de acción posibles, marcando a los actores ciertas pautas para interpretar qué es lo deseable para la organización. Además, las ideologías parecen servir como una fuente de datos para fundar los discursos oficiales y para decir a los integrantes cómo deben interpretar los cambios sociales y políticos desde la óptica de la organización.

Como construcción social o aparato conceptual colectivo, la ideología no opera por la fuerza directa sino a través de argumentos creíbles. De manera que no puede desactualizarse respecto de la realidad cotidiana, hasta el punto de no explicar nada o sostener injusticias evidentes. Cuando no existen razones para el orden dominante que se proclama, cuando las explicaciones pierden sustento o son contradictorias, aparece lo que J. Habermas (1989) ha denominado "crisis de legitimidad". Esta crisis se hace visible cuando en las empresas se impone el crudo pragmatismo, el creer solamente en aquello que funciona o da resultados. Esto deriva en una organización basada en las relaciones de poder, cuyos integrantes no desarrollan su iniciativa o capacidades personales.

5. Ideología y doble discurso

El discurso de la ideología presenta sus ideas dominantes como si fueran naturales, como algo inevitable para el receptor en su condición de miembro de una organización. Como una profecía, se le dice al receptor que el mensaje no es materia opinable y que no puede eludir sus consecuencias. El carácter de dogma y verdad absoluta que acompaña a la ideología está señalando que las cosas "tienen que ser así", como parte de un orden y por encima de los deseos individuales. Según el contexto de poder (conservador o reformista), dicho orden puede ser el vigente o uno diferente.

Nos detenemos en el concepto de *discurso* por la importancia que tiene el decir, la prédica, la forma de expresión (verbal), en el propósito de hacer creer los contenidos del mensaje. Porque ciertas formas de lenguaje favorecen la apariencia de naturalidad en las ideas y también provocan o aprovechan ilusiones en el receptor. Los términos del mensaje son parte del lenguaje en uso, es decir se siguen las convenciones. Pero cuando consideramos los intereses y preconceptos en juego, vemos que el texto también es parte de la estrategia discursiva elegida por los ideólogos.

Las ideologías tienen el sustento propio de su época de origen, una connotación histórica (como el credo o las tradiciones) que arrastran en el tiempo. También en ese discurso se hallan rastros de mitos, utopías y otras fantasías grupales. En este sentido, no todo el discurso de la ideología puede construirse a través del razonamiento. En los mensajes se refleja la relación entre los componentes irracionales y racionales que se conjugan en la vida cotidiana de las organizaciones. Pero se trata de ofrecer una imagen razonada de esa complicada relación, asignándole un sentido.

Una de las formas de introducir ideología en el dominio de lo lingüístico es utilizar la metáfora en las comunicaciones y en la formación de la imagen corporativa, tanto haciaadentro como hacia afuera. La metáfora permite asociar una consigna con elementos de otras realidades que son apreciadas o preferidas por el ideólogo o los grupos de interés. Por ejemplo, promover un discurso según el cual el Juzgado es presentado como una fábrica, la empresa como una cárcel, la escuela como un templo del saber. También la idea que intenta convencer a los obreros de que son soldados de una causa y no sólo trabajadores. No se trata de una analogía creativa sino persuasiva, que busca sacar a los individuos de su realidad cotidiana. Según el sesgo ideológico, las consignas pueden llevar a movilizar a los integrantes tras un proceso de cambio o, en el otro extremo, a reforzar los componentes represivos de la organización.

Una característica del discurso ideológico (como estrategia de poder) es que trata de fijar condiciones o de silenciar las diferencias de ideas en la organización. O trata de cohesionar dicha diversidad detrás de una concepción dominante. No decimos que en la organización existe "una" ideología, porque tampoco existe "un solo poder", sino un diagrama de fuerzas. Pero el discurso ideológico es parte de una estrategia que tiene una orientación centralizadora. Por tanto, no se trata de una idea más, sino de metamensajes. Como sistema de reglas para la producción de ideas, la ideología es una estrategia que interviene sobre la interpretación de otras ideas, de los signos y símbolos en las comunicaciones.

Por ejemplo, el concepto de *Estado protector* tiene un sesgo ideológico cuando es parte del discurso de ciertas empresas ineficientes que viven del subsidio público. En el ámbito de la salud, hablar del "derecho a la vida" para mantener a un paciente en estado vegetativo puede ser una desviación ideológica cuando el cuerpo médico utiliza ese concepto con el propósito de aumentar la venta de medicina en una clínica. Del mismo modo, la referencia al derecho de responder en "defensa propia", así como la idea de la "legítima defensa", pueden ser utilizadas desde el poder para justificar los abusos y la represión arbitraria. La "supervivencia del más apto" es una idea que intenta legitimar el uso de la fuerza por parte de los vencedores. Se trata de proposiciones con imágenes que conmueven y provocan un fuerte impacto sobre los interlocutores. El mensaje ideológico lleva a la movilización antes que a la actitud reflexiva.

6. El debate del proyecto político

La afirmación ideológica no habla de un saber que el receptor pueda investigar o confrontar con los hechos. La ideología se expresa como un conjunto de abstracciones o teorizaciones sobre lo que debe ser considerado real. Y no se trata sólo de algo negativo, como el propósito de distraer la atención del receptor. También puede ser la expresión (desviada) de un proyecto político. Y decimos desviada porque la ideología, cuando es instrumento para condicionar o imponer la acción, destruye el espacio del debate y la deliberación, que es propio de lo político.

Este discurso no es una representación ingenua, induce y presiona para tomar partido. También distingue y compromete a los predicadores respecto de lo dicho. En su estudio crítico denominado *El opio de los intelectuales*, R. Aron (1995) ha escrito: "Las ideologías mezclan siempre, con mayor o menor fortuna, proposiciones de hecho con juicios de valor. Ellas expresan tanto una visión sobre el mundo como una voluntad dirigida hacia el futuro". Son profecías activas, que pretenden ser creíbles a pesar de sus bases arbitrarias.

En el dominio de las comunicaciones, la deformación del proceso ideológico se manifiesta a través del decir falso, mediante la hipocresía y el doble discurso. En su obra acerca de los sistemas totalitarios, H. Arendt (1974) reconoce que la ideología (como representación) forma parte orgánica del conjunto social. Acepta que se trata de un "instrumento de acción, pero de una acción carente por esencia de humildad, que lleva a la deformación y trituración de la realidad". Plantea la cuestión de la credibilidad y el consenso para hacer del discurso ideológico una fuente de compromiso. Ello depende de que el discurso esté orientado hacia un sistema de ideas o creencias, o solamente sea parte de una estrategia de poder.

Para reconocer la dimensión ideológica en los mensajes de la organización debemos realizar una doble lectura. El primer análisis abarca desde las formas de expresión o los mensajes, hasta el sistema de ideas o sentidos que promueve el emisor (grupo u organización). Es una explicación del sentido oculto de la comunicación, sus intenciones no declaradas. Por caso, en un negocio se persigue que todas las formas de expresión incluyan los términos *eficiencia, eficacia, productividad* y *beneficio*. No es una preocupación por el diccionario, sino por el sentido y la significación asociada con los términos. En un segundo nivel de análisis o lectura de las comunicaciones, se busca la conexión entre las ideas, la posición que ciertos grupos ocupan en la estructura de poder, y otros intereses e influencias que operan en el sistema.

La estrategia discursiva, en cuanto a la difusión de ideología, consiste en proponer conceptos que se expliquen con otras palabras, y así en forma recurrente, para no comprometerse con una realidad no reconocible. Como decir que el desempleo se debe a que "hay más gente buscando trabajo", llamar "postergados" a quienes nunca van a ascender, o "demorados" a los presos que no recibirán justicia, o "sinceramiento" a la confesión que deja todo como está. Un proceso que en cada vuelta del ciclo decir-escuchar se aleja más de una realidad negada, así como de la crítica de sus propias condiciones de producción y de los responsables de ellas.

El análisis de la dimensión ideológica en las comunicaciones requiere prestar atención a los espacios de la organización donde se lucha por los textos o las consignas. Por ejemplo, a una gerencia de finanzas, donde se predica y difunde que "todo tiene un precio". O a la dirección periodística de un diario, donde se decide la línea temática y editorial de esa publicación. De manera que en las organizaciones se compite y se negocia por los espacios y los recursos. Pero también se lucha por controlar las reglas que dan sentido a lo simbólico de las comunicaciones. En eso consiste el "bajar líneas" en la organización.

En el presente trabajo hemos tratado de mostrar los aspectos del discurso ideológico que no son emergentes naturales de la convivencia, la interacción social o la diversidad de ideas. Nos focalizamos en las estrategias y las imágenes que son expresiones de un vínculo más utilitario: las relaciones entre el poder, el sistema de ideas y el orden de lo simbólico en la organización. Relaciones que se entienden en el marco de la cultura, en un contexto y a través del tiempo.

Hemos analizado el problema de los contenidos y las formas discursivas producto de la fábrica de significados o de sentidos (o de silencios) que funciona en toda organización social como un elemento de la diversidad cultural. Es una producción relacionada con la necesaria búsqueda de una significación compartida en las actividades de conjunto. Pero esta producción también refiere a los sistemas de ideas vinculados con los procesos de poder, la política interna y las funciones de gobierno en la organización.

Bibliografía

Aron, Raymond: *L'opium des intellectuels*, Callmann-Levy, París, 1995.
Arendt, Hannah: *The Human Condition*, University Press, Chicago, 1974.
Bell, Daniel: *El fin de las ideologías*, Tecnos, Madrid, 1993.
Etkin, Jorge: *Gestión de la complejidad en las organizaciones*, Granica, Buenos Aires, 2006.
Foucault, Michel: *El discurso del poder*, Folios, Buenos Aires, 1985.
Habermas, Jurgen: *Teoría de la acción comunicativa*, Aguilar, Buenos Aires, 1989.
Manheim, Kart: *Ideología y utopía*, Fondo de Cultura Económica, México, 1941.
Pastor, Manuel (comp.): *Ciencia Política*, McGraw-Hill, Madrid, 1989.
Wagensberg, Jorge: *Ideas sobre la complejidad del mundo*, Tusquets, Barcelona, 1985.

CAPÍTULO 7

COMPROMISO Y CONFIABILIDAD

1. Pensamiento hegemónico y acuerdos de base

La conducción efectiva de las organizaciones requiere no solamente decisiones políticas y técnicamente correctas, sino también una actitud comprensiva de parte de los individuos y grupos que asumen la tarea de llevar a la práctica las decisiones. Esta actitud colaborativa y comprensiva es posible, entre otros factores, porque los integrantes conocen y comparten ideas sobre lo deseable y lo preferido por la organización. Por tanto, la ideología refiere a estas líneas de pensamiento reconocidas, que con el tiempo se instalan en el plano de lo implícito, en el mundo de lo supuesto como válido. Permiten distinguir entre las decisiones de conjunto o medidas de gobierno, y las actitudes meramente privadas. La ideología es una posición o definición de orden subjetivo que incluye una concepción de la organización y también valoraciones, prioridades o propuestas para su mejor conducción.

El discurso ideológico está presente, por ejemplo, en la declaración de preferencias por un modelo de gestión cooperativo o participativo (basado en la ayuda mutua), o por el esquema de trabajo competitivo (la lucha por la supervivencia). También en la concepción del factor humano como una capacidad o en su consideración como un recurso productivo. Un esquema ideológico puede sostener que la empresa debe atender los aspectos económicos de la relación laboral (producción, empleo), mientras que corresponde al Estado asumir el problema de los servicios sociales. Se puede defender la importancia del interés privado, o, de modo más justo, la idea de la responsabilidad social de las empresas. La ideología lleva a sostener formas tanto democráticas como autoritarias de gobierno, a instalar un ambiente de confianza así como de temor y recelo. Debido a ello, consideramos que el debate ideológico es una instancia importante para la reflexión crítica y la mejora de la organización.

La ideología siempre implica una toma de posición, un intento de demostrar ciertos conceptos que son básicos para orientar, con pretensiones de legitimidad, tanto las relaciones sociales como la gestión de la organización. En el plano del diagnóstico, este análisis nos lleva a reconocer que en las organizaciones operan ciertas racionalidades dominantes. "Ciertas", en función de su particular configuración cultural y política. No planteamos la ideología como un factor determinante, pero sí como tema prioritario para el diálogo y la búsqueda de consenso explícito sobre los valores, las creencias y la responsabilidad social de las organizaciones. Un problema que se pone de manifiesto cuando avanzamos sobre la cuestión de la transparencia en las comunicaciones, la razonabilidad y credibilidad de las medidas de gobierno. La ideología no refiere a órdenes concretas, sino al esquema de preferencias que las sostiene; implica que en la gestión directiva hay razones teóricas (sinceras o no, emergentes o intencionales) además del simple e impactante argumento de llegar a los resultados buscados.

La ideología no refiere a creencias aisladas, sino a las que están formando parte de un "sistema de ideas" que se explican y refuerzan entre sí. Según las fuerzas que operan sobre este cuerpo de pensamiento, podemos distinguir entre:

1. La afirmación de los valores y prioridades que están en la base de la organización y que se aceptan como necesarios y deseables. Este pensar conjunto es parte de la cultura organizacional, como factor articulador y esclarecedor de las razones en que se basan las pautas de relación social. Aquí estamos ante un proceso y realidad de orden sociológico.

2. Un discurso que no es co-construido, sino preparado para posibilitar ciertos resultados o para legitimar fines e intereses no declarados, como parte de los procesos de poder y política. En términos de Z. Bauman (2001), este discurso "opera como un recurso o una escalera para llegar a las posiciones de gobierno". Es la ideología como recurso simbólico legitimador que trata de establecer o dar algo por sentado, dar la sensación de congruencia entre la teoría y la praxis.

Rescatamos, entonces, el rol integrador de la ideología como parte del debate sobre las razones aceptables en las decisiones. Pero también advertimos sobre sus posibles relaciones con el doble discurso y el manejo de las ilusiones en el marco de las estrategias de poder. A esto último se refiere G. Therborn (1987) cuando habla de "la doctrina elaborada y el discurso institucional", y de la preocupación directiva por "la formación y el encuadre ideológico". Como analistas, debemos estar en condiciones de desentrañar las pretensiones y la intencionalidad del discurso ideológico, ver qué se está intentando convalidar. En la gestión de personal es distinto hablar en términos de "recurso humano" que referirse a la "capacidad" individual o la "dignidad" del trabajo. De ello se derivan diferentes lineamientos en cuanto a las remuneraciones y la estabilidad de la relación laboral.

Respecto de las múltiples orientaciones posibles, entre otros criterios, los mensajes ideológicos pueden estar armados tanto en un sentido conservador como con un enfoque progresista (basado en la idea del cambio). Se recurre al cambio como ideología cuando los mensajes de gobierno promueven la preferencia por lo transitorio, lo flexible y lo fluido en las transacciones y relaciones. Se desconfía de las ataduras inmanentes en la ideología. Ello se relaciona con la visión de la empresa como un sistema productivo que se adapta a las demandas del contexto. En esta creencia en la renovación también puede ocultarse el deseo de no asumir compromisos sobre lo justo, lo correcto o lo incorrecto. En el otro extremo, se habla de la necesidad de "conservar el orden". No se declara, pero la ideología del orden (planteado como algo natural) busca no cuestionar la autoridad o el mapa de poder en la organización.

La ideología pretende esclarecer y definir los caminos deseables o preferibles. Es más que un juego retórico o de frases hechas, porque las propuestas tienen que ver con una posición política. Es una forma de justificar mediante valores las líneas de acción preferidas (consideradas justas) por la organización, en el amplio plano de lo social, económico y político. Por caso, hay ideología en la discusión sobre las distintas formas de gobierno, al hablar del poder centralizado o en la difusión de los modelos de autogestión. Los grupos promotores esperan que el sistema de ideas, valores y creencias se exprese y realice a través de las consecuentes medidas de gobierno.

2. El discurso ideológico y los modelos mentales

Como recurso estratégico, la ideología es un contenido de la comunicación directiva que busca ubicarse en el dominio de lo normativo. Es el intento de relacionar ciertas líneas de acción con el discurso de las ideas dominantes. Se plantean las ideas como fundamentos elementales, en lugar de recurrir a la presión abierta. En ello hay intención no declarada de "mentalizar" a los integrantes, quienes a su vez suelen responder: "es el modo que nosotros tenemos de pensar aquí". En estos casos se rescata (en forma poco creativa) el valor de la afinidad por encima del saber crítico de los contenidos.

En este marco, es común que los mensajes de contenido ideológico recurran a la metáfora. Por caso, para ocultar las diferencias y desigualdades injustas el mensaje habla de la "virtud de la obediencia", o afirma que "los líderes nacen, no se hacen", o presenta el éxito como manifestación de "la supervivencia del más apto". También se hace ideología a través de las analogías inapropiadas o interesadas. Por caso, la referencia a las "necesidades del sistema" (metáfora del organismo), del "equipo que funciona como un reloj" (metáfora mecánica) o de la "salud de la organización" (metáfora clínica).

La ideología refiere a los conceptos y propuestas dominantes que se incorporan en el modo de pensar de los integrantes como un saber oficial, con el sentido de no ser cuestionada (la propuesta) en lo cotidiano. Brinda elementos para justificar y ayudar a elegir alternativas frente a situaciones no programadas. Las ideologías son importantes como parte de una estrategia de poder o porque se instalan en el imaginario colectivo. Convergen a la formación de los modelos mentales de los individuos. Llamamos *modelos mentales* a formas de pensar que los individuos utilizan como referencia implícita cuando aplican criterios para resolver problemas de decisión, en el marco de la organización. En particular, tienen que ver con las premisas, prejuicios, preferencias y otros juicios de valor.

Los modelos refieren a un mundo que se da por supuesto, en el sentido de que no se discute. Se supone que un concepto refleja lo deseable o correcto, y también se acepta la validez de una supuesta relación entre ciertas razones y consecuencias. Por caso, la relación asumida entre las fuerzas del mercado (amenazas, rivalidades) y las consecuentes medidas de agresión o defensa. O cuando se predica que los clientes son "los verdaderos dueños de la empresa" (lo cual también relativiza la participación de los empleados). Es la idea de sostener y aceptar que cada agente debe desempeñarse como "un emprendedor" en su puesto de trabajo. Quien ingresa en una organización se encuentra con estos modelos o esquemas establecidos, en los cuales es introducido y educado. Como punto de partida, son esquemas que hacen razonables y predecibles las conductas de los integrantes.

Los modelos mentales son parte de la cultura organizacional. Por ejemplo, dar por sentado que la obediencia es algo normal, que en una empresa familiar la voz del fundador debe ser privilegiada y respetada siempre, o que la empresa sólo está para generar resultados crecientes. En una burocracia, la idea dominante es que no se puede hacer nada fuera de las normas. Los modelos trabajan entonces sobre la comprensión y el deber ser. En un marco combativo o de lucha competitiva se piensa en términos de la ley del más fuerte, de hacer lo posible para vencer. En un esquema cooperativo, se piensa en términos de asociados, de unir esfuerzos, de la ayuda mutua, del trato igualitario.

Por lo tanto, el concepto de *ideología* no refiere a una tendencia conservadora o progresista en particular. No califica ni descalifica *a priori* las imágenes que la idea viene a promover e instalar. Pero como hay un intento de lograr convencer a los destinatarios, marcamos aquí la importancia de dar cuenta de las premisas o postulados que se están sosteniendo, de darles transparencia a las premisas en los juicios de valor. No decimos que la ideología se asocie con una tendencia o política en particular. Ello dependerá de la integración, del grado de cierre o de la posibilidad de debate o cuestionamiento al interior de la organización. El concepto nos enseña que no hay solamente un proceso de posicionamiento en el plano de los mercados y clientes, sino también una toma de posición en cuanto a las razones dominantes en la organización.

Como modelo, el esquema mental refiere a una macroidea o idea-fuerza que condiciona a otras ideas cotidianas, más puntuales o vinculadas con la coyuntura. Para J. Habermas (1987), "este esquema o mundo de vida, es condición necesaria para que los sujetos que se comunican puedan entenderse entre sí sobre aquello que sucede en el mundo, o sobre lo que hay que producir en el mundo". Estos modelos se pueden instalar de diversas formas: la presión, el consenso, la conveniencia, la persuasión. Pero, en todo caso, se instituyen a través de los procesos de poder, la imaginación y la comunicación. Mirado desde la ideología, un individuo que piensa distinto suele calificarse como transgresor, antes que innovador. En la presente obra, hemos dicho que esa transgresión se relaciona con el desorden creativo en la organización.

3. Credo oficial, persuasión y creencias compartidas

Los procesos de comunicación en la organización relacionan a los individuos a través de los mensajes y las redes de información. Pero tan importante como la información que se transmite es la interpretación de los mensajes, su significación en un contexto que también es influyente. No toda intención se declara, se comparte, se hace visible o transparente. Como forma persuasiva, las comunicaciones "sobre principios y preferencias" inducen a pensar o imaginar la realidad de un modo determinado. Este carácter "predefinido", que es parte del orden instituido, es una vertiente criticable de la ideología. El pensar organizacional no tiene por qué confundirse con el "pensar igual" o con las tendencias hegemónicas sobre lo deseable.

Las ideologías tienden a fomentar ciertas creencias, unas veces comunicando las políticas y estrategias acerca de las cuales la Dirección está sinceramente convencida, y otras solamente como un intento de conquistar voluntades (sin costos económicos). Quienes integran grupos manifiestan con sus creencias su disposición natural a comportarse de un modo determinado. Ese modo puede derivarse de las actividades educativas y los mensajes de la organización, así como de las pautas de relación o de la interacción cotidiana, es decir, de la reflexión compartida. En las organizaciones duales, es visible la diferencia entre "lo que hay que creer" o "el pensar bien" (el credo oficial), y las ideas que surgen y son sostenidas por los integrantes.

Por un lado, la organización requiere criterios compartidos sobre lo preferible, lo que se pone de manifiesto en la búsqueda de acuerdos sobre los principios y propósitos. Pero también debe reconocer y tratar con la diversidad interna, lo que le permite tener respuesta a sus propios problemas de relación, así como disponer de una adecuada capacidad de reacción frente a los cambios ambientales imprevistos. Esta es la dualidad que se refleja en la definición de las ideas "reconocidas" y divulgadas como verdades deseables, que no son políticas, porque allí juega el poder. En cambio, en la llamada *visión compartida* juegan las creencias. Para muchas organizaciones es vital que la adhesión sea voluntaria, que la imagen mental no dependa de recompensas (incentivos monetarios) o sanciones. Pero también es cierto que no es posible aceptar que cada integrante signifique los hechos "a su manera".

El uso de la imposición no es una forma que lleve al compromiso de los participantes, no es una alternativa en organizaciones voluntarias. No es ético, y desde lo administrativo requiere un control permanente, un sistema de recompensas y castigos que sea efectivo. Una de las tareas de la gestión directiva consiste en influir, persuadir o disuadir a los participantes a través de visiones, imágenes o metáforas de la organización deseable. Este es el contenido de las campañas de comunicación de la imagen corporativa y del discurso ideológico en la empresa. Es un tema crítico, en el cual pesa la responsabilidad de los directivos, ya que la construcción del mensaje desde posiciones de poder hace que la comunicación fije las líneas de acción, pero que también se utilice con fines no declarados. Mensajes que movilizan, pero ocultando ciertas verdades. Vamos a analizar estos aspectos positivos y negativos, deseables y riesgosos, en el proceso de difundir políticas e imágenes desde la Dirección.

Las ideologías en la organización pueden ser sistemas de valores y creencias construidas y compartidas con el personal a través del tiempo. Esta es su versión positiva, que deriva de un enfoque cultural. Pero, en otros casos, los modelos mentales no "surgen", ni se construyen por acuerdo o consenso. En su versión negativa, la ideología tiene que ver con los grupos de influencia y presión; se basa en intereses no declarados que se ocultan en el lenguaje y se mantienen sin explicación en el nivel de lo implícito o lo ya sabido. Las creencias interesadas se presentan como verdades no discutibles.

Como limitante, la construcción ideológica tiene un sentido unificador y opera como un modo de encuadrar o enmarcar la diversidad de posiciones. Este intento esquematizador les resta posibilidad de expresión a las minorías de la organización, que aparecen como fuentes de confusión. También limita la posibilidad de los grupos que intentan avanzar con propuestas creativas o innovadoras. El peso de los esquemas ideológicos es congruente con las organizaciones que históricamente han operado desde posiciones conservadoras y autoritarias. Las ideologías tienen menos posibilidades de esquematizar las operaciones en aquellos ambientes que son propicios para el debate y en las organizaciones cuyos integrantes están motivados por las ideas de adaptación o renovación (una agencia publicitaria, un jardín de infantes, una cooperativa).

En su vertiente negativa, el discurso ideológico no es confiable y afecta la credibilidad de la organización. Opera como una fuerza persuasiva, un intento de avanzar sobre el contexto de la significación y las convicciones personales. No es una propuesta para debatir, sino que "fija" una posición. Sus promotores pretenden que una versión (entre muchas otras igualmente posibles) se adopte de allí en más, para distinguir entre lo correcto e incorrecto, lo deseable e indeseable en la organización. En estas ideologías, importa armar argumentos para la aceptación por parte de los individuos, y a quien piensa diferente se le adjudica la actitud de "no querer comprender".

En un ambiente de desigualdad injusta, el aparato ideológico da visos de legitimidad a las relaciones de fuerza. Por ejemplo, la idea de la "asistencia social" sostiene un modo de relación con los marginados en el cual no se atacan las fuentes de la desigualdad, sino que se los mantiene en su situación de dependencia. Se desvía la atención del problema originario, y se trabaja solamente sobre los efectos. Es el pensar que "ellos no pueden salir por sus propios medios". En realidad, ciertas ideologías (y sus intereses no declarados) son una manera de mantener en funcionamiento proyectos que no resuelven los problemas que dicen atacar, pero que dan trabajo a los ideólogos. Por caso, la idea de la protección y la asistencia pretende justificar el cautiverio de los internados en los hogares de ancianos.

En otra obra (Etkin, 1993) hemos explicado cómo ciertas ideologías son funcionales a la hora de justificar el mantenimiento de "sistemas perversos" en las organizaciones. Así, la idea de la adaptación a los mercados cambiantes ha llevado a los modelos de relación transitoria, inestabilidad e inseguridad en el empleo. Un argumento para la flexibilidad, pero también una fuente de creciente exigencia, temor y ansiedad en las relaciones laborales. En las escuelas, la "transmisión de conocimiento", la disciplina y el método, son ideas que llevan a ahogar todo intento espontáneo de creatividad en los estudiantes. Ello muestra la importancia del debate de ideas como condición para definir las relaciones (justas, correctas) laborales, de salud y educación.

En su estudio sobre las relaciones entre poder y saber, M. Foucault (1985) se refiere a la ideología armada desde posiciones dominantes como parte de una realidad política. Afirma que "en los análisis tradicionales la ideología es presentada como una especie de elemento negativo a través del cual se muestra que la relación del sujeto con la verdad o la relación de conocimiento es perturbada, oscurecida, velada por las condiciones de existencia, por las relaciones sociales o formas políticas impuestas desde el exterior al sujeto del conocimiento". El citado autor advierte que es una desviación sólo cuando se desconoce que los procesos de poder y política son parte de la realidad cotidiana de la organización, no una desviación o un hecho marginal.

4. Sobre el conformismo y la actitud creativa

Las ideologías son un instrumento potente de la Dirección, pero pueden quedar en el plano de los intentos, por varias razones. Primero, porque la significación que hacen los receptores no es pasiva, ellos tienen sus visiones críticas. Segundo, porque en un medio incierto y cambiante, las organizaciones necesitan que sus integrantes se ejerciten en la innovación, en tanto los esquemas mentales reducen la creatividad. Tercero, porque además de los modelos e imágenes hay muchos otros elementos que también están influyendo sobre los participantes (mitos, leyendas, tabúes). Cuarto, porque hay injusticias en el plano de lo cotidiano (como las sanciones o la discriminación) que llevan a rechazar las ideas dominantes.

Decimos que la ideología, como discurso, imagen o representación, puede reflejar la posición convencida de quienes conducen la organización, pero también ser una propuesta o afirmación interesada cuando se relaciona con ciertos proyectos de poder. En esos proyectos o intereses se encuentran los contenidos no declarados en el discurso ideológico. Por ejemplo, el discurso que asocia la persona del dueño a la figura de un patriarca, el mensaje que refiere al mercado como una entidad justa e inteligente para elegir a los mejores, o las afirmaciones que hablan de la pobreza y la injusticia como algo inevitable en todo sistema social. Son el "revestimiento" de una afirmación que está reflejando el pensar desde el deseo, la doctrina, la conveniencia o el dogma.

Frente a la intención (o la necesidad forzada) de oscurecer la comunicación, no tenemos por qué suponer que los individuos y grupos van a adoptar una actitud ingenua. Es cierto que hay un proceso de persuasión, de seducción, y una búsqueda de saturación en los mensajes. Pero insistimos en que el resultado no es controlable o previsible. Puede darse una oposición (activa o pasiva) entre los mensajes de los ideólogos y las resistencias propias de quienes enfrentan la dura realidad cotidiana (por ejemplo, la desocupación o la lucha cruel en los mercados). El silencio tampoco es aceptación. Por caso, la ideología (fines no declarados) que sustenta el discurso de la calidad y la mejora continua queda debilitada cuando los individuos también deben enfrentar la decisión de reducir los salarios en un mercado recesivo. La resistencia puede ser disimulada por el estado de necesidad de los integrantes ("de esto mejor no hablar"). El silencio no puede ser tomado como un ejemplo de adhesión al mensaje, sino más bien como la comprensión (lo señalaba M. Foucault) de que en las políticas hay un doble discurso.

Los intentos de dominación desde los niveles de dirección tienen distintas respuestas posibles, según la naturaleza de la organización y las condiciones de la relación entre las partes, el tiempo, el lugar, los recursos en juego. En un extremo está el modelo de "hombre corporación" (White, 1961). Es la gente que trabaja en una burocracia o en una cultura cerrada, que se guía por reglas impersonales y deja de lado sus motivaciones porque "pertenece" a la organización. Dentro de las reglas corporativas, esta persona es permeable al discurso ideológico, no ofrece resistencia, se satisface con tener empleo y estar en carrera. En estos casos, la ideología es la versión autorizada de la metáfora "*estamos en el mismo barco*".

Hablar del hombre corporativo no es descalificar al empleado. No es que se "equivoque" por ser conformista en su relación con la empresa. Ellos hacen uso de su libertad interior o interpretan la relación en función de sus necesidades más inmediatas o urgentes. No corresponde que invadamos su privacidad o subjetividad. Al hablar del hombre unidimensional, H. Marcuse (1972) señala que a medida que la organización se hace hegemónica el concepto de alienación también pierde su connotación negativa y se normaliza. La alienación pasa a ser una forma efectiva de control: "Los individuos se identifican con el rol y la existencia que se les impone, en la cual encuentran su propio desarrollo y satisfacción".

En otros casos, los integrantes dan a conocer su opinión y sus reservas de conciencia. No es una confrontación, sino una diferencia de ideas con un sentido constructivo.

Frente al mensaje directivo, los individuos o grupos pueden plantear sus propias ideas, incluso utilizando las posibilidades de diálogo que les reconoce la Dirección. A veces esta diferencia no es una búsqueda de transparencia, sino un intento de instalar una ideología en lugar de otra. Como parte de la oposición, los grupos afectados arman su discurso, con sus metáforas, mitos y leyendas, los cuales también son difíciles de comprobar, aunque se enarbolan como banderas.

Un caso de discusión ideológica sin transparencia es el rechazo de las propuestas de cambio tecnológico por ciertos grupos, con el argumento de que afectan la continuidad laboral. La realidad (no dicha) es que están defendiendo posiciones de privilegio. En este juego de posiciones, las relaciones laborales se entienden como negociación entre diferentes grupos de interés. Así lo plantea R. Dahrendorf (1965) en su clásica obra sobre relaciones industriales. La ideología (en los grupos involucrados) es una estrategia discursiva en el marco de un debate político más profundo sobre las razones y las posibles vías de superación de posiciones encontradas.

5. La motivación como proceso voluntario

Tanto si se considera la vía del consenso como, por el contrario, la vía de la uniformidad impuesta como base de los comportamientos, la Dirección no puede perder de vista que los individuos deben disponer de buenas y satisfactorias razones para continuar en la organización. Es la idea de la motivación. La motivación sincera no resulta de una estrategia o una negociación interesada. Si bien la ideología es un factor importante para la cohesión, pierde este carácter integrador cuando se establece como vía de maniobra o imposición. Se afecta la motivación porque hay una discontinuidad en el eje que une el proyecto declarado con las decisiones de política y la praxis.

Al referirse a las condiciones de existencia de las organizaciones sociales que se basan en una relación voluntaria, E. Schein (1985) ha señalado la importancia de la vigencia de las normas de reciprocidad y las pautas de interacción acordadas entre la Dirección y los integrantes individuales y grupales. Se trata de una relación cambiante y compleja, en la cual es difícil definir lo mejor para todos, de manera que es necesaria una comunicación abierta y fundada sobre las ideas de base (valores, creencias, principios) que orientan las decisiones.

El concepto de acuerdo o reciprocidad en las relaciones implica que los valores y creencias sean reconocidos, sin tomar la forma de dogmas (de uno u otro grupo). Esta referencia importa en nuestro análisis, porque hay en la ideología una tendencia a imponerse sobre otros pensamientos en la organización. Dadas las distintas fuerzas que operan en esta, es posible también hablar de un sistema abierto con "diversidad ideológica". Pero no es un factor que pueda operar sin límites. Se replantea la necesidad de disponer de ciertos acuerdos de base. La diversidad implica algún aislamiento; más arriba hemos caracterizado a la ideología como constituida por "un sistema de ideas" cuyas afirmaciones y propuestas se refuerzan entre sí.

Desde el enfoque de la motivación, el propósito de la Dirección no es imponerse, sino lograr en el personal una orientación moral, no especulativa. Se habla entonces del capital social o el activo intelectual. La Dirección se preocupa por la realización y el dar posibilidades para el desarrollo de capacidades personales. Las oportunidades son la base para una motivación "intrínseca". El sistema de valores no opera solo, no se decide en la cúspide, impuesto por la autoridad. E. Schein refiere al hombre complejo, no unidimensional o modelado en un sentido corporativo. "Desde el punto de vista de la organización, se deben ofrecer condiciones que hagan posible a los miembros ser individualistas creadores, más que conformistas o rebeldes." (E. Schein, 1985.)

La influencia sobre los comportamientos individuales en el nivel de las ideas o conceptos se realiza de diversos modos. Aquí nos hemos detenido en mostrar las diferencias y los efectos derivados de las formas transparentes y oscuras, la brecha entre el lado visible y el lado oculto de la comunicación, no como formas excluyentes sino relacionadas con la desafiante realidad del contexto (que plantea exigencias contradictorias). Existen procesos explícitos de influencia, como los sistemas de recompensas y sanciones, los programas de capacitación y el ejercicio de la autoridad. Otros procesos se manejan en el plano de lo implícito, trabajan sobre el clima o el ambiente de trabajo, por ejemplo, la formación de imágenes o el discurso ideológico.

En su estudio sobre la imagen corporativa, N. Chávez (1988) señala su relación con el discurso de la identidad, que se construye en forma voluntaria como actividad estratégica. Sostiene que toda realidad queda reducida al discurso que sobre ella se emite. Es un desplazamiento de la cuestión económica hacia la ideológica, del producto a su imagen, de los signos a sus valores (connotaciones). "Los fenómenos de opinión ya no son el mero acompañamiento superestructural de los procesos económicos, sino uno de los motores más dinámicos en la vida del mercado: la ideología ingresa en el mercado como mercancía y más drásticamente aún, como medio de reproducción del mercado." La imagen instalada, el estado de opinión en el imaginario social, puede considerarse como inversión y bien de capital.

En su estudio sobre el orden de lo simbólico, G. Morgan (1991) dice que "la organización está siempre formada por imágenes e ideas escondidas. Nuestras imágenes o metáforas son teorías y marcos conceptuales para el trabajo. Ante ello, la cuestión es saber si somos o no conscientes de esa teoría que guía la acción". Conscientes y también dispuestos a revisarlas. A veces hay una negación de la teoría como tal. Desde el poder se ignora la alternativa de reflexionar o ser conscientes y se afirma que la praxis tiene sus propias demandas. En este sentido, el pragmatismo es un enfoque que resta importancia a las ideas, y sólo valora la eficacia y los resultados. En realidad, el pragmático no carece de un sistema de ideas, sino que las utiliza para legitimar aquello que funciona. Es una ideología "del después".

La ideología implica el riesgo de esquematizar, pero, cuando se permite el debate, también lleva a desarrollar la capacidad de defender las ideas. Además de esquemas, la organización social requiere bases de acuerdo sobre las prioridades y principios que guían los procesos decisorios y la praxis cotidiana. En la organización suelen coexistir diversidad de posiciones, por las diferentes funciones, los enfoques profesionales y las múltiples influencias que recibe el mismo sistema. También por la necesidad de disponer de una orientación compartida a la hora de buscar respuestas frente a las demandas imprevistas e impensadas que surgen de las relaciones en un contexto incierto y cambiante.

El proyecto ideológico refiere a los puntos de encuentro sobre las razones conceptuales que sostienen la posibilidad de trabajar juntos y asumir un rumbo. No son los proyectos de poder, sino la razón de ser de la organización. Por caso, si se construye sobre la base de intereses sectoriales o pensando en la calidad y amplitud de las prestaciones; si importa justificarse con los propietarios o legitimarse frente al medio social más amplio. O el hecho de tomar posición sobre las formas de gobierno preferidas, o de aclarar si prevalece la idea de conquista o de construir en el marco de las instituciones. En el plano de los contenidos es cuestión de principios, valores y rumbo. En el plano del método implica la continua y desafiante búsqueda de la unidad en la diversidad.

Bibliografía

Bauman, Zygmunt: *En busca de la política*, Fondo de Cultura Económica, México, 2001.

Chávez, Norberto: *La imagen corporativa. Teoría y metodología*, Gilli, Barcelona, 1988.

Dahrendorf, Ralf: *Sociología de la industria y de la empresa*, UTEHA, México, 1965.

Etkin, Jorge: *La doble moral de las organizaciones. La corrupción institucionalizada*, McGraw-Hill, Madrid, 1993.

Foucault, Michel: *El discurso del poder*, Folios, Buenos Aires, 1985.

Habermas, Jurgen: *La teoría de la acción comunicativa*, Taurus, Madrid, 1987.

Marcuse, Herbert: *El hombre unidimensional*, Seix Barral, Barcelona, 1972.

Morgan, Gareth: *Imágenes de la organización*, Alfa-Omega, México, 1991.

Schein, Edgar: *Organizational Culture and Leadership*, Jossey-Bass Inc., London, 1985.

Therborn, Goran: *La ideología del poder y el poder de la ideología*, Siglo XXI, Madrid, 1987.

White, William: *El hombre organización*, Fondo de Cultura Económica, México, 1961.

CAPÍTULO 8

LAS IMÁGENES COMPARTIDAS

1. Motivación personal y misión de la organización

La función de conducción incluye la construcción de un orden de lo simbólico coherente con los propósitos de la organización. No puede tratarse de un orden impuesto, porque las creencias son importantes en la medida que reflejan compromiso y comprensión por parte de los individuos. La gerencia de lo simbólico refiere a las decisiones de conducción respecto de la definición y difusión de iconos y signos con la intención de que sean tomados como representaciones de la realidad y de lo deseable en la organización. El concepto de *lo simbólico* incluye una variedad de elementos: los códigos y lenguajes compartidos (con sus connotaciones), el discurso directivo (con las imágenes proyectadas), los signos del poder (para legitimar diferencias), los ritos, mitos y leyendas (con los actos y figuras ejemplares).

La realidad en la organización incluye tanto recursos, tecnologías y objetivos en el plano de lo manifiesto (la llamada *objetividad*), como creencias e interpretaciones sobre los hechos cotidianos (la subjetividad y el imaginario social).

Estos conceptos integran la cultura organizacional, al igual que los símbolos y representaciones que se construyen con el tiempo, y que orientan y articulan a individuos y grupos en la organización. Respecto de la cultura nos proponemos destacar: *a)* sus aspectos naturales o espontáneos, emergentes de la interacción social y las experiencias compartidas, y *b)* sus relaciones con la estrategia de conducción, en cuanto a las decisiones de diseño y difusión de los elementos de orden simbólico en la organización (de carácter persuasivo). O sea, la construcción y divulgación del "discurso identificatorio" desde la Dirección, para que los individuos se vean como integrantes de la organización, hablen su lenguaje y piensen en sus términos.

Debemos señalar que la estrategia y el poder no son razones suficientes para instalar imágenes y creencias en la organización, dado que ello requiere la comprensión y aceptación de sus integrantes, en un contexto sociocultural. El orden de lo simbólico, en lo que tiene de aceptado en la organización. Como hemos escrito en otra obra (Etkin, 2003), la organización implica una intersección entre los deseos y esperanzas personales y las prioridades establecidas por las comunicaciones gerenciales (imágenes congruentes con los propósitos de conjunto). Esta intersección habla de la existencia de aspectos complementarios; por caso, que la organización es una fuente de seguridad y empleo para los individuos que colaboran en su crecimiento. La llamada *misión* y los principios de la organización son factores convocantes y persuasivos para los individuos, les permiten imaginar que son parte de una función trascendente.

En la construcción del orden simbólico de la organización ocurre un doble proceso. Por una parte, los integrantes construyen imágenes y participan de las creencias en función de su propia estructura psíquica, del contrato psicológico que los une con la organización. Por otra, la Dirección tiene una estrategia comunicativa orientada hacia la construcción de representaciones e imágenes deseables para la organización. No nos referimos aquí a la difusión de una imagen hacia el exterior, sino a la visión interna (legitimada) de la organización. La estrategia comunicativa se corporiza en forma de mensajes y señales sobre lo correcto y lo deseable para quienes conducen. En el plano del lenguaje, se instrumenta a través del discurso identificatorio, que se propone sostener la existencia de un "nosotros" como sinónimo de una organización que representa e incluye a los individuos.

Hay un "nosotros" (pertenencia), pero también una referencia a "la" organización (con identidad definida). Como sistema dirigido, la organización desarrolla y expresa sus propias definiciones sobre lo deseable. A través de los discursos de identidad, los directivos integran a los individuos, pero también hacen hablar a la organización como una entidad o sujeto diferente a las personas que la corporizan. En su obra sobre la comunicación en los sistemas sociales, L. Schvarstein (1991) dice: "Vamos a recurrir a la metáfora de la organización como enunciadora de un discurso que la identifica". Esta es la metáfora pertinente cuando se pretende analizar la empresa como sostenedora de un orden simbólico. La dirección, a través de los códigos, los signos o el lenguaje, intenta que los empleados tengan una representación compartida sobre la realidad, o sea, que signifique lo mismo. Desde este discurso, y junto a los mitos, ritos y leyendas, también se construyen y se proyectan las imágenes deseadas sobre la organización.

2. Ilusiones y visiones compartidas

En el ámbito de las empresas competitivas se asigna relevancia a la llamada *visión compartida*. Por tanto, sería importante profundizar sobre la cuestión crítica acerca de cuánto hay de obligación y cuánto de libre opción en la formación de esas imágenes colectivas. De todas maneras, esa representación es una fuerza competitiva y las imágenes son elementos presentes en toda organización. En este caso, se trata de la metáfora de verse como parte de una cruzada, enfrentando a adversarios en espacios donde debe imponerse la corporación. Esa cruzada es una ficción que enaltece el mundo de los negocios. Esa ficción (u otra compartida) otorga fuerza a las transacciones. La fuerza ilusoria está dada por la creencia de ser parte de una cruzada. Entonces, los integrantes pueden hallar en la organización algo compatible con su modo de funcionamiento personal, con sus ilusiones y fantasías. En ese caso, el modelo competitivo congruente.

En la organización podemos distinguir entre los elementos de la realidad manifiesta (las prácticas cotidianas), el mundo imaginario (sistema de ideas) y las representaciones (signos, señales, símbolos). Para empezar, los miembros comparten las prácticas cotidianas, los usos y las costumbres. Además, pueden observar los bienes y servicios que el sistema produce. Las condiciones de su relación laboral surgen de sus contratos, de la definición de su rol y de los reglamentos de trabajo. Tienen mapas que les permiten ubicarse dentro de la estructura funcional y jerárquica. Reciben instrucciones y aprenden reglas de juego por medio de la autoridad y las comunicaciones formales. Los integrantes acceden al saber técnico a través de programas de capacitación, ejemplos y educación informal. Ello es parte de la realidad cotidiana.

Hay otros elementos de la relación laboral que pertenecen más específicamente al dominio de lo simbólico y valen por lo que representan o significan. La empresa comunica a través de las diferencias en la arquitectura, la disposición de espacios, el mobiliario, las ceremonias, los emblemas, los ritos, los signos de *status* y los símbolos de poder.

Por medio de los signos y el contexto de la comunicación, se connotan juicios referidos a seguridad, urgencia, secreto, autoridad, poderío. En el plano de las palabras, algunas adquieren valor en sí mismas, son imágenes movilizadoras. Por caso, en la empresa competitiva las referencias a la lealtad, la excelencia, el valor agregado y el posicionamiento. Como si esas palabras formaran parte de un orden natural inevitable, cuando en verdad son términos técnicos o metáforas que integran una estrategia discursiva.

Hay una tríada de mensajes en las comunicaciones internas. La definición de procedimientos (el diseño), el uso de símbolos (representaciones) y la proyección de imágenes (metáforas y modelos de pensar). En la empresa competitiva esta tríada se manifiesta a través del pragmatismo (en las rutinas), el discurso del perfeccionamiento continuo y la excelencia (en el nivel del lenguaje), y la mística de la conquista y la misión sagrada (el nivel de la ilusión y la imagen corporativa). Con estos elementos de la acción comunicativa, la empresa se representa y habla de sí misma frente a sus integrantes. Pero no todos estos elementos tienen un tono formal, explícito o prescriptivo. No todos comunican "lo que hay que hacer", sino que muchos promueven "lo que hay que entender". Son los mensajes y las imágenes que dan a los integrantes elementos de juicio para que puedan entender cuál es la verdad de cada organización (no la que venden o informan los diarios o la publicidad). La verdad en el sentido de ideas que no pasan por las opiniones individuales, sino que pertenecen al carácter o *ethos* de la empresa.

3. Componentes imaginarios y simbólicos de la cultura

Continuamos con el análisis del dominio de lo simbólico, para marcar cómo funciona este orden y cuáles son sus aspectos positivos y negativos (o manipuladores) en las organizaciones. Los símbolos refieren a la imagen que intentan proyectar los directivos y también a las representaciones o visiones que construyen los integrantes, sus esquemas mentales. Hay una interacción entre proyección y visión. La cultura aparece como una trama de significados compartidos y transmitidos socialmente en el ámbito de la empresa. C. Geertz (1973) dice: "La cultura como producto de la mente, es el sistema de significados y de símbolos colectivos según el cual los humanos interpretan sus experiencias y orientan sus acciones". Para la cultura, el sentido literal de los signos no importa tanto como la valoración que hacen los integrantes a partir de esos códigos y convenciones.

Más allá de sus fines individuales y sus biografías, las personas son parte de una organización en la medida que coinciden en algunas expectativas, interpretan ciertos hechos en forma análoga y orientan sus acciones hacia metas conocidas en el marco de la organización. Para el funcionamiento, importa la intersección de las personas en el campo de la comprensión y no tanto la coincidencia en los motivos de esa comprensión. No hablamos de la uniformidad o la conformidad permanente. A partir de códigos y convenciones vigentes las personas asignan el mismo sentido a los hechos en ciertos contextos (fábrica, oficina, comercio). A la empresa, esta intersección le permite predecir y sincronizar las conductas, sin imponer objetivos comunes.

Así expresada, la cultura (como un contexto de significación) parece un factor que integra y cohesiona comportamientos. La referencia a las visiones compartidas en la empresa le da a la cultura una apariencia y una función armonizadoras. En lo que tiene de diseño, la cultura reduce el potencial de sentidos que los integrantes pueden asignar a los hechos cotidianos y los mensajes oficiales. Esta es la positividad de la cultura vista desde los estrategas de la comunicación y la imagen, que están básicamente preocupados por la connotación de los signos y símbolos de la empresa. Ellos tratan de que los efectos de sentido sean congruentes con la racionalidad dominante. Esto tiene que ver más con la armonía que con la tensión creativa.

Pero junto a la presión cohesiva también pueden darse tendencias hacia la ruptura. Estas fuerzas disruptivas no se pueden adjudicar a fallas técnicas, problemas de sintaxis o de semántica en las comunicaciones. La disonancia en los procesos culturales en una misma empresa puede deberse a diferencias, realidades distintas, del lugar desde el cual se habla. Por ejemplo, según se trate del área de producción (las máquinas), comercial (el producto), financiera (el dinero), personal (la gente), cambia la metáfora desde la cual se entiende el mensaje: lo mecánico, lo viviente, lo simbólico, lo social. A ello refiere el concepto de *subcultura* en la misma empresa. Por caso, el tiempo se entiende de distinta manera entre quienes cobran por mes y quienes lo hacen por pieza producida. Para ellos, el reloj y el paso del tiempo no significan lo mismo.

Asimismo, hay disonancia cuando los dichos y los hechos se interpretan en forma diferente por razones de interés o luchas ideológicas. Esto quiere decir que la empresa no puede imponer el "nosotros", la "misión", el "espíritu competitivo" o la "visión compartida" solamente por medio de la persuasión o la estrategia de símbolos. También la práctica tiene que ser comprensible y aceptable para los receptores del mensaje. Y la brecha aparece cuando la exagerada presión competitiva por los resultados no es congruente con los discursos sobre calidad o preocupación por la gente. Si las personas están padeciendo en lo cotidiano, verán y vivirán la diferencia entre el signo y "el modo de darse la realidad". Los mensajes pierden credibilidad, en particular en el plano de la significación o lo connotado. Cuando se instala esta brecha, la palabra se hace puro ritual o ceremonia y es sólo una referencia en la cual nadie cree; la comunicación es aparente.

4. El lenguaje, las realidades y las apariencias

En el plano de lo simbólico también existe el mundo de las apariencias, donde tener la palabra se considera suficiente y los signos se toman como una verdad en sí mismos. Es el mundo de los títulos, los rótulos y estigmas basados en prejuicios. Un mundo que se conoce como la "gerencia del espectáculo", donde importan la retórica, las señales de éxito, los emblemas, las distinciones, la figuración, el *rating*, los honores, el récord. En este extremo de la pura apariencia, los signos y el lenguaje se consideran algo natural, como si los códigos expresaran lo que existe en la realidad externa, "el modo en que son las cosas". En organizaciones solidarias la apariencia no contradice ni oculta las verdades más profundas.

En las comunicaciones de la empresa competitiva hay una mística en las palabras, una lucha por los símbolos del poder y el *status*, un intento de marcar las diferencias. Esto es visible cuando desde la Dirección se habla o se escribe sobre el éxito, las fuerzas del mercado, la competencia, la eficacia, el cambio o la excelencia. Parecería que en estos conceptos no hubiera nada discutible, nada que probar. Son como parte de un lenguaje natural o demostrado, no susceptible de moderación. En una empresa social, el lenguaje es parte de la sociabilidad, de la construcción compartida, no es un recurso del cual hay que apropiarse para manejar las conductas.

Estas formas visibles de lenguaje se hacen autorreferenciales, es decir, pierden contacto con la realidad, en particular con los hechos que contradicen el discurso o la metáfora sostenida por la empresa. Como afirma J. Le Mouel (1992), cuando escribe sobre el mito de la eficacia: "Al hablar todos el mismo lenguaje, cada cual acaba creyendo que lo que dice es la realidad". De allí la insistencia en afirmar que "aquí todos hablamos el mismo lenguaje", como si esta uniformidad también fuera una prueba de su conexión con la verdad.

En realidad, para ser competitiva la empresa tiene que usar los signos de este tótem que llama a la conquista, no otros. Porque no es suficiente con producir, vender y ganar, también hay que "parecer" y cumplir con los ritos del sistema. Los signos del tótem ayudan a construir y reconocer el clima organizacional; ello ocurre en la prisión, la escuela, el tribunal, el hospital, el regimiento, el monasterio y, por supuesto, también en el ámbito de la empresa competitiva. No es la forma la que importa sino el sentido reconocido para ciertas señales y códigos en la empresa: la idea de la lucha, la lealtad, la calidad, la innovación, el esfuerzo, la conquista, tener la novedad. Esta primacía del significante es visible en las relaciones de poder, donde hay una lucha para apropiarse no sólo de los recursos (el mercado, la clientela, la información), sino también de los símbolos que representan esa apropiación y expresan el liderazgo (el lugar de privilegio, los premios, las distinciones, las ceremonias).

Pero, más allá del lenguaje utilizado, es de esperar que la desigualdad y la injusticia también lleven a la incomprensión de los mensajes y la visión que promueven los directivos. Con el tiempo las palabras quedan vacías, se produce la revisión de los sentidos y se reasignan los significados mientras continúa el discurso oficial. Hay múltiples formas de expresar la realidad según los intereses del emisor. No es un problema que se resuelva en el plano de la capacitación o "aprendiendo signos". Es el problema de la pérdida de credibilidad por los ocultamientos y juegos de poder. En el marco de la gestión de una empresa solidaria, el lenguaje, los signos y los símbolos refieren a un sistema de ideas conocido; los signos y las palabras no se significan en función de proyectos individuales sino en el marco de imágenes compartidas.

5. Idealización y metáforas de la organización

En el plano de las comunicaciones, para la gerencia racional es vital intervenir sobre los signos, imágenes y símbolos en la organización. Vital por los significados que derivan de las formas. También los individuos intervienen a través de la interacción cotidiana en las culturas de grupos. Según I. Allaire (1992), las empresas, en cuanto realidad específica, "son productos de la interpretación que hacen los miembros de su experiencia organizacional". Pero también es cierto que la gerencia aporta elementos para esa construcción social de la realidad. Los directivos intervienen al elegir y legitimar los sistemas de signos y rituales que deben respetarse en la organización. Un sistema que delimita espacios, señala el *status* de las funciones, los atributos de la autoridad, los símbolos del poder o los ritos a seguir en actividades colectivas, como la asunción de directivos, la presentación de ingresantes, la identificación de la empresa.

El concepto de *tótem* enfatiza en las ceremonias, en las formas de reconocer y distinguir hechos y personas a través de signos, símbolos y señales. Estos elementos son diseñados para marcar el lugar de cada uno en la estructura de prestigio, para recordar los orígenes de la organización o para representar la existencia de un interés compartido. Forman parte necesaria del culto en la organización, la expresión de las creencias no racionales pero que cohesionan las conductas. Con este concepto se hace referencia a los emblemas oficiales, la arquitectura, los ritos, los títulos, las ceremonias y otros elementos simbólicos no verbales. El tótem tiene un sentido, básicamente custodia y conserva ciertos valores y creencias que están presentes en la formalización de la estrategia comunicativa. Formas de expresar el respeto a la figura mítica del fundador, como también homenajes y premios a los individuos exitosos en su trabajo.

Con el poder simbólico llega el misticismo a los negocios. La imagen divina del conquistador, el carácter infalible de los directivos, el credo y los mandamientos de la organización, la magia de sus productos, el reconocimiento a los héroes y caídos en combate durante la lucha competitiva. En términos generales: "Se hace sentir a los empleados que la empresa los protege y se preocupa por su bienestar". (Etkin, 1986.) Pero hay una segunda intención o doble moral, porque se aprecia a los héroes en la medida que ello se traduce en un nivel de productividad no igualado. Como afirma el citado I. Allaire (1992) en su obra sobre la cultura organizacional: "Se apoya la cultura vigorosa porque también se entiende que ella hace funcionar a la compañía".

El uso de la cultura organizacional con fines manipuladores es entonces una manifestación de los avances del poder simbólico. En un sentido constructivo, es un poder que intenta cierta armonía en el plano de las idealizaciones. Tal como afirma G. Morgan (1999), "las ideas acerca de la organización siempre se basan en imágenes o metáforas implícitas que nos hacen ver, entender y manejar las situaciones de un modo particular". Pero también son una fuente de distorsión porque, al crear maneras de ver las cosas, crean también maneras de no verlas. Y ese es el peligro de manejar una sola teoría "para todo propósito". Por ejemplo, la visión mecanicista de la empresa que interpreta todas las actividades y relaciones en la organización, incluyendo las socioculturales, como parte de un proceso productivo.

El hecho de definir y difundir imágenes que van a operar como esquemas mentales o contextos de significación tiene implicancias negativas cuando se trata de "hacer creer lo que no es" (demostrable, sostenible). Es decir, como parte de una ideología o proyecto de poder no declarado. Es esta una desviación no deseable que ocurre cuando se instalan ficciones e ilusiones interesadas, o metáforas incorrectas. Estas imágenes se formalizan, expresan y representan a través de los elementos del tótem corporativo. De manera que el análisis de las fuentes de estos signos y símbolos es un camino para poner en evidencia la intención política presente en la construcción de ciertos significados colectivos. Por caso, instalar y priorizar la imagen de la lucha en los mercados, para relegar los modelos de comportamiento cooperativos, basados en principios y valores solidarios.

El imaginario también puede reflejar el propósito de postergar o desviar la atención respecto de las desigualdades o injusticias vigentes en las relaciones concretas. A pesar de estas tendencias a priorizar la apariencia por encima de la verdad y la búsqueda de idealizar o anteponer las funciones productivas, también es cierto que los individuos y grupos necesitan en su trabajo sentirse parte de un proyecto creativo, en relación con sus ilusiones y esperanzas. No como un mero ejercicio retórico sino como parte de un proceso de cambio. De modo que la preocupación por lograr una imagen y significación compartidas es vital para la organización y la función directiva.

No hablamos de la capacidad imaginativa en el sentido limitado de la visión de negocios o del proyecto de empresa. Nos referimos a una capacidad más amplia, incluyendo las ideas de alcanzar nuevas y mejores formas de solidaridad, de responsabilidad social, de servicios a la comunidad, de trabajo asociado con otras organizaciones. No se trata de imaginar un balance más positivo, sino de llevar a cabo proyectos que impliquen elevar el capital social y una mejor calidad de vida. En el contexto de una conducción inteligente, la intervención honesta y responsable sobre los signos, símbolos e imágenes es parte del proceso de cambio y de mejora en las comunicaciones. Es también una tarea necesaria en la estrategia de proyectar una imagen coherente y creíble de la organización en su medio ambiente.

Bibliografía

Allaire, Ivan: *Cultura organizacional*, Legis, Bogotá, 1992.

Castoriadis, Cornelius: *La institución imaginaria de la sociedad*, Tusquets, Buenos Aires, 1993.

Etkin, Jorge: *Gestión de la complejidad en las organizaciones*, Granica, Buenos Aires, 2006.

Etkin, Jorge: *La doble moral de las organizaciones*, McGraw-Hill, Chile, 1986.

Geertz, Clifford: *The Interpretation of Cultures*, Basic Books Inc. Publishers, Princeton, 1973.

Le Mouel, Jacques: *Crítica de la eficacia*, Paidós, Barcelona, 1992.

Morgan, Gareth: *Imagin-I-zación*, Granica, Barcelona, 1999.

Schvarstein, Leonardo: *Psicología social de las organizaciones*, Paidós, Buenos Aires, 1991.

CAPÍTULO 9

COMUNICACIÓN Y CREDIBILIDAD

1. Transparencia y fines no declarados

En este capítulo nos proponemos analizar los contenidos manifiestos (expresiones) y los propósitos no declarados en las comunicaciones de los directivos. El resultado es una dualidad entre los criterios sostenidos en el discurso y los conceptos que se manejan a la hora de la acción. A veces el discurso es ambiguo, de manera que no compromete la decisión. Pero, en todo caso, las diferencias de criterio (desde la misma autoridad) son una fuente de dudas para los receptores de estos mensajes directivos. Más allá de sus declaraciones originales (la referencia a ciertos "objetivos comunes"), en la práctica los ejecutivos utilizan criterios relacionados con los intereses dominantes en la organización, obviando los principios declarados.

Una posibilidad es que la dualidad "se normalice" como una pauta de las relaciones en la organización. Desde la perspectiva de las comunicaciones es importante resolver si dicha pauta se reconoce o si se plantea como problema a superar en el marco de un diálogo esclarecedor. También desde la conducción se utilizan rótulos para que ciertas decisiones de política parezcan lo que no son. Por caso, hablar de la filosofía de "la mejora continua" para la organización, cuando "se sabe" que el concepto está acotado por la política de no hacer nuevas inversiones o que excluye el tema de las remuneraciones. En este contexto de comunicación: ¿qué quiere decir "se sabe", cuando no está dicho?

Hablamos del discurso directivo en el sentido de las declaraciones y argumentos que se utilizan para explicar un estado de cosas, transmitir líneas de acción y decisiones referidas al futuro deseable. Queremos marcar la dualidad entre las razones o explicaciones originarias respecto de los conceptos que se utilizan en el momento de ordenar la acción. En las declaraciones primeras, predominan en el mensaje "lo razonable y lo deseable". En la praxis, la comunicación se orienta a obtener resultados en el plano operativo, en la producción o las finanzas. Las diferencias que mencionamos no refieren a la verdad y la mentira, lo bueno y lo malo, lo positivo y lo negativo, sino a un aspecto de la complejidad en las comunicaciones que es origen de divergencias y errores de interpretación.

Hay en la dualidad cuestiones de intencionalidad, pero también elementos propios de la representación de ideas a través del lenguaje. Las afirmaciones de los directivos tienen su sentido literal de acuerdo con los términos utilizados. Pero el mensaje connota otras ideas en función del contexto, el momento, la jerarquía del emisor, los medios utilizados para la transmisión, las experiencias sobre mensajes análogos, los ritos y las ceremonias que se asocian a la comunicación. La significación no se relaciona únicamente con los signos y términos utilizados. En este sentido, L. Quintás (1988), en su obra sobre la estrategia del lenguaje, habla de los factores que hacen a la resonancia y poder expresivo del mensaje. Puede verse una estrategia del mensaje cuando se repara en la elección del contexto de la comunicación y en los contenidos no declarados. Por ejemplo, dar una idea sobre lo permitido y reprimido, sobre lo deseable e inconveniente para una organización. En el proceso de la comunicación, la Dirección puede operar con códigos de lo visible, pero también con factores que hacen al orden de lo simbólico, con ciertas imágenes y representaciones que se instalan y movilizan a través de los mensajes.

Un juego más sofisticado ocurre cuando las partes conocen la dualidad y lo ocultan. Ch. Argyris (2001) señala el caso donde "un superior cree que el desempeño de su subordinado es inferior al estándar. Piensa que el decirlo de manera directa conducirá a que el subordinado se ponga a la defensiva y, por consiguiente, se cierre al aprendizaje. Entonces el superior trata de moderarse y ser diplomático. No dice que está actuando en esas formas, porque ello también perturbaría al subordinado. Este último percibe la moderación y la diplomacia. Pero encubre lo que está percibiendo y actúa como si creyera en el mensaje". Aunque paradójico, el juego de la retórica requiere que las partes presten atención, pero que no tomen literalmente ni crean en los mensajes directivos.

2. El mundo imaginado y la realidad visible

En el plano de las declaraciones se pueden expresar principios referidos a la protección del medio ambiente y el desarrollo del capital humano. Son expresiones en el nivel del discurso directivo. Pero los directivos saben de las limitaciones de la propia empresa en un entorno incierto y cambiante. Saben de los límites en el mensaje, pero también que son necesarios para la imagen de la organización, son esperados. No son estrictamente maniobras, sino las posibilidades del lenguaje en cuanto a la expresión de ideas que existen en el plano de lo literal y, desde allí, una sensación de realidad.

No estamos estrictamente ante una situación de hipocresía en las declaraciones. Es más bien parte de un juego permitido, en el que se habla de lo deseable, económica, política o culturalmente. Pero, al mismo tiempo, las acciones toman distancia del discurso por visibles razones de factibilidad. Decimos "juego" en la medida que esta situación se ajusta a ciertas reglas conocidas de comunicación. Es decir que la organización se mueve entonces en diferentes planos, de propuesta y de factibilidad, y hay razones que explican las diferencias, sin cuestionar los mensajes. La intencionalidad no es confrontable.

Los mismos comunicadores deben "adaptarse" o "ajustarse" en la práctica frente a las fuerzas no controlables y las transacciones con el contexto. Por caso, el editor responsable de un periódico suele predicar acerca de los principios de la información veraz. Y también ordenar que se publiquen noticias que benefician o preservan los intereses de ciertos anunciantes, en la medida que la noticia tenga fundamento. No ven que los principios sean afectados porque no se tergiversan los hechos, y es sabido que los contratos y compromisos sostienen a la empresa. Para estos directivos, los principios son una propuesta; luego, la praxis plantea sus propias condiciones.

No es lo mismo incumplir para enfrentar lo inevitable que la falta de sinceridad como estrategia. Las diferencias pueden provenir también de un acuerdo no declarado por el cual el discurso tiene elementos de un mundo imaginario o esperanzador, para no crear temor o ansiedad frente a lo inevitable. Como la diferencia entre las declaraciones humanitarias del director de un hogar de ancianos y las instrucciones de la propia Dirección en el sentido de limitar los movimientos de los internados para protegerlos, no para agredirlos. El intento de no construir mensajes oscuros no es lo mismo que ocultar contradicciones.

En este sentido, R. Ackoff (2000) se refiere a: "Una organización que afirma tener una *política de puertas abiertas*. Sin embargo, para acceder a esa política es necesario atravesar dos entradas de seguridad y ascender al último piso, donde rara vez se puede hablar con alguien que no sea un ejecutivo. Además, aunque esa compañía se jacta de aplicar una comunicación abierta, la mayor parte de los ocupantes de los pisos superiores nunca acuden a los niveles inferiores con excepción del comedor para ejecutivos, donde se sirven alimentos sin costo alguno". El autor destaca la importancia de los procesos de democratización y transparencia en las comunicaciones cuando se trata de transformar las organizaciones.

La complejidad en las comunicaciones requiere distinguir entre complejidad y doble discurso. No es lo mismo: *a)* que las partes reconozcan el "juego del lenguaje" en las comunicaciones y que acepten los mensajes aunque no sean del todo explícitos, porque hay un acuerdo en mantener la relación y lograr ciertos fines, que *b)* pretender que los destinatarios, en su condición de empleados, deban aceptar, creer y aplicar los mensajes directivos tal como los reciben, sin un marco en el cual entenderlos. El intento de imponer ciertas ideas por razones de autoridad y no de convencimiento lleva a la pérdida de confianza y credibilidad en la función directiva.

El juego del discurso dual, para funcionar, también requiere reglas y límites. En la relación cotidiana es una condición indagar sobre el sentido final de la comunicación, porque no es lo que parece. En cuanto a sus efectos sobre la credibilidad, L. Schvarstein (1998) advierte que "cuando la gente no nos tiene confianza, no está con nosotros, aunque permanece en la organización. Hay una cohabitación sin que exista el deseo de estar juntos, lo cual plantea problemas serios en la relación, y por lo tanto, en la acción". En un clima de dualidad y desconfianza "serán la renuncia, la obligación, la amenaza y la coerción, los determinantes de aquello que suceda, y nada bueno puede ocurrir en este ambiente".

Una organización sustentable, basada en la colaboración y los proyectos compartidos, no resuelve por sí sola la complejidad en la comunicación. Es de esperar que en ella subsistan problemas por la diversidad de ideas y opiniones, y también diferencias en la connotación de los mensajes, porque ello tiene que ver con el contexto de la relación, el tiempo y lugar en que se produce. Pero un modelo de cooperación es confiable en cuanto a la intencionalidad, no requiere ahondar en los intereses no declarados o en el poder incluido en los mensajes.

Tampoco la credibilidad es por sí sola demostración de un ambiente de sociabilidad y capital social (relaciones solidarias). Por ejemplo, en el marco de un régimen autoritario, las partes pueden estar convencidas sobre el poder que sustenta las instrucciones. Es creíble que se emiten para ser aplicadas y que el emisor cuenta con recursos para hacerlo. La fuente está legitimada en términos de jerarquía. El jefe se propone, comunica y está preparado para cumplir con lo que dice. La diferencia con una organización solidaria es que allí lo creíble ocurre en el marco de un proyecto compartido. Es creíble en el sentido de que cuenta con el acuerdo y la voluntad de los interlocutores, y porque no se aprecian en el mensaje fines contradictorios o disconformidad con su aplicación.

3. Integridad y dualidad comunicativa

Las posibilidades del lenguaje llevan a analizar la relación comunicativa en dos planos. Es posible diferenciar entre lo declarado y las intenciones que sustentan el mensaje. La diferencia (en tanto muestre incongruencia) afecta la credibilidad y confiabilidad de la relación y la comunicación. La sociabilidad tiene mucho que ver con las expectativas compartidas (cumplir con la palabra), de modo que la actitud colaborativa es afectada por esa dualidad. La sociabilidad, como capacidad de hacer juntos, requiere integridad en las comunicaciones. Reconocer que la comunicación es para informar, dar un sentido compartido o articular esfuerzos, y no para sacar ventajas en contra del interlocutor.

Es importante analizar por qué la dualidad está presente en las organizaciones, cuando los mismos actores reconocen que en la práctica lo dicho no es lo pensado, ni se cumplirá tal como se anuncia. No es un engaño en la medida que es reconocido, pero llama la atención que se acepte destinar energías a descifrar "lo que no es" o "no está dicho", como un ejercicio cotidiano. Por caso, cuando la Dirección declara la importancia de quienes trabajan en ella y su voluntad de preservar el empleo, al tiempo que los convoca a firmar contratos transitorios o flexibles de trabajo.

En empresas individualistas, la dualidad que se normaliza es parte de los códigos y no una desviación inesperada. Esto lleva a que los individuos deban desarrollar una capacidad para decodificar los mensajes y entenderlos en su real dimensión. Pero no hay cursos de "decodificación", sino que se aprende en las propias relaciones cotidianas. Esto es propio de la organización utilitaria, donde los individuos viven en un clima de ataque y defensa. Hay que fijar la atención en los hechos, "en el modo en que se hacen las cosas aquí". No hay una relación humana, sino una relación entre tareas. La significación es un ejercicio individual, no un proceso compartido.

Existen dualidades en los discursos, así como al pasar a la acción. Al respecto, Ch. Argyris (2001) dice que los individuos en las organizaciones tienen dos teorías que sustentan la acción. "Un tipo es el que adoptan como deseable, y se expresa en forma de creencias y valores que ellos predican. El otro tipo de teoría es la que emplean realmente. Esta última sólo se puede inferir de la observación de sus acciones, de su comportamiento real". De modo que podemos referirnos a la construcción del discurso dual (en el momento de la definición) y también a la diferencia entre el discurso directivo y la acción que los ejecutivos provcan con sus decisiones cotidianas.

La dualidad normalizada es también una estrategia para no comprometer al emisor. Aun cuando la Dirección afirme que "nuestra empresa sabe reconocer el esfuerzo de sus empleados", ello no significa que deba acompañar esa declaración con decisiones concretas. La consecuencia es que las comunicaciones dejan de ser significativas para el personal y que las relaciones humanas se establecen sólo en el plano de las acciones. La frase es "si no lo veo, no lo creo". La colaboración se hace sobre las condiciones actuales conocidas. La comunicación es vaciada de cualquier esperanza o componente imaginativo. Los individuos responden a los mensajes por razones de fuerza o por una retribución pactada. Ante ello, en una organización sustentable, la comunicación es creíble y, por lo tanto, también incluye promesas de cambio para el futuro, compromete y motiva.

Podemos preguntarnos por qué se insiste en enmascarar o desviar la atención con el discurso, cuando los empleados de una organización pragmática y competitiva ya saben de la dualidad en el mensaje directivo. Viven esa realidad y tienen maneras de confrontar las declaraciones de la conducción, así que tampoco se asombran por las diferencias, son "esperadas". En la lucha cotidiana por lograr resultados, sin tiempo para debatir opiniones o confrontar experiencias, la comunicación se orienta hacia los mensajes que mueven a producir, no a entender.

En su obra crítica sobre la eficacia, J. Le Mouel (1995) ha estudiado las desviaciones en la comunicación que sólo

COMUNICACIÓN Y CREDIBILIDAD

busca resultados en las relaciones. Este autor recuerda la frase "más vale un verosímil falso, que un verdadero inverosímil". Más vale en el sentido de que permite obtener resultados bajo la presión de la eficacia, pero no para consolidar las relaciones humanas. La organización pragmática acepta y promueve que el fin justifica los medios, de modo que sus directivos no están preocupados por los valores en juego.

Esta dualidad comunicativa es parte de un orden previsible en un entorno egoísta, pero no recomendable como modelo. Dualidad previsible por varias razones. Primero, porque la Dirección puede asignarle a lo imprevisto (una crisis financiera) y a lo adverso (la agresión de los competidores) las causas de la dualidad en las decisiones. Segundo, porque en las empresas mecanicistas el mensaje se respalda en el poder o el control de los recursos desde el emisor, y no en la veracidad de sus dichos. De manera que la dualidad tiene que ver con las relaciones de poder, que son conocidas. Tercero, porque el discurso también puede referir a factores imaginarios o simbólicos (como el "espíritu de cuerpo"), difíciles tanto de negar como de comprobar, en la compleja realidad de la organización.

Son factores que llevan a convivir con afirmaciones que tienen su razón de ser (no son impensadas o accidentales), pero no son acompañadas por los hechos en el momento de la implantación. El tema es pensar sobre los efectos de esta dualidad en las comunicaciones. En cuanto a la construcción de un imaginario, la referencia a un futuro deseable es un elemento necesario para una estrategia motivadora. Es parte legítima de la función directiva, expresa la voluntad y visión de futuro de los ejecutivos, que se hace extensiva a la organización. Declaración que también los compromete en sus comportamientos futuros.

La falta de acciones congruentes con las declaraciones públicas genera dudas y desconfianza en el personal. En una obra anterior (Etkin, 2000) hemos señalado que "este

199

proceso de enmascarar la realidad a través del discurso hace que en la organización se dedique mucha energía a la actividad de descifrar mensajes a la luz de los intereses en juego". La opacidad y falta de transparencia (intencional), como un juego conocido por las partes, puede ayudar a salvar las apariencias. Pero no es un juego inocuo, desgasta las relaciones y termina por afectar el capital social de la organización.

Estas consideraciones nos llevan a sostener que en las organizaciones se requiere un acuerdo y una difusión sobre los sentidos de las distintas formas de comunicación que utilizan los niveles de conducción. Este acuerdo es para evitar el discurso autoritario. Deberá quedar en claro que: *a)* los integrantes pueden plantear sus reservas morales o disidencias respecto de las líneas de política proyectadas, sin que ello se interprete como un cuestionamiento a la organización, y *b)* que los principios y políticas orientan las acciones en un sentido general, pero también dejan razonables márgenes de libertad para que los individuos puedan enfrentar los requerimientos de las situaciones concretas.

El objetivo de este análisis de las comunicaciones es evaluar los factores que hacen creíbles a las personas y sus mensajes, y así evitar la desconfianza derivada de las maniobras persuasivas, las segundas intenciones o los fines no declarados. Esto, más allá de su eficacia operativa. Los integrantes en la organización requieren conocer claramente no sólo el contenido de sus tareas y sus responsabilidades, sino también el sentido de las distintas modalidades de la comunicación directiva. Debe ser explícita la política en materia de comunicación que adopta la organización, para que los motivos y alcances de los mensajes no queden sujetos a la particular o aislada interpretación de los destinatarios.

Para construir una organización creíble y confiable se requieren formas de comunicación conocidas, que permitan a los miembros identificar en los mensajes directivos cuánto hay de declarativo y normativo, cuánto de contenido técnico y cuánto de decisión política. Estos acuerdos no eliminan la ambigüedad que deriva de las diferentes lógicas en una organización compleja, pero permiten poner de manifiesto las intenciones y reglas de juego que se sostienen desde la Dirección, y observar en qué medida se respetan en la acción. También permiten confrontar la congruencia del discurso de la conducción respecto de los acuerdos vigentes y de las necesidades y legítimas expectativas de quienes componen la organización.

4. Entender, no sólo ver qué está pasando

Es común que en la literatura sobre gestión de empresas se haga referencia a la importancia de la visión compartida y la transparencia en las comunicaciones. En el presente trabajo vamos a analizar cuánto hay en ello de posibilidad y cuánto de voluntarismo, de estrategia o de puro discurso. Es importante ver la organización como una red de comunicaciones, no sólo de actividades o decisiones. La administración enseña que es posible producir y crecer en conjunto si las partes se entienden, disponen de recursos y están comprometidas en el mismo proyecto. Nosotros vamos a discurrir sobre qué significa entenderse y hasta dónde ello es posible.

Hablar de comunicación implica referirse a un proceso en el cual hay intercambio de información y las partes buscan compartir el sentido de los mensajes. Pero en las organizaciones pragmáticas (legitimadas por los resultados) esto no significa que los integrantes piensen lo mismo, que tengan iguales fines o convicciones. La condición de practicidad es que entiendan lo que deben hacer, aquello que se espera de ellos. Una de las características de las corporaciones, las empresas competitivas y las unidades de negocios es que sus integrantes pueden operar en forma coordinada sin disponer de objetivos compartidos (sin consenso). Se trata de organizaciones básicamente pragmáticas, no principistas.

En el plano de lo teórico, el ideal de la comunicación es que exista la visión compartida y que los receptores-interlocutores comprendan qué está ocurriendo, más allá de las circunstancias personales. Ahora bien, ¿cuánto hay de posible y cuánto de utópico en este ideal de la comunicación en una fábrica, un laboratorio o una explotación agropecuaria que opera bajo las reglas de la racionalidad técnica y financiera? ¿Cuán sincero puede ser el diálogo y creíble la información en un ambiente donde se lucha por la supervivencia y se compite por ganar posiciones? ¿Qué quiere decir "en esta empresa nos entendemos y hablamos el mismo lenguaje", cuando hay múltiples motivaciones y fines individuales no declarados? Incluso, hay verdades importantes que no son "comunicadas" o explicitadas porque las partes no quieren aparecer compartiendo una realidad indeseable (como las políticas de despido).

Sin necesidad de detenernos en la hipocresía, las malas intenciones o la voluntad de falsear la realidad, existen múltiples razones de orden lógico y práctico que nos llevan a pensar que la comunicación en la organización es improbable, al menos en el sentido ideal de instalar "la mutua comprensión". Es más probable la comunicación en cuanto a instalar una idea reconocida sobre qué se espera de los integrantes, sobre nuestro comportamiento en tanto miembros de la organización. El hecho de comprender esta improbabilidad no necesariamente nos pone en situación de superar barreras de índole estructural, propias del negocio. Pero sí podremos mejorar la comunicación en cuanto a terminar con los mitos y buscar otros caminos (además) que actúen como resguardos de la calidad de vida y del sentido deseable en las relaciones.

El hecho de que las cosas se hagan en común no implica que exista una comprensión en los actores, que ocurra una comunicación plena (un entendimiento). Sí hay un acuerdo sobre los códigos y convenciones, y sobre las acciones esperadas, aceptables y legitimadas en el tiempo. Hay un hacer lo esperado, pero también un pensar diferente. Una diferencia que no viene del ruido, la ignorancia o lo inesperado, sino de factores estructurales propios de los procesos de comunicación en una organización productiva (al menos en las pragmáticas). Por ejemplo, del intento permanente de los individuos de mantener su identidad, de no ser asimilados o uniformados por la organización.

La idea convencional de "estar comunicados" en la organización quiere decir que hay resultados esperados, tecnologías conocidas y expectativas comunes (la previsibilidad), aunque ello ocurra en el marco de lecturas diferentes de la realidad o de intereses diversos. Desde la eficacia, importa que el mensaje llegue, es decir, que se incorpore a la praxis. La mayoría debe aceptar la importancia de mantener un cliente, de hacer las cobranzas o de crecer en el mercado. Ellos deben entender la relación que hay entre esas acciones y el cobrar el sueldo a fin de mes. Como veremos en este trabajo, la eficacia no equivale a la existencia de una comunicación plena.

5. Las influencias sobre la relación comunicativa

Entre los factores que denominamos estructurales, empezamos por mencionar las relaciones y procesos de poder. Las comunicaciones no son neutras, sino que se realizan en el marco de la asimetría en las relaciones, en sus versiones de fuerza, dominación, persuasión y poder. Esta relación incluye tanto los intentos de avanzar con intereses propios, como las actitudes de resistencia o bloqueo de parte de los interlocutores. Ello es visible en las comunicaciones directivas y sus mensajes de autoridad, o en las sanciones que subyacen como amenazas por el incumplimiento de las instrucciones, o en los indicadores de desigualdad que se exhiben en las empresas (el *status* adscripto a quienes deciden). Muchas veces los contenidos explícitos son meros argumentos para establecer, comunicar y legitimar una diferencia en las relaciones.

En una obra anterior (Etkin, 2000) hemos señalado que el concepto de *organización* rechaza la posibilidad de la existencia de lenguajes privados, por área o sector de la estructura, porque el sentido de la comunicación es orientar y articular actividades. Es posible que los grupos de interés y decisión internos presionen sobre los códigos para reforzar el sentido de ciertos mensajes que les interesan. Entonces, la acción y la relación comunicativa están condicionadas tanto por las reglas del lenguaje o las formas convencionales de expresión, como por los factores ideológicos y las estrategias de poder. Las preferencias o prioridades se hacen visibles no sólo por la presión de la autoridad, sino también por los controles, por los comportamientos que se premian o son reprimidos.

No estamos negando o criticando los intentos de poder, pero señalamos que bajo el manto de una comunicación también se están dirimiendo posiciones en la estructura o la racionalidad dominante en las relaciones. Insistimos: ello no es algo mecánico o lineal, hay intentos de avances y permeabilidad, pero también rechazos y resistencias. Es difícil entender algo cuando, además de ese "algo" (las instrucciones para el cierre del balance), aceptar el mensaje implica reconocer o tomar posición sobre el tema de quién prevalece sobre quién. Incluso, los individuos pueden aceptar el mensaje en el plano de lo literal pero, al mismo tiempo, hacer reservas de conciencia morales o jurídicas. En un sentido (no en todos), la comunicación fue efectiva.

Debemos reconocer que la comunicación se realiza en un contexto y opera en varios niveles, al menos en el plano de lo denotado (el decir) y de lo connotado (las imágenes asociadas). Hay diferencias entre la dimensión de lo literal y de lo simbólico o lo representado. "Somos una familia", "poner el hombro", hacer "un llamado a la responsabilidad" o "comprometerse con el proyecto" son textos que quieren decir muchas cosas, de acuerdo con el momento, la situación, el contexto del mensaje, la posición de quienes hablan. Ello no hace sofisticado el proceso, sino que refleja el complicado juego y la trama que está en la base de la relación comunicativa. Porque hay intencionalidad, expectativas y un contexto de significación, no sólo transmisión de información.

En esta complejidad, hay elementos que son complementarios entre sí porque la información permite capacitarse y desarrollarse en el trabajo. Pero, además, hay brechas entre las mencionadas dimensiones de lo denotado y lo connotado. Por caso, esta complejidad se refleja en el doble discurso o en los mensajes contradictorios. Debe comprenderse que, en las empresas, los llamados *sistemas de información* no sólo son instructivos o educativos, también están relacionados con los procesos de regulación y control. No es un ámbito donde se privilegie la libertad de expresión, en verdad se la conduce y canaliza. A través de la codificación y formalización de los mensajes, se instituye el discurso directivo.

La influencia de las estrategias de poder hace que la comunicación se realice en una relación donde se escucha, se procesa y se aplica la recomendación o instrucción recibida, pero sin estar de acuerdo con ella. J. Habermas (1987), en su estudio de la acción comunicativa, señala al respecto que "entender una manifestación simbólica significa saber bajo qué condiciones podría aceptarse su pretensión de validez. Entender esa manifestación no significa asentir a su pretensión de validez sin tener en cuenta el contexto de la comunicación". El contexto refiere a las razones de la pretensión o la voluntad del emisor de ser escuchado y aceptado en sus mensajes.

Llevar a cabo las intenciones de la fuente o del emisor en el proceso de comunicación no siempre implica que el receptor acuerda con sus razones o sus argumentos. Las estrategias de poder intentan asegurar los resultados y postergar el juicio crítico de los receptores. Hay en este proceso una actitud orientada a vencer las posibles resistencias en el destino del mensaje, y no precisamente con razones. Pero la acción comunicativa plena, que busca (o necesita) el compromiso de los interlocutores, está orientada no sólo al cumplimiento, sino también al entendimiento de los mensajes, consejos o instrucciones.

Para que ocurra la comunicación en el sentido "ideal" de la mutua comprensión o de la significación compartida, se requiere tanto la transmisión adecuada como el acuerdo sobre los fines y las razones que impulsan el cambio propuesto. Y en un contexto competitivo, pleno de conveniencias personales, con exigencias crecientes y contradictorias, es por demás difícil pensar en la posibilidad de este consenso. No hay motivo para idealizar al respecto, porque los negocios no son foros de discusión, pero sí para esclarecer el sentido de las relaciones con el fin de no dar lugar a frustraciones o esperanzas incumplidas. Para superar los obstáculos de fondo se debería saltar de un modelo individual y competitivo a un modelo solidario y colaborativo. Y ello es una cuestión de política. La mejora profunda o disruptiva en la comunicación implica un replanteo de las bases del acuerdo constitutivo de la organización.

6. Expresiones formales y verdades bien dichas

Un problema estructural, en cuanto tema recurrente que responde a una fuerza sostenida, radica en la propia naturaleza del lenguaje, los signos o los símbolos utilizados en la comunicación. Estos no son simples formas o medios de comunicación, porque al tiempo que permiten expresar las ideas, también las incorporan a un esquema que condiciona el pensamiento. Es decir, pensar implica utilizar los códigos o signos existentes, lo que condiciona *a priori* la formación de las ideas. En el proceso de comunicación, se habla de buscar "los términos adecuados", pero el hecho es que esos términos ya tienen una definición conocida no siempre asimilable a las necesidades o imágenes que el emisor desea comunicar.

Decir que el sistema de signos utilizado o propuesto "condiciona" los procesos de comprensión o creación significa no sólo que pone límites, sino también que puede mover al cambio en el pensamiento. Como dice P. Watzlawick (1992), "es bien sabido que un lenguaje, más que reflejar la realidad, lo que hace es crear una realidad". En este sentido, plantea la existencia de ciertos sistemas de signos que limitan las ideas y de otros que las movilizan, llamando a estos últimos "lenguaje del cambio", o que lo facilita. De todos modos, se está marcando el rol proactivo y no meramente instrumental de los signos y símbolos utilizados en la comunicación.

En el proceso de comunicación, las reglas de armado del mensaje o sintaxis son constitutivas del comportamiento, de la trama o "el juego" que comparten las partes. En ese proceso, el lenguaje no es un instrumento pasivo, ni se usa sólo para recibir o transmitir datos. Porque las reglas internalizadas para entender los códigos, signos y símbolos también son parte de la actividad llamada *pensamiento*. Como señala G. Bateson (1980), cuando pensamos en cocos o en cerdos, no tenemos cocos o cerdos en el cerebro, sino representaciones. "El mapa no es el territorio y el nombre no es la cosa nombrada." Y procesamos o transformamos estos hechos y cosas desde nuestra experiencia, pero también siguiendo las reglas y códigos del lenguaje utilizado.

Respecto de los sentimientos o emociones, su expresión está limitada por los signos o las reglas de sintaxis. Como decía L. Wittgenstein (1973), "de lo que no se puede hablar, mejor callar", destacando así las diferencias entre la intención original y las posibilidades de la expresión verbal o escrita. Es una referencia a la distinción entre lo decible y lo no decible, a los límites propios de todo lenguaje o forma de expresión. Nos advierte sobre la dificultad de llamar a las cosas por su nombre cuando se trata de emociones, juicios de valor o preferencias personales. Sobre los signos, códigos y lenguajes como un recurso utilizado en las empresas para dar una apariencia de "objetividad" a procesos que están marcados por la subjetividad de las apreciaciones.

La necesidad de producir y lograr resultados hace que en las empresas se intente transformar esta dificultad semiológica en un factor estratégico de las comunicaciones. En la definición de las estrategias persuasivas se intenta aprovechar el sentido de las palabras para jugar con "la verdad de la mentira". Ello ocurre cuando las partes deben aceptar algo que no es demostrable, pero tampoco conviene cuestionar. Por ejemplo, cuando desde la conducción se afirma que "estamos todos en el mismo barco". Se acepta la metáfora aunque muchos sienten que están a punto de ser arrojados por la borda. También se afirma que el cliente es lo más importante, sin aclarar si es considerado por su capacidad de compra o por sus legítimas necesidades.

Debemos reconocer en el lenguaje su condición de producir y ser producido por la relación humana. Pero también advertimos sobre su posibilidad de ser una forma convincente de enmascarar fines no declarados. Los códigos instituidos permiten ocultar intenciones o ideologías que no se quieren mostrar. Por caso, cuando desde la Dirección se habla de los individuos como los "recursos humanos" de la organización. Es una afirmación que parece innocua o bien intencionada, pero, al mismo tiempo, está reduciendo esas capacidades personales a la condición de medios productivos para el logro de fines predefinidos (por otros).

En el plano de la sintaxis, es posible armar un discurso formalmente correcto, aunque refiera a una realidad inexistente. Es la instalación del "como si", el salvar las apariencias, el cumplir en el plano de las palabras –instancia necesaria, pero incompleta– con las relaciones humanas. Por ejemplo, en cuanto a la responsabilidad social de la empresa; decir que "la desocupación crece porque hay más gente que quiere trabajar", o hablar del reconocimiento humano como algo más importante que la remuneración monetaria del personal. En términos de M. Foucault (1985), se trata del *"mal faire, dire vrai"*, o sea, cosas mal hechas junto con verdades bien dichas.

Es cierto que los signos, símbolos o palabras se construyen y reciben sentido en el marco de las relaciones sociales. Es decir que hay una suerte de contrato significativo, de reconocimiento que surge de la interacción y las actividades compartidas. No son instrumentos ajenos a quienes aceptan usarlos. Pero tampoco se pueden crear en forma arbitraria códigos no compartidos, ya que la intención de ser entendido requiere respetar las reglas dentro de las cuales una comunicación es factible. El nuevo orden se construye sobre un orden cuestionado, pero no sobre una relación en la que todo es posible.

Los códigos, pautas y convenciones son límites o marcos no cuestionables durante la misma conversación. Las reglas de interpretación no son unilaterales, pero las convenciones se van construyendo en un ambiente donde las partes no están en igualdad de condiciones. En las organizaciones puede verse una lucha por "apropiarse del sentido de los términos", de cómo deben significarse los signos. Quiénes logran la capacidad de rotular, calificar, denominar a las acciones y, de ese modo, también legitimarlas (para la organización).

Hay límites que plantea el propio lenguaje en la comunicación. Pero también hay posibilidades en el armado de los mensajes. A ello refiere la existencia de un "juego lingüístico". Implica la posibilidad de construir la conversación sin atarse a los diccionarios, a lo literal, aprovechando la relación social, o el sentido común, o el mundo que se da por sentado. La conversación tiene de juego el hecho de que se concreta en el decir o en el habla. Esto es, cuando el jugador-receptor demuestra haber entendido o comprendido la emisión (la jugada) del emisor. No sólo las palabras que el emisor eligió, sino el sentido de la enunciación. El lenguaje se relaciona con la idea de juego por cuanto conocemos a quienes lo juegan y las reglas que utilizan, su tiempo y lugar. Pero no sabemos qué serie de jugadas van a elegir entre las posibles, como tampoco el papel de cada movimiento en la estrategia más amplia de la comunicación.

Aunque esta metáfora de la competencia o juego lingüístico refiere a la dinámica en la construcción de los mensajes, debemos recordar que en el ámbito más estrecho de la organización estas posibilidades están acotadas por las relaciones de poder, las creencias culturales y la racionalidad dominante en la empresa. No es un juego en el cual las partes puedan moverse con libertad en el momento de construir sus mensajes o sus "contratos significativos". Las partes, en su intento de comunicarse, saben qué textos son más congruentes y cuáles más cuestionables en términos de la ideología de la organización.

En el marco de las empresas, la comunicación, antes que un proceso de autenticidad o de sinceridad, muchas veces sólo refleja conveniencias. Muestra la voluntad de asignar un sentido compartido a los mensajes. El sentido que permite aunar esfuerzos en el plano de la praxis, y no mucho más. Hay también una construcción de imágenes o de metáforas compartidas ("estamos en la lucha"), pero ello no implica una adhesión plena o compromiso con las ideas subyacentes. Es

210

llamativo descubrir las diferencias de significación personal en el plano de los mensajes que dicen "ser entendidos", y que más precisamente "son convenidos". Insistimos en que esto tiene que ver y hace a la naturaleza de la organización, según sea burocrática, competitiva o colaborativa.

7. Comunicación y modelos mentales

Otra cuestión de estructura refiere a la presencia de supuestos con los cuales los individuos procesan la información que fluye en la organización. Estos supuestos, que operan en el nivel de lo implícito, hacen a la llamada "disonancia cognoscitiva" entre las partes, a sus distintas lecturas de la realidad. El tema refiere a que los individuos comprenden, a partir de las propias experiencias, sus necesidades y motivaciones. Y no son factores manejables (ni deben serlo) desde la Dirección. Los integrantes no renuncian a sus ideas por el hecho de ingresar y permanecer en la empresa. Existe la posibilidad de que haya una brecha entre el sentido de las declaraciones y políticas directivas y la comprensión de los mensajes por los individuos.

La disonancia es parte de la complejidad de la organización. No refiere a una actitud negativa o un error de concepto, sino que es parte del proceso individual de entender la realidad, aun en el marco de la actividad grupal y los procesos de socialización que influyen sobre los marcos de referencia individuales. La empresa puede intentar incorporar sus imágenes sobre esas ideas subyacentes, pero será una "sobre-impresión" y no un desplazamiento. Los individuos no son receptores pasivos de información en el proceso de comunicación. A veces se descalifica esta realidad hablando de los "bloqueos mentales" de los integrantes, en especial cuando las posiciones individuales contradicen las preferencias de la organización.

La disonancia en el plano de las apreciaciones personales hace que la comunicación opere en un marco de tensiones entre las aspiraciones de los individuos (su visión de lo deseable) y las propuestas de la organización (la visión desde los propósitos). Una fusión de empresas es presagio de tragedia para quienes están desde el comienzo y una señal positiva de crecimiento para los accionistas. Queremos destacar que el proceso de comunicación muestra puntos de contacto, pero se produce en una realidad compleja, que incluye (no diluye) las diferencias de apreciación basadas en expectativas y experiencias diversas.

Desde una perspectiva pragmática, al negocio le importa la acción y el funcionamiento, y no tanto las adhesiones emocionales logradas en el personal. Salvo que la identificación de los individuos con la empresa tenga un impacto directo sobre la calidad de los servicios o productos finales, como en la relación del periodista con la línea editorial del periódico. Pero en los casos de un producto normalizado, para la Dirección el "estar comunicados" implica que los individuos son informados y entienden cómo cumplir con su tarea. Esta brecha entre expectativas y praxis no siempre puede ni debe sostenerse. Por ejemplo, puede ser un motivo de conflicto en las organizaciones solidarias, comunitarias o basadas en principios o valores compartidos.

Por caso, en un hospital no todos tienen igual formación ni están por los mismos motivos. En lo personal (en sus convicciones), los profesionales ven la salud y la atención médica desde sus fines, educación, expectativas y especialidades. Si la Dirección resuelve fijar aranceles sólo viables para pacientes de alto poder adquisitivo, esta decisión lleva a interpretaciones diversas. Como parte de la estructura, los profesionales serán informados y verán de qué modo la decisión es llevada a la práctica. Entienden cuáles son las directivas, su base lógica, pero no necesesariamente la comparten.

El tema es cómo esta brecha se refleja en el clima laboral y en la calidad de las prestaciones. Son muchas las decisiones que a diario se toman pensando en los resultados del balance y no en los consensos. En el hospital es posible que ello se disfrace, y se brinde una explicación menos monetaria de la política de salud. Por caso, decir que el cambio en las finanzas permitirá disponer de fondos para las tareas de investigación y la capacitación de sus integrantes. Aquí emerge otra dualidad posible en las comunicaciones, que consiste en la diferencia entre la teoría declarada (la calidad de los servicios) y la teoría en uso (optar por las prestaciones más rentables).

Esta tendencia a cerrarse en las propias interpretaciones, aunque los individuos acepten en forma nominal las decisiones de los directivos, genera una tensión o un estado de duda sobre la realidad de la organización y la factibilidad de sus proyectos. Las partes están comunicadas y se mueven en el mismo sentido, pero por motivos diferentes y con diversos grados de confianza. Los balances, los índices de productividad o la información de costos se expresan en códigos entendibles, pero se interpretan desde perspectivas distintas. El índice de ausentismo puede verse como una falta de compromiso o dedicación (desde la Dirección), o como resultado de exigencias crecientes y de una presión laboral enfermante (desde los empleados).

En síntesis, el proceso de comunicación refiere a una interacción y comprensión entre emisores y receptores, e implica una transmisión de información que actualiza las memorias y activa los comportamientos. Pero existen factores estructurales que ponen condiciones a la significación de los mensajes y que pueden crear tensiones, aunque la información fluya normalmente. Desde esta perspectiva estructural, para mejorar la comunicación no alcanza con revisar la calidad y pertinencia de los códigos, las redes y las formas de expresión. También es necesario evaluar la posibilidad

213

que el sentido deseado tenga de ser compartido. Desde esta perspectiva importa la congruencia entre el sentido deseado y los esquemas mentales, las motivaciones y las diversas visiones de los participantes en la comunicación.

Bibliografía

Ackoff, Russell: *Recreación de las corporaciones*, Oxford University Press, México, 2000.

Argyris, Chris: *Sobre el aprendizaje organizacional*, Oxford University Press, México, 2001.

Bateson, Gregory: *Espíritu y Naturaleza*, Amorrortu Editores, Buenos Aires, 1980.

Etkin, Jorge: *Política, gobierno y gerencia de las organizaciones*, Prentice Hall, Buenos Aires, 2000.

Foucault, Michel: *El discurso del poder*, Folios, Buenos Aires, 1985.

Habermas, Jurgen: *Teoría de la acción comunicativa*, Taurus, Madrid, 1987.

Quintás, Alfonso: *Estrategia del lenguaje y manipulación del hombre*, Narcea, Madrid, 1988.

Le Mouel, Jacques: *Crítica de la eficacia. Ética, verdad y utopía*, Paidós, Buenos Aires, 1995.

Schvarstein, Leonardo: *Diseño de organizaciones*, Paidós, Buenos Aires, 1998.

Watzlawick, Paul: *El lenguaje del cambio*, Herder, Barcelona, 1992.

Wittgenstein, Ludwig: *Tractatus logico-philosophicus*, Alianza, Madrid, 1973.

CAPÍTULO 10

LENGUAJE Y SIGNIFICACIÓN

1. Capacidades y límites del lenguaje

Nos proponemos aquí analizar la función del lenguaje en los procesos de cambio que se promueven desde la Dirección de las organizaciones o dentro de los equipos de trabajo, a través de sus relaciones comunicativas. La finalidad es mostrar al lenguaje no sólo como medio para la expresión de ciertas ideas sino también como un movilizador de los comportamientos (la acción comunicativa). Por un lado, operan las reglas de producción de los mensajes verbales o escritos, que no pueden omitirse en la comunicación. Por el otro, los cambiantes efectos de sentido que tienen esos mismos mensajes en contextos diferentes (por caso, en un ambiente de pleno empleo o desocupación).

Los directivos enfrentan el dilema de utilizar un léxico en forma conocida (entendible), códigos que también se usan al expresar una idea renovadora. Los códigos de comunicación suponen cierta estabilidad o convenciones. Ello no implica una invariancia. Pero al mismo tiempo que la organización actualiza las formas de expresión, quienes desean promover los cambios en los comportamientos, en lo inmediato, deben recurrir a códigos disponibles. Los propios términos utilizados en la comunicación con el tiempo ayudan a la construcción de los modelos mentales, desde los cuales se interpretan los mensajes. El cambio de códigos implica entonces un intento de superar los modelos existentes, y los esquemas mentales se sostienen en formas de expresión conocidas, conectadas con imágenes y representaciones simbólicas. De modo que el lenguaje no puede manejarse como variable aislada, y las nuevas ideas requieren un período de transición (duda, dualidad) en las formas de expresión.

Analizando la realidad desde el plano de lo simbólico, y no sólo desde las actividades y mensajes, la existencia de una organización implica la presencia de un cierto contrato significante. El concepto de *contrato* refiere a un acuerdo o entendimiento que se concreta mediante códigos, normas y convenciones. El acuerdo versa sobre: *a)* cómo construir los mensajes, y *b)* el sentido y significado que debe darse a las comunicaciones así construidas, en el marco de la organización (no de lo personal). Como afirma L. Schvarstein (1998), "el contrato significante implica una convención implícita por la cual los miembros se comprometen a asignar ciertos significados y no otros, el compromiso por una actividad interpretativa convergente, sin la cual todo el orden social se desmoronaría".

Los procesos de cambio requieren que los integrantes entiendan la realidad (y los proyectos) de otra manera, sin que el lenguaje pueda modificarse en el corto plazo. Uno de los caminos necesarios (no el único) consiste en significar o asignar sentidos diferentes a los signos y códigos aceptados hasta el presente (otros se dejan de utilizar). Por ejemplo, el cambio requiere que los conceptos y términos que refieren o hablan del "orden", la "disciplina" o la "autoridad" dejen de ser prioritarios o venerables. No basta con las decisiones o nuevas políticas, como resolver el cambio en los sistemas de remuneración, o terminar con la discriminación en la selección de personal, o sancionar las prácticas desleales. También hay que modificar el valor de los términos y su significación aceptada. Por ejemplo, revisar el contrato significante en lo referido a la frase "obediencia debida", o "pagar comisiones para lograr negocios". No es sólo sentido literal o cuestión semántica, es también valoración, estructura y contexto de la comunicación.

Cuando se trata de procesos de cambio que cuestionan la cultura existente, es vital que los mensajes connoten la necesidad de ir más allá de las pautas existentes, y una de las pautas vigentes son las reglas del propio lenguaje. Si se mantienen las formas de expresión, también habrá una tendencia a conservar los modos de pensar. Es importante destacar que las propuestas de cambio implican también una novedad en las formas de comunicarlas. De otro modo, corren el peligro de ser relativizados. El presente trabajo refiere a las formas de expresión que intentan superar los bloqueos y las tendencias al "cierre" en las organizaciones, derivados de los procesos de conservación de su cultura.

Ello no significa recurrir a "otro lenguaje", sino la necesidad de ponerse en el borde de lo aceptado y ampliar los límites mediante nuevos dispositivos, como el uso de la metáfora. También recurrir a los términos asociados con la ruptura o la crisis en las relaciones, antes postergados en la comunicación. La mera praxis, el ejemplo del cambio a través de la acción, siendo necesaria, no es suficiente, porque el propósito en una organización saludable es lograr una significación compartida, no superficial o impuesta. El hecho del despido de un empleado por deshonesto no alcanza "para dar ejemplo" o para significar un cambio de política en la organización. Porque la praxis admite múltiples interpretaciones del hecho, y sólo algunas son compatibles con la intención de cambio desde la Dirección.

El tema del alcance del lenguaje va más allá de aquello que las palabras y signos quieren decir (su sentido literal). Buscamos avanzar en el plano de las imágenes que se instalan o promueven en la relación comunicativa. Además de las relaciones de poder entre las partes, de las finalidades e intereses que persiguen en la comunicación, también está el poder de la palabra, aquello que los signos connotan y que mueven a pensar o imaginar. A la inversa, la fuerza de las nuevas ideas enfrenta el peligro de perderse en un lenguaje que, desgastado por el uso cotidiano, se convierta en una forma "tranquilizante". Ello también afecta a los promotores del cambio porque su razonamiento está influido por los signos, la sintaxis y las reglas de producción del mensaje (vigentes).

Suponemos que, en un proceso de cambio, las propuestas se originan en imágenes renovadoras que buscan sus canales de expresión. Es decir, suponemos la preeminencia del suceso o el acontecimiento representado por la nueva idea (que incluye la emoción e intencionalidad) por encima de los límites del lenguaje. Los esquemas de comunicación y las formas de expresión que el promotor debe enfrentar en el momento del habla, la redacción y difusión de sus nuevas propuestas. Hay una gama de posibilidades, pero también de resistencias y limitaciones, en la forma de la comunicación, lo cual lleva a una relación dialéctica (o de oposiciones) entre el suceso y el lenguaje disponible.

A partir de la voluntad y las necesidades del emisor, en lo sucesivo vamos a estudiar sus alternativas y posibilidades de comunicar su decisión de cambio en la organización. Su mensaje, que expresa un proyecto, norma, política o directriz, se recibe en un contexto o relación instalada. Vale para un lugar y tiempo determinados, en el marco cultural y en la situación donde se produce la acción comunicativa. Pero, aun en dichos contextos, hay alternativas de expresión que orientan el sentido de la comunicación.

El lenguaje utilizado puede ser más cercano o lejano a la capacidad conmovedora o disruptiva que se busca en la comunicación. Suponemos que existe un abanico de alternativas para la conformación de la práctica discursiva, que el emisor deberá evaluar y aplicar. Y no sólo mediante la elección de los términos, sino también considerando la estructuración del mensaje y su asociación con otros recursos simbólicos de la comunicación, tales como la elección del momento, el lugar, los gestos y ceremonias, el clima, las imágenes y otros elementos que hacen al contexto de la comunicación (y, por lo tanto, a la posible significación en los receptores).

2. Diálogo y construcción social de la realidad

El lenguaje marca las prioridades y las diferencias deseadas, pero no es una capacidad libre, no es una construcción individual. Tiene sus reglas, sus códigos y condiciones predefinidas. Pero tampoco esas reglas son de orden matemático, su manejo permite promover (desde el emisor) o inferir (desde el receptor) ideas asociadas o analogías en función de las propias experiencias. Las ambigüedades y dobles sentidos permiten al emisor utilizar el lenguaje como parte de un dispositivo o estrategia de dominación o difusión de ideología no declarada. Son los "efectos de sentido", que pueden declararse o no. Hay un querer decir que es recibido como tal, como discurso formal. Pero también un entender que se concreta en el contexto del receptor. Por otra parte, en esta misma relación las formas pueden derivar en imágenes que no están en la voluntad del emisor.

El uso del lenguaje como un recurso encubierto para difundir prejuicios o ideologías no es una "deformación necesaria" sino una posibilidad. En este proceso, las relaciones de fuerza se convierten en relaciones simbólicas. El camino que proponemos no es ignorar este potencial de los códigos de comunicación, sino que señalamos la importancia de la persuasión y la transparencia en las relaciones humanas (si el objetivo es una organización solidaria y sustentable). T. Hobbes (1651), en su *Leviatán*, ya advertía que "los hombres con las palabras suelen expresar sus propias intenciones y sentimientos, o sea que aquellas palabras ya encierran un cierto juicio sobre la cosa". Por ejemplo, cuando los directivos hablan del credo de la empresa (evocación espiritual), de la misión (relaciones con la comunidad) o de la razón de ser (asociación con la historia). La idea es que esta posibilidad sea utilizada en favor del entendimiento mutuo, de la correcta interpretación de las ideas, y no para imponer intenciones no declaradas.

Estamos pensando en un cambio deseado por las partes en la misma organización, cambio que no se basa en la violencia o la imposición sino en la persuasión. En *Alicia en el País de las Maravillas* dice Lewis Carrol (1865): "No importa lo que las palabras quieren decir, sino quién tiene el poder". Pero esto sólo es posible en las comunicaciones cuando se quiere prescindir del consenso, o cuando no hace falta la comprensión. Nosotros vamos a suponer que trabajamos en organizaciones donde los actores quieren superar el discurso del poder, en lo que tiene de negativo. Nos preocupan entonces las condiciones que surgen del propio lenguaje, por la manera de estructurar las ideas o de disponer los hechos en una frase.

Entonces, si el propósito es transparentar y enriquecer la comunicación, tenemos que analizar cómo destramar el poder que ya está en la estructura del lenguaje utilizado por las partes. Como dice U. Eco (1976): "El poder no es sólo represión e interdicción, sino también la incitación al discurso y la producción de saber". Para nuestros fines, una de las tareas consiste en mostrar el juego estratégico que está presente en la construcción de los mensajes y así lograr que las partes sepan el movimiento en el cual están involucrados cuando se comunican. Esta posibilidad de cambio en las comunicaciones ha sido estudiada con cierto escepticismo por los semiólogos. En sus *Lecciones*, R. Barthes (1990) afirma que no hay nada exterior al lenguaje, y que "jamás se sale de él". Sin embargo, la realidad del cambio en las organizaciones no avala este dramatismo, aunque sí confirma las dificultades derivadas de la reflexividad en las relaciones, de su tendencia a reiterarse, del peso exagerado de los bloqueos y esquemas mentales.

Ya hemos visto que el lenguaje tiene elementos limitantes, que opera como una función modelizadora o esquemática, que ordena el modo de expresión. En la relación comunicativa, el mensaje puede constituirse "en el objeto en que se inscribe el poder". Pero también es una construcción o producto social que emerge de la relación entre los actores, por ejemplo, a través del habla y la conversación cotidiana en la organización. Es posible salir del esquema porque en el habla cotidiana hay movimiento, adecuación, cercanía a los hechos, se produce la discusión y se logran nuevos consensos. En ese proceso constructivo, las influencias están distribuidas, no son la simple relación de un dominador en la cúspide y muchos dominados en la base. El orden de lo simbólico (que incluye lo lingüístico) tiene su lógica, la cual supone alguna aceptación y comprensión de los códigos. En este orden, la realidad no se maneja con la fuerza sino que necesita de conceptos compartidos por los participantes. Ello, al menos en el marco de una organización voluntaria, creativa y con capacidad de aprendizaje.

Las partes en la comunicación construyen un sentido en las cosas y en las situaciones, en la medida que "son" o existen en un mundo de cosas habladas. La estructura lingüística permite transformar las "cosas en sí" (o referentes) en "cosas para nosotros". Es decir, permite darles un sentido y mantener una relación comunicativa basada en significados compartidos. En esta relación, los actores no sólo aplican una comunidad comunicativa, sino que también la constituyen. Desde la visión del cambio, la cuestión es cómo dinamizar una relación que tiende a ser estructurada (por lo que el lenguaje tiene de convención o pauta cultural). El cambio no pasa tanto por el sentido literal, como por las connotaciones o los efectos de sentido que se logran con la comunicación.

La estrategia consiste en tomar el propio lenguaje en uso como tema, discutirlo a través de las prácticas discursivas, enfrentar las frases hechas que usan las palabras como una verdad revelada, como una sentencia o cosa juzgada. Esta actividad crítica, como ha escrito U. Eco (1976), "No destruye los signos, los hace jugar y juega con ellos (...) no se enfrenta con los enunciados ya hechos, sino con el juego del sujeto que enuncia". Para cambiar una concepción vigente de la realidad (por ejemplo, la idea de la fuerza de los mercados) también es necesario trabajar sobre el mundo constituido por la palabra. Los participantes deben tomar distancia de su experiencia empírica inmediata (defenderse o agredir al adversario) y aplicar su imaginación creativa. Si bien los integrantes forman parte de una comunidad lingüística, ellos disponen de distintos modos de expresión y no sólo de la versión oficial de los hechos. En este proceso de cambio vemos a los participantes como miembros de una comunidad lingüística en la cual hay distintos modos de expresión. Para lograr una visión crítica del orden burocrático vigente, los actores necesitan ir más allá de la referencia o el sentido literal y comenzar a preocuparse por la forma en que se significan los mensajes en la organización.

3. Buscando la significación compartida

El significado no "está" contenido en las palabras, en los signos o códigos sociales. La significación tiene que ver con las pautas culturales compartidas en la organización. Pero también con las imágenes de los actores, con su propia experiencia sobre las cosas que los rodean. En el modo de darse de esas cosas hay un sentido perceptivo, y esto es personal. En el modo de expresarse hay un sentido derivado del lenguaje, y esto es del orden de lo cultural (en el medio y la organización). Sobre la comprensión personal actúan los procesos de socialización y los controles de la organización, que llevan a exaltar ciertas realidades y a silenciar otras. De manera que lo que llamamos *el lenguaje* del cambio también opera en un contexto de poder. Este contexto debe ser objeto de una mirada crítica y los actores deben tomar conciencia de cómo el entorno está presente en sus apreciaciones.

Una de las formas destructivas de la comunicación en los grupos ocurre cuando los participantes quedan atrapados por las mismas palabras que usan para identificar o nominar el objeto o situación a la cual se refieren. En esos casos, le asignan o ponen un nombre al rasgo que ven en la realidad. Por ello, O. Ducrot (1986) ha escrito que "denominar un objeto es alejarse de aquello que tiene de único o individual y lo hace representante de una esencia o de una categoría". Luego, en sus conversaciones, los participantes dicen que cierta realidad se produce por efecto de esa palabra, la utilizan como si fuera causa de algo. En este sentido, los actores arman una realidad con el lenguaje y piensan a través de este. Aquí queremos señalar que esa capacidad mágica o fuerza sugestiva también puede aplicarse para desarmar una comunicación autoritaria.

Otra cuestión, en el plano de lo simbólico y de las representaciones, es comprender que las palabras utilizadas para hablar de relaciones (como "obediencia debida" o " liderazgo") no son objetos. Esos términos hacen referencia a una articulación, y su sentido no debería apartarse del contexto y el vínculo al cual se refieren. Las palabras que hablan de una relación (por ejemplo, la lealtad o la motivación) no deben tomarse como algo autónomo y externo, como un virus o un rayo que cae sobre los miembros de la organización.

Para ver este problema de la autoobjetivación del sentido que se vuelca en la palabra, se requiere una visión más amplia de los contenidos de un mensaje. Una visión que nos advierta sobre los peligros de la cosificación en los signos, por ejemplo, cuando desde la Dirección se habla de una cultura que es débil, agresiva o conservadora. En la realidad no hay algo como "una" debilidad o agresividad tomadas como elemento distintivo. Es una apreciación sobre los efectos de cierta relación (sostenida) entre sus componentes. Por lo tanto, no es cierto (aunque sea un modo de hablar) que una empresa haya desaparecido "por causa" de su cultura débil.

La estrategia del poder y la ideología en las comunicaciones también consiste en utilizar las palabras fuera de su sentido original o convencional, insistiendo en ello mediante el aparato de difusión de la organización. Por ejemplo, ocultar la injusticia, la represión o la discriminación hablando de la necesidad de "modernización", de "la reforma administrativa" o "la racionalización de procesos". La intención es quitar el contenido de valor o la connotación ética de las palabras, hacerlas deseables en sí mismas, como instrumento al servicio de quien se las apropia porque tiene medios para pronunciarlas, publicarlas o difundirlas. Tal como hemos escrito en otro trabajo (Etkin, 2003): "En una organización autoritaria o burocrática, cuando el receptor sabe que los signos instituidos son sólo retórica, se aleja de esos códigos y para entender la realidad piensa en el valor de uso de esos términos, en su implicancias prácticas y no declarativas".

Para operar el cambio de imagen o representación de la realidad, es necesario superar el lenguaje en lo que tiene de sistema cerrado. O sea, el problema que plantea pensar utilizando siempre las frases del mismo sistema. Porque las partes piensan o expresan sus imágenes utilizando la estructura del lenguaje. De tal manera, la crítica o reflexión sobre las imágenes de la organización también implica reconocer los límites del signo lingüístico. En el proceso de cambio, se trata de promover una representación que no surge del lenguaje y la comunicación cotidiana o recurrente. Se trata de utilizar la capacidad metafórica de los términos, su posibilidad de llevar al receptor hacia otras visiones de la realidad. Hacia representaciones que no "están" en el mensaje y que se disparan en el interlocutor. Es decir, superar lo que el receptor tiene "guardado" (corporizado) como sentido de cada palabra y pensar en su reconstrucción.

Cuando hablamos del lenguaje del cambio nos preocupamos por la significación en el receptor. Nos referimos a la posibilidad de inducir en la experiencia de los participantes cierto sentido perceptivo o "modo de darse" lo percibido. Se trata de un sentido que se dispara y se cristaliza en palabras. Para ello, cualquier signo no es indiferente, porque no se los trata como instrumentos sino como disparadores. El proceso de cambio en las comunicaciones consiste en sensibilizar y no sólo en convencer. Utiliza en la comunicación un lenguaje evocativo, en el cual no importa tanto el sentido "propio" de los términos como el figurado. Se recurre a la modalidad analógica en la elección de los signos, usando la palabra-imagen, la connotación, la metáfora. Y todo ello para enfrentar los dogmas, prejuicios y estereotipos vigentes.

Estamos buscando una comunicación orientada al cambio de las concepciones en el receptor, en su comprensión de la realidad. En este proceso importa lo connotado por el mensaje, por ejemplo, cuando se habla de la privatización de los servicios públicos o de la libertad de afiliación en un régimen de sindicatos únicos. *A priori,* no hay un tema en particular que lleve a pensar en el cambio, ni siquiera la palabra "cambio". Lo que importa es cómo lo significan los receptores, que no son receptores pasivos. M. Merleau-Ponty (1964), al hacer una descripción de la fenomenología de la percepción, dice que "es ese acto que crea de una vez, una constelación de datos, y el sentido que los enlaza. La percepción no sólo descubre el sentido que tienen los datos, sino que además, hace que tengan un sentido". Este comentario refiere entonces al proceso de la construcción de significados, antes que a la recepción del mensaje en forma pasiva o acrítica. Pero en el plano de la organización no es una construcción personal sino social.

El receptor puede pensar en forma opuesta al texto recibido, en particular si se trata de una afirmación no confiable. Por caso, la situación del sometido, recluso, paciente o internado, cuando se le habla de la necesidad de expresarse "libremente". No nos referimos a un prejuicio individual, sino a la influencia del ámbito y las circunstancias en que se realiza la comunicación, lo que lleva a los destinatarios a pensar en un sentido no declarado por el mensaje. Lo importante para quien escucha es saber "cómo tomar lo que se dice" (actitud similar a la de quien lee un periódico). En el extremo de esta desconfianza en el lenguaje, la mentira se hace algo convencional y los individuos asumen que las palabras o el discurso sólo funcionan como máscaras o estrategias disuasivas. Contra esta realidad vigente en las organizaciones burocráticas y autoritarias deben luchar los procesos de democratización.

Promover el cambio tiene que ver entonces con la experiencia perceptiva y no sólo con el sentido lingüístico o la denotación de las palabras. Pero, además, estamos destacando que ciertas formas de expresión y ciertos significantes son más apropiados en la búsqueda de modificar la concepción actual de las situaciones. El sentido de una expresión no debe ser confundido con los signos utilizados. Importa la imagen asociada, el contexto de la comunicación y la experiencia del receptor. El usar términos nuevos (o ampliar el diccionario) no asegura el cambio deseado, aunque también es cierto que la representación que se dispara con el mensaje tiene relación con la forma lingüística utilizada. Queremos transformar imágenes, pero no podemos ser triviales y pensar que las palabras afectan ideas que están archivadas en la memoria. En la comunicación hay construcción, y no un ejercicio programable de archivo o recuperación de datos almacenados.

4. El lenguaje del cambio: lo denotado y lo simbólico

Utilizamos el concepto de *lenguaje del cambio* para referirnos a la dimensión imaginaria que se asocia al discurso verbal. Hablamos de la capacidad de la expresión lingüística para producir en los actores la ilusión de una nueva realidad. En la organización este lenguaje tiene que ver con el diseño y la instrumentación de una propuesta simbólica. A diferencia del discurso de la ideología, el diseño de nuevas imágenes no oculta su intención persuasiva, ni tiene doble razonamiento. Se trata, además, de un discurso que se propone provocar una ruptura, y no el logro de una adhesión o conformidad con el poder instituido.

El cambio que nos preocupa tiene en cuenta la proyección creativa y el carácter movilizador del lenguaje. No estamos hablando de un cambio aparente o conservador, como el buscado con el discurso basado en la ideología no declarada, la propaganda oficial, la historia que relatan los vencedores, los voceros del poder o de quienes monopolizan los procesos de comunicación en las organizaciones. Por el contrario, el término y las ideas asociadas con la "democratización" o la "participación" en las decisiones de política, así como el concepto de "responsabilidad social" de la empresa, refieren al propósito de conducir la organización hacia un cambio sustantivo.

No estamos pensando en los sentimientos o las motivaciones de carácter individual, sino en los paradigmas o modos de pensar la realidad que pueden ser compartidos por los participantes. Al hablar sobre el lenguaje del cambio no avanzamos sobre la experiencia privada o los elementos sensibles (privacidad) en el receptor. Lo personal no puede ser informado ni discutido como si fuera un dato, a través de la expresión lingüística. Decimos que los motivos son privados en el sentido de que no son comunicables. Lo que puede discutirse en la comunicación como correcto o incorrecto son los códigos que se usan y sus referentes, o sea, acordar a qué refieren estos códigos (como la condición de empleado o cliente). Ello, por lo general, sólo lleva al cambio en las formas externas y no en las estructuras. En un proceso de cambio sustantivo o cultural, estamos insistiendo en la necesidad de avanzar sobre la metáfora subyacente en la comunicación, sobre el marco que se utiliza como contexto de la interpretación. Por caso, sobre la indeseable idea del propietario infalible, que no se equivoca nunca, idea que pertenece al orden de lo mítico.

Entre los distintos modos de expresión, y ante la necesidad de lograr una apertura en el saber cristalizado, una estrategia para el reformador consiste en orientar las comunicaciones hacia las formas del lenguaje figurado. Porque la concepción del mundo que tienen los participantes (por ejemplo, el tomar la injusticia y el padecimiento como algo natural) no siempre puede discutirse o replantearse desde lo analítico, lo razonable o lo que tiene de lógico. Para el reformador, el propósito de su intervención no consiste en discutir la verdad o falsedad de las concepciones, sino la presencia de prejuicios, premisas y creencias no fundadas. Mostrar lo que la llamada "industria de la conciencia" (presente en toda empresa competitiva) produce en los participantes.

En la construcción de la propuesta, el dispositivo lingüístico debe incorporar alguna forma de metáfora o analogía que le otorgue fuerza al mensaje. En la comunicación del cambio, es importante la presencia de un disparador de imágenes de lo deseado o esperado, no sólo utilizar lo denotado por los signos o expresiones. Por ejemplo, en un contexto autoritario, un dispositivo común suele consistir en comunicar que "el silencio es salud". Ello implica la metáfora de la obediencia como algo natural o no discutible. Por el contrario, en un proyecto de cambio democrático puede utilizarse el concepto de la "libertad de conciencia" y afirmarse que "todos son responsables de aquello que aceptan sin reservas". Con ello se está diciendo que existe la posibilidad de cuestionar la necesidad de ciertos procedimientos impuestos por la Dirección.

Como el mensaje que busca o comunica los cambios incluye juicios de valor sobre lo bueno y lo deseable, la comunicación debe incluir razones que fundamenten "las pretensiones de validez" de las afirmaciones. En este sentido, J. Habermas (1989), en su teoría de la acción comunicativa, ha sostenido que en esos mensajes "el hablante no sólo se refiere a algo en el mundo objetivo, sino también a procesos en el mundo de lo social o de lo subjetivo, propio de los receptores (...) y por tanto, para ser aceptados, tienen que ser susceptibles de fundamentación y de crítica". Por ejemplo, cuando se comunica la decisión de "remunerar en función de los rendimientos porque es mejor para todos". Del lado del receptor, surge la inquietud sobre la seguridad en el empleo para aquellos que no alcanzan las metas de producción. El receptor debe estar en condiciones de razonar sobre los fundamentos o la legitimidad de las afirmaciones. El lenguaje del cambio no sólo requiere una propuesta y pretensiones de validez, sino también una capacidad de consenso. Este es el campo de la llamada *ética discursiva*, o comunicativa.

En el proceso de cambio, la forma lingüística no sólo importa como código, sino también por su sentido liberador, por la capacidad expresiva de las frases, sus alusiones e insinuaciones. Se busca modificar la imagen de la situación tanto como hacer una afirmación concreta sobre la realidad. Como parte del cambio, algunos mensajes deben darle al receptor la posibilidad de repensar la situación de la cual forma parte y permitirle notar las fuerzas opuestas que están operando. Es posible utilizar expresiones que parecen ambiguas, pero vienen a mostrar las paradojas que están en juego. Por caso, al decir "se obedece pero no se cumple", "la verdad de la mentira", "lo relativo de los principios", "falso pero funciona". Frases que históricamente se han negado. La paradoja significa que no hay una respuesta única o estable, que importa el contexto y la responsabilidad del receptor en la lectura criteriosa de las afirmaciones.

El lenguaje del cambio trata de marcar la incongruencia entre la realidad destructiva y la misión asignada a la organización. Una expresión que descorre el velo y opera como una crítica. Esto es útil para los colaboradores o cómplices involuntarios de un razonamiento destructivo (como la idea de vencer o morir, la dictadura del *rating* o la estrategia de conquistar y someter los mercados). Aquí afirmamos que es posible una creatividad basada en la estrategia y contenidos del mensaje de cambio. Ello implica, para el hablante, un ataque declarado hacia "las formas de hablar" vigentes, expresiones que disimulan una realidad injusta o una relación de poder no declarada.

Un elemento valioso para darle transparencia a la estrategia comunicativa es utilizar el discurso para exhibir las contradicciones que presenta la realidad y los propios términos o instituciones que sostienen al sistema. Por caso, mostrar a una escuela como lugar de reclusión, denunciar la deformación del arte cuando opera como negocio, la trama perversa de un centro de rehabilitación convertido en escuela del delito, el asilo que funciona como depósito de ancianos, el lavado de cerebros que se opera a través de la propaganda. No seguir discutiendo la lentitud en los fallos de los jueces como si fuera un tema técnico, sino como una pérdida de la razón de ser de la Justicia.

Al referirse al lenguaje del cambio, P. Watzlawick (1992) dice que "conocer el problema es también la solución". Se trata de transparentar y evitar el hecho de continuar con errores de diagnóstico. Porque problema y solución no son dos cosas separadas, y el verdadero desafío es modificar el planteo vigente; por caso, la visión de un conflicto laboral. Quizás la víctima deba ser llevada a verse como co-organizadora de la situación que padece. El mensaje permite discutir sobre la aparente objetividad de la realidad impuesta, como cuestionar la naturalidad del orden competitivo, mostrar los grupos de interés y los factores de poder detrás de esa realidad "natural". No es racionalizar o justificar lo mismo con nuevos argumentos. En un sindicato, el cambio consiste en mostrar a sus directivos que el discurso proteccionista cuyo contenido se opone en forma absoluta a toda innovación tecnológica también puede llevar a mayores atrasos y desigualdades.

Otra forma de expresión para el cambio es la "prescripción del síntoma". Una técnica que muestra al receptor lo absurdo de su colaboración o complicidad con el orden que lo está deteriorando. Esta práctica lingüística es opuesta a la actitud sencilla de la "prescripción saludable", que utiliza medicamentos para combatir la enfermedad. La prescripción o reforzamiento verbal del síntoma muestra a los actores el modo en que ellos mismos están contribuyendo a su destrucción. Por caso, cómo las actitudes agresivas individuales son parte de una escalada creciente o de un conflicto recurrente que lleva a la desaparición de la organización y la pérdida de la fuente de trabajo para todos. Es también mostrar a los directivos que las nuevas formas de evadir impuestos no son un avance en la tecnología de la registración, sino un camino que conduce a la ilegalidad y a la pérdida de credibilidad en la empresa.

Las formas de comunicar decisiones de cambio sustantivo en la organización también deben ser innovadoras, tanto en la expresión como en los contenidos de la decisión. No es más de lo mismo sino "comunicar de nuevo". Es necesario superar el sentido convencional que la práctica cotidiana otorga a los términos utilizados en las relaciones recurrentes. Esta depreciación del valor de los términos y conceptos incluye la idea misma del cambio en los mensajes, que debe ser revalorizada. Es importante mencionar la nueva metáfora, imagen o paradigma de la organización que acompaña la decisión de cambio; por caso, la idea de la democratización o el desarrollo del capital humano. Se requiere, además, fundamentar los juicios de valor utilizados en el discurso con las razones que legitiman los propósitos del mensaje, y explicitar el tipo de consenso o acuerdo logrado con los diferentes integrantes y actores sociales, que sirve como sustento y otorga credibilidad al mensaje directivo sobre las nuevas medidas para la transformación de la organización.

5. Formas de expresión e imagen motivadora

La realidad de las empresas nos muestra una diversidad de recursos materiales y prácticas cotidianas que operan en el plano de lo objetivo y manifiesto. Sobre la acción concreta también influyen factores subjetivos, como el compromiso y las capacidades humanas que sustentan la calidad del esfuerzo cotidiano. La coordinación se logra a través de comunicaciones en las cuales intervienen elementos del orden simbólico. Normas e interpretaciones, factores objetivos y subjetivos, hechos y representaciones, se conjugan para hacer una organización compleja.

Estos factores tratan de orientarse y articularse a través de los esquemas de planeamiento y control que intentan dar racionalidad a los comportamientos y sus resultados. Pero no todo lo que ocurre es como lo pensado, ni todas las acciones están en línea con los propósitos de la organización. Los problemas de estructura y los factores emocionales hacen que una dosis de irracionalidad sea parte de la realidad compleja. Las diferencias y tensiones entre las normas y lo que el personal significa e imagina implican desorden, pero no peligro. Además, esas tensiones operan como un factor dinamizador de la organización.

La intención de los directivos de promover acciones eficaces a partir de imágenes "motivadoras" es contraproducente cuando se trata como un dispositivo mecánico. Porque la actitud y significación de los individuos se alimenta de múltiples fuentes y no depende solamente de las formas del discurso directivo. La significación compartida es una de las condiciones de la organización, pero admite zonas de ambigüedad y disonancia. En el presente trabajo nos proponemos analizar cómo operan los aspectos emocionales y simbólicos que hacen al imaginario social de la organización. En particular, lo referido al discurso indentificatorio y la ideología de la empresa.

A los efectos del análisis, decimos que la realidad organizacional sc construye en distintos dominios: *a)* el conocimiento, las decisiones y las acciones racionales, que se vinculan con el uso eficiente de los recursos y su aplicación de manera intencional para el logro de proyectos y objetivos deseables; *b)* las emociones, ilusiones y sentimientos, vinculados con las necesidades de los individuos y derivados de sus relaciones en los grupos sociales, y *c)* lo simbólico, que refiere al plano del discurso (los signos), las representaciones e imágenes que se desarrollan en la organización y se manifiestan en su cultura y en las subculturas internas. En el momento de la reflexión y de la acción, estos factores pesan de diverso modo, según la situación y la naturaleza de la organización.

Sabemos que la continuidad y estabilidad de una empresa supone (como mínimo) un enfoque racional de los problemas. Pero esta forma de pensar y actuar no es absoluta, muestra limitaciones, es discontinua y sus alcances varían. En los hechos, las empresas presentan una combinación de razón y sinrazón. Para los diseñadores, el ideal es la relación complementaria entre los programas y los factores emocionales, por ejemplo, cuando hablan del compromiso, la adhesión o la visión compartida. Pero la práctica indica que existen diferencias y relaciones que no son compatibles. Hay en la propia organización una confluencia de fuerzas que dificultan la cohesión. La tecnología y las demandas de productividad plantean condiciones que presionan sobre la estabilidad emocional de los individuos. Ellos, a su vez, tienen su apreciación de la realidad y sus fines personales, que no siempre son compatibles con los de la organización. Al mismo tiempo, la empresa debe enfrentar exigencias del contexto que le impiden satisfacer las motivaciones de sus integrantes.

Los directivos deben actuar en el marco de estas relaciones complejas, en las cuales hay variables que se pueden controlar y otras que, siendo importantes, no se dominan. Uno de los caminos para estabilizar y orientar la organización es el diseño o construcción de un marco ideológico que sirva como referencia y guía a los individuos en sus procesos decisorios. En particular para los momentos en que deben tomar posición frente a situaciones donde no existen normas o programas establecidos que señalen el camino (ante las crisis, lo inesperado, lo desafiante). El imaginario o la ideología no depende solamente de una decisión política de quienes conducen, o sea, no se maneja por decreto. En los hechos, la vida de relación en los grupos de trabajo se cristaliza en una cultura organizacional que incluye creencias y valores reconocidos, pero no monolíticos. Es decir que también pueden darse en el marco de un debate o un proceso de transición.

El marco simbólico es propio de la organización social y suele referir a las imágenes e ideas sobre el futuro, acerca de lo bueno y lo deseable para todos. Por ejemplo, las ideas asociadas con llegar a ser los mejores, construir una empresa-familia, crecer junto a la empresa, trabajar siempre con tecnologías de avanzada, participar en la lucha competitiva para salir victoriosos, ser un modelo a imitar, proteger la ecología o ser solidarios con el medio. Es un componente normal (surge de la interacción social), pero también puede verse como un recurso estratégico que potencia a la empresa, la cohesiona y ayuda a su crecimiento. Aunque no siempre coincide el diseño de la ideología empresaria con la imagen que sus integrantes construyen (y necesitan) en la realidad.

En el marco de la relación individuo-organización, hay un doble proceso en el plano de lo imaginario. Por un lado, los integrantes construyen sus imágenes del ambiente de trabajo en función de su propia estructura psíquica y modelos mentales. Por otro, la Dirección (como grupo de interés e influencia) tiene una estrategia comunicativa basada en signos e imágenes que configuran el discurso identificatorio de la organización. A continuación haremos algunas consideraciones sobre este doble proceso, sus congruencias y oposiciones, en particular cuando se trata de una empresa competitiva. Al imaginario social que emerge de los integrantes, por un lado, le corresponde, por otro, un discurso identificatorio promovido desde la Dirección, un modelo de identidad establecido para ser adoptado. Estos procesos se pueden articular de distinto modo, según el clima sea colaborativo (la construcción compartida) o de lucha para ganar posiciones, incluyendo los símbolos de la organización.

En las empresas competitivas se habla mucho de la visión compartida, pero no se profundiza en la misma medida sobre la cuestión de cuánto hay de obligación y cuánto de libre opción en la formación de esas imágenes colectivas. De todas maneras, esa representación existe y es un elemento constitutivo de la organización, satisface importantes necesidades. Como afirma C. Castoriadis (1985), "el mundo imaginario es capaz de dar respuesta a cuestiones que ni la realidad, ni la racionalidad podrían responder". Porque los integrantes (algunos, muchos) pueden hallar en la organización algo compatible con su modo de funcionamiento personal, con sus ilusiones y fantasías. Es el modelo competitivo congruente o sostenible.

Queremos llamar la atención sobre tres cuestiones: *a)* los efectos de darle un carácter estratégico al discurso de identidad, tratar de controlarlo o ponerlo al servicio de la racionalidad dominante, conllevan el peligro de instalar el contrasentido de una identidad impuesta, generadora de tensiones; *b)* la adhesión de los empleados a imágenes compartidas muestra una organización voluntaria, pero no habla de la misión o la responsabilidad social de las empresas, por ejemplo de aquellas que provocan contaminación ambiental, y *c)* con el tiempo la imagen instituida en la empresa desde la cúpula adquiere autonomía para sostenerse, plantea exigencias impersonales y se independiza de los cambios en las necesidades de los integrantes. Por este camino, el sistema tiende a aislarse y requiere dosis crecientes de poder para sostenerse.

6. El discurso identificatorio

La organización se articula a través de sus prácticas, sus relaciones instituidas (autoridad, comunicaciones, controles), y también por el uso de los signos compartidos, el lenguaje, los códigos y las convenciones sociales (los componentes del orden simbólico). La realidad interna y externa tiene aspectos no controlables, no puede definirse por anticipado. Ante lo imprevisto es necesario que los integrantes actúen en un sentido constructivo para la organización. La cohesión,

236

además de prácticas y códigos, requiere ideas comunes sobre lo deseable o lo mejor para el sistema. No sólo conocer los propósitos, sino también disponer de ideas sobre cuáles son los valores que sustenta la empresa. Definiendo una estructura mental, un modo de pensar compartido, los directivos buscan darle un sentido a la vida en la organización, así como canalizar las energías hacia los fines de la empresa.

La organización (como sistema dirigido) desarrolla y expresa sus propias definiciones sobre lo que se considera deseable. A través de los discursos de identidad, los directivos hacen hablar a la organización como una entidad o sujeto diferente a los individuos que la corporizan. En su estudio sobre la comunicación en la organización, L. Schvarstein (1998) dice: "Vamos a recurrir a la metáfora de la organización como enunciadora de un discurso que la identifica". Esta metáfora es pertinente cuando se trata de analizar a la empresa como un orden simbólico, donde la Dirección, a través de los signos y el lenguaje, intenta que los empleados tengan una representación compartida sobre la realidad, que signifiquen lo mismo. Desde este discurso, y junto a los mitos, los ritos y leyendas, se construyen y se proyectan las imágenes deseadas sobre la organización.

Hay otros elementos de la relación laboral que pertenecen más específicamente al dominio de lo simbólico y valen por lo que representan o significan. La empresa comunica a través de las diferencias en la arquitectura, la disposición de espacios, el mobiliario, las ceremonias, los emblemas, los ritos, los signos de *status* y símbolos de poder. A través de los signos y el contexto de la comunicación, se connotan valores como seguridad, importancia, urgencia, secreto, autoridad, respeto. En el plano de las palabras, algunos términos adquieren un valor en sí mismos y representan lo que no se discute en la empresa competitiva: excelencia, adaptación, eficiencia, perfección. Es como si esas palabras formaran parte de un orden natural, propio de las cosas, y no simples metáforas o estrategias discursivas (como en realidad lo son).

Con estos elementos de la acción comunicativa, la empresa se representa y habla de sí misma frente a sus integrantes. Pero no todos estos elementos tienen un tono formal, explícito o prescriptivo. No todos comunican "lo que hay que hacer", sino que promueven "lo que hay que entender". Son los mensajes y las imágenes que dan a los integrantes elementos de juicio para que puedan comprender cuál es la verdad de cada organización (y no la que venden o informan los diarios o la publicidad). Pasamos entonces al nivel de los principios, el credo, las verdades, la filosofía o el dogma de la organización. En lo que significan como valores, en estas comunicaciones se expresa el carácter o *"ethos"* de la organización (Bateson, 1972). Es aquello que el sistema dice preferir (su misión) y también lo que no quiere ser (sus reservas morales). El *ethos* tiene un tono ideológico, su función es cohesiva pero "a la manera" de la organización, es decir que puede ser permisivo o represivo según los intereses de la Dirección (una escuela de arte o una empresa de vigilancia policial).

La significación compartida permite a los miembros imaginar que están en un espacio diferenciado (la empresa) y también pensar la organización como un "nosotros". No sólo que están, sino que además comparten (la idea de pertenencia). Tal como señala I. Allaire (1992), los directivos buscan "una categoría de actores que se definen como solidarios de un nosotros, donde ellos se reconocen, categoría a la cual pertenecen y se identifican por contraste con la idea del Ellos". La identidad en la organización es entonces una relación subjetiva percibida entre diferencias, porque no hay identidad sin alteridad, no hay nosotros sin ellos.

El discurso identificatorio también se construye mediante elementos que marcan las diferencias de la empresa respecto de los competidores. El discurso desestima al adversario, afirma que "nosotros" somos los mejores, los primeros, los importantes. Pero los demás son necesarios para mantener la ficción de la lucha en los mercados. La figura de los "otros", no como pares sino con la categoría de adversarios, no puede ser negada porque con ellos se sostiene la idea de las fuerzas en pugna. Las víctimas de la competencia le dan un sentido al afán de conquista del nosotros, hay algo que vencer.

Con la definición del discurso identificatorio también se incorpora un nuevo elemento al proceso de la autorreferencialidad. Porque cuando la organización analiza su realidad (como la calidad de sus productos o la motivación del personal), lo hace desde sus propios parámetros. En los hechos aparenta evaluar o controlar, pero sus juicios terminan reforzando el discurso de identidad. A su vez, los empleados son componentes de una realidad que ellos deben modificar (mejorar), pero que también los tiene por constructores. Sin capacidad crítica y sin reflexión, las organizaciones terminan viendo y aceptando sólo lo que es congruente con sus imágenes previas. Decir que algo existe solamente en la imaginación de los integrantes no es una ficción, es una dura realidad. En el otro extremo, la falta de imaginación es una condena a la rutina.

7. Poder, ideología y estrategia discursiva

El discurso ideológico en una organización refiere a las comunicaciones que contienen afirmaciones sobre las formas de pensar y las conductas consideradas deseables, mejores, aceptables. Son una toma de posición respecto de temas de orden social, cultural o político, para justificar decisiones e influir en los comportamientos. Argumentos que no se sostienen en lo científico, sino en creencias y convicciones que se hacen públicas, con intención de darles un valor genérico. El discurso ideológico opera como un sistema de ideas (juicios de valor) válido para tomar decisiones de política. Por caso, la idea de que los incentivos y el control mejoran las conductas, o que cada uno defiende lo suyo.

Es un sistema de ideas que intentan dar razonabilidad o sustento a decisiones directivas, en el sentido de que son más que una opinión individual o una idea aislada. Tienen la forma de una posición que es acompañada, aceptada o reconocida en ciertos grupos. Las ideologías se pueden evaluar en pares duales, imaginando el opuesto. Por ejemplo, el individualismo frente a la cooperación, la fuerza del poder frente a la necesidad del consenso, el destino frente a la capacidad de construir el futuro, la resignación frente a la esperanza, la autoridad infalible frente al cuestionamiento de toda jerarquía, el valor del espíritu frente a la consagración de lo económico (materialismo), el ataque a las minorías frente al respeto de la diversidad, la lealtad y sacrificio hacia la empresa frente a la posición de buscar satisfacciones en todo.

La ideología no es una definición aislada para enfrentar una situación, sino que supone un conjunto de afirmaciones relacionadas. Por ejemplo, la idea de la lucha competitiva, la supervivencia del más apto, el gobierno de los que saben, el valor del orden y la disciplina, la calidad total como forma de vida, la fuerza del espíritu de cuerpo, los resultados como expresión de excelencia (utilitarismo), hablar de "la mano de obra", del Estado como un sistema siempre ineficiente (o indispensable), creer en los mecanismos de mercado o en el destino común de los trabajadores.

Los ejemplos aquí mencionados son diversos, y puede hacerse una distinción entre ideologías referidas al mundo de lo político, lo sociocultural y lo económico. Como componente cultural, son ideas y creencias (algunas razonables, otras míticas) que están presentes (con sus versiones) en el modo de pensar colectivo y en las relaciones humanas. Importan a la hora de elegir o justificar ciertas decisiones de conjunto, en forma voluntaria o como expresión del poder. Detrás de las ideas-fuerza o ideologías, hay valores que se dan por sentado, buenos en sí mismos, según su promotor. En el marco de un proyecto político, estos sistemas de ideas representan o son funcionales a ciertos grupos de interés.

El tema es vital cuando se plantea el cambio de la organización en cuanto a sus prioridades. Por caso, de la lucha competitiva a los modelos de solidaridad, del pragmatismo a la vigencia de principios sociales, de la centralización a la participación en el gobierno, de la discriminación a la inclusión, de la desigualdad a la equidad distributiva. En estos procesos de cambio sustantivo, los sistemas de ideas también deben ser debatidos y replanteados, en la búsqueda de nuevos acuerdos. Y ello no es todo, porque además hay que considerar los problemas de la capacidad disponible, la gobernabilidad y la factibilidad del proyecto en términos del contexto.

Como estrategia discursiva, la ideología no es el mero uso del lenguaje existente en el contexto sociocultural. Es también una construcción o producción de valores y sentidos para la propia organización. La ideología no sólo utiliza lo verbal. Para su difusión se puede emplear una diversidad de material significante, de acuerdo con la naturaleza del mensaje. Las acciones y gestos de los emisores de ideología significan por su efecto demostrativo. Por ejemplo, a través de la imagen cotidiana que brindan dichos emisores para resaltar la importancia de la lealtad y el sacrificio al sistema.

Mostrar el sistema de ideas a través del ejemplo, la enseñanza o la acción, tiene sentido cuando el actor quiere hacer transparente su forma de pensar o sus deseos. Es posible predicar con la acción en lo que más arriba hemos definido como una versión positiva de la ideología, es decir, cuando en el mensaje no hay doblez o dualidad. Es el caso de aquellos que sostienen la supremacía de la lucha competitiva y a la vez están en combate en su quehacer cotidiano, o de quienes creen en el cambio y lo predican, mientras muestran con sus actos una actitud creativa e innovadora.

Al contrario, la ideología como doble sentido, como versión negativa o contracultura, no puede basarse en "la mostración", no puede ofrecer pruebas sino nuevos argumentos. Importa en el momento del debate o la reflexión. Quienes la predican necesitan un lenguaje persuasivo que permita establecer una distancia entre el pensar, el decir y el hacer. La consigna verbal permite desviar la atención respecto de los verdaderos intereses del promotor. La diferencia entre palabras y hechos se hace aparecer como un problema de practicidad, no invalida las ideas, y esa diferencia no es adjudicable a la capacidad o la voluntad del promotor.

¿Qué hay en la forma de expresión o discurso que permite la persuasión de los seguidores? No se trata del discurso de la mentira, porque el emisor tiene sus convicciones, no siempre está detrás de un interés oculto. Se busca la adhesión basada en: *a)* la conveniencia para el receptor, y *b)* la atracción emocional de los argumentos, los aspectos simbólicos (representaciones) que dispara la propuesta ideológica. Este discurso tiene un efecto de disociación, porque separa el mundo de las ideas (la voluntad) del dominio de la praxis (lo posible).

El camino de "la mostración" a través de los actos es una vía distinta al solo decir. Porque el hacer algo (como perseguir a los disidentes) no coexiste con el no hacer eso. No es de esperar que un sindicato haga una huelga para ocultar su intención de no hacerla. Lo ideológico opera con las representaciones, pero no con el propósito de las acciones. Por eso es posible "cambiar un poco de todo" (el decir), para que todo siga igual (el sistema). A diferencia de "la mostración", en la comunicación verbal son posibles las paradojas y los mensajes contradictorios. Por ejemplo, la comunicación por la cual se informa a los miembros que deben respetar la orden de ser independientes. O la norma de la obediencia debida, aun en contra de las reservas morales de quienes deben cumplirla. La ideología utiliza entonces la posibilidad que ofrece el dominio de lo lingüístico, y permite que "el lenguaje disfrace al pensamiento" (Wittgenstein, 1929).

En el contexto de esta explicación, destacamos los signos no sólo por lo que reflejan, sino también por lo que promueven en el interlocutor, por la valoración de los mensajes. Por ejemplo, en el discurso de la ideología, las valoraciones se hacen con las palabras, explotando su contenido metafórico. Expresiones tales como "dolor" en el hospital, "examen" en la escuela y "orden" en la milicia no son términos que se agotan en su sentido literal. En el marco de las comunicaciones "dicen" mucho más. Quien elige y trabaja con esos signos, quien selecciona los códigos y símbolos, también es un productor de sentidos.

Además, en lo ideológico importan las reglas de sintaxis, los modos de construir el texto. Su forma es inquisitiva; a los miembros que rechazan estas ideas se los llama transgresores, y deben explicar por qué lo hacen. La prueba se desplaza al receptor. El discurso ideológico, aunque no lo dice, plantea a los receptores consignas que operan como trasfondo del mensaje. Exclusiones del tipo "ellos o nosotros", o "quienes no están a favor, están en contra". Con respecto al mundo externo, este discurso comunica que "no hay alternativa" (a la propuesta), o que "esta *es* la realidad" que debe enfrentar la organización.

Bibliografía

Allaire, Ivan: *Cultura organizacional*, Legis, Bogotá, 1992.

Barthes, Roland: *La aventura semiológica*, Paidós, Barcelona, 1990.

Bateson, Gregory: *Espíritu y Naturaleza*. Amorrortu Editores, Buenos Aires, 1980.

Carrol, Lewis: *Alice in Wonderland*, Norton, Nueva York, 1971.

Castoriadis, Cornelius: "L'institution imaginaire de la societé", *La Recherche*, N° 137, París, 1985.

Ducrot, Oswald: *El decir y lo dicho*, Paidós, Barcelona, 1986.

Eco, Umberto: *Signo*, Labor, Barcelona, 1976.

Etkin, Jorge: *Gestión de la complejidad en las organizaciones*, Granica, Buenos Aires, 2006.

Etkin, Jorge: *La empresa competitiva, su grandeza y decadencia*, McGraw-Hill, Chile, 1996.

Habermas, Jurgen: *Teoría de la acción comunicativa*, Aguilar, Buenos Aires, 1989.

Hobbes, Thomas: *Leviatán*, Fondo de Cultura Económica, México, 1985.

Merleau-Ponty, Maurice. *Nota sobre Maquiavelo*. Seix Barral, Barcelona, 1964.

Schvarstein, Leonardo: *Diseño de la organización. Tensiones y paradojas*, Paidós, Buenos Aires, 1998.

Verón, Eliseo: *El discurso político. Lenguajes y acontecimientos*, Hachette, Buenos Aires, 1987.

Watzlawick, Paul: *Teoría de la comunicación humana*, Herder, Barcelona, 1992.

Wittgenstein, Ludwig: *Conferencia sobre ética* (1929), Paidós Ibérica, Barcelona, 1990.

CAPÍTULO 11

CLIMA DE TRABAJO Y SUBJETIVACIÓN

1. Clima de trabajo, expectativas y actitudes compartidas

En las decisiones y acciones de los individuos en las organizaciones, intervienen ciertos factores de índole racional y otros que tienen que ver con los aspectos subjetivos del comportamiento. No se excluyen, sino que se articulan en las conductas concretas, reforzando las relaciones o creando tensiones. Ahora vamos a analizar los componentes objetivos y subjetivos que, en el plano de la organización, llevan a ciertos modos de subjetivación en los individuos. En el concepto de *clima* importa cómo aprecian la realidad en que actúan. La subjetivación es el proceso personal que hacen los individuos de los factores estructurales y simbólicos que enmarcan su trabajo en la organización.

Puede hablarse del clima de esperanza o desencanto en el trabajo, de expectativas o desconfianza en las relaciones, del estado de colaboración o tensión entre grupos, de la comprensión o la presión que están ejerciendo quienes conducen, junto con las resistencias y los apoyos que ello genera. El concepto es ilustrativo si se utiliza con racionabilidad.

O sea, no parece apropiado decir desde la Dirección que existe un clima democrático o participativo si la opinión expresa de los individuos es que están bajo un sistema represivo, sin posibilidades de desarrollo. A lo sumo existe un clima de incomprensión, pero no estamos tratando con una idea o concepto que "pertenece" a la Dirección.

Utilizar el concepto de *clima* tiene un sentido metafórico y refiere al "estado del tiempo" en el cual se trabaja en la organización, si es favorable o contrario a las actividades, sobre todo en el plano de lo social. Lo interesante es ajustar la metáfora a la realidad social y destacar que en las organizaciones "los agricultores" influyen sobre el clima que necesitan para la siembra o la cosecha, no son meros espectadores. El clima no sólo se registra o se pronostica, sino que también se construye. Para seguir con la metáfora, en este caso la forma de pensar del agricultor también influye en el tiempo. Por ejemplo, los gestos amistosos del supervisor serán insuficientes si el individuo no confía en su autoridad.

El tema del clima en el trabajo importa desde múltiples ópticas para el análisis organizacional y la gestión. En el plano de lo humano, porque hace a la calidad de vida y el grado de satisfacción de los individuos en su trabajo. En el plano de la organización, porque influye sobre su desempeño, sobre la posibilidad de cumplir con sus propósitos. De manera que el concepto de *clima* como elemento de la gestión no es solamente un tema vinculado con los rendimientos o la eficacia en términos de productos, sino que hace a la preservación y desarrollo del potencial humano que sostiene a la organización, que la hace rutinaria o innovadora.

El problema con el concepto de *clima* es la desviación que producen los prácticas de la ingeniería social, esto es, manejar las ideas para ponerlas en línea con la productividad. Y en ese manejo, en lugar de crear nuevos alicientes se instala un ambiente de dualidad o recelo, porque los individuos reconocen que detrás de las actitudes "comprensivas" o el "trato amistoso" hay una estrategia racional o instrumental, de basamento puramente técnico. De manera que existe un clima diseñado que se maneja en el nivel del discurso directivo y de las intenciones, y otro clima emergente que marca las condiciones reales en que se decide y actúa.

El tema del clima es paradigmático; es un concepto que lleva al debate sobre la organización pensada (o proyectada), la requerida (condiciones) y la real (emergente). Es el concepto donde se ve la confluencia de una diversidad de condiciones, no siempre congruentes, que la organización debe cumplir para sobrevivir y crecer en su entorno. Hay una preocupación por el desarrollo humano, pero también una actitud de poner orden por encima de las diferencias individuales. A lo largo de este trabajo, frente a estas tensiones, destacamos la necesidad de hacer transparente la dualidad (debatirla) en lugar de maniobrar con las estrategias de motivación.

Para que el concepto de *clima* tenga sentido en el campo del análisis y los modelos de gestión, es preciso aclarar que refiere a una idea o imagen compartida por los individuos del grupo. No es una cuestión personal (que también existe), sino una apreciación de conjunto. O sea, hay una posición tomada respecto del tema. Por ejemplo, son los individuos en reunión, en diálogo, o a través de una declaración compartida, quienes afirman que el ambiente es confiable y comprensivo o, por el contrario, que se sienten tratados en forma injusta.

La imagen del clima, o su definición, tiene rasgos de ambigüedad, no es excluyente, solamente positiva o negativa. En la misma apreciación del clima (en las opiniones) juegan sentimientos encontrados. Por ejemplo, implica el darse cuenta (y expresarlo) que trabajar en una organización significa una posibilidad de desarrollo. Los individuos están en esa búsqueda. Pero también se trata de un ámbito con reglas de juego impersonales, que requiere procedimientos y que, por lo tanto, también tiende a uniformar las relaciones en lugar de reconocer las diferencias individuales.

Si bien hay climas alternativos o posibles dentro de la misma estructura, su orientación tiene que ver con la naturaleza de la organización, la índole de sus actividades, sus productos y servicios, el perfil de sus miembros. Porque dichas actividades requieren un cierto clima, no cualquiera es aceptable. Por ejemplo, el tipo de relación en una cooperativa difiere de las formas de interacción en una empresa competitiva. En el mismo sentido, los climas admisibles en una sociedad anónima tienen un espectro de posibilidades que difiere del de una pequeña granja familiar. Un clima autoritario no es compatible con un jardín de infantes, o el trato impersonal con una escuela de arte.

Estas diferencias no ocultan algunos rasgos más genéricos del concepto de *clima* en la organización. Por ejemplo, su carácter estabilizador de las relaciones en la medida que opera como un conjunto de expectativas compartidas. El clima es característico de la organización, es un elemento que hace a la coordinación de los comportamientos, dado que los integrantes están significando en forma parecida los hechos de la realidad cotidiana. Saben si en el marco de las relaciones vigentes pueden confiar o no en la palabra de los ejecutivos, o si cuentan con la colaboración de sus compañeros en caso de necesidad, o si el ambiente se caracteriza por una actitud solidaria o competitiva.

El clima no es un objeto uniforme, algo externo a los individuos y que opera sin fisuras. Por caso, afirmar que el ambiente es movilizador de inquietudes no elimina los aspectos restrictivos que también pueden estar presentes. No es un modelo que se instala o se reforma, como un recurso, una tecnología o un equipo productivo. Existe en la medida que hay una opinión basada en coincidencias, no siempre completas. Es un estado de cosas (elemento de un orden organizacional), pero también una construcción de los individuos y grupos en sus lugares de trabajo. Bajo estas ideas preliminares, veremos el tema con mayor detalle, en especial para marcar las variables que permiten un análisis comparativo de los ambientes de trabajo, tanto en el plano de la realidad como en el de las propuestas.

2. Los elementos que confluyen en el clima organizacional

El clima en una organización, en términos globales o en algún ambiente en particular, puede definirse como la representación interna (compartida) que hacen los integrantes acerca de las condiciones bajo las cuales están trabajando y sobre sus posibilidades futuras (las expectativas). Tal como señala J. Guiot (1985) en su estudio sobre los comportamientos en grupos, "los individuos hacen una definición de las situaciones que enfrentan, no sólo considerando el orden establecido sino también de acuerdo con los significados que ellos le adjudican a esa realidad que deben enfrentar".

La idea de confluencia nos indica que si la Dirección tiene la intención de instalar un clima donde prevalezca la iniciativa personal, no bastará con delegar la toma de decisiones o dar mayor autonomía a los individuos. Será necesario, además, que ellos signifiquen esa medida como positiva para su crecimiento y como una muestra de confianza en sus capacidades. Hay un factor de carácter estructural, pero también una "definición de la situación" que tiene que ver con la apreciación de los individuos y grupos de trabajo. En esa definición juegan un conjunto de elementos concretos, como la retribución esperada, y otros de índole emocional y simbólica, como las relaciones de amistad y las sensaciones de seguridad o ansiedad que los individuos puedan sentir en su trabajo.

El clima, en la organización y en sus grupos, es entonces un concepto que refiere a las apreciaciones subjetivas en el marco de las relaciones de trabajo. Es una evaluación que refleja los estados de ánimo respecto de la organización y que afecta (moviliza o limita) los desempeños individuales. El concepto se integra con los siguientes elementos:

a) los factores personales que hacen a la apreciación del ambiente, como los motivos, los valores y las creencias de los miembros;
b) las denominadas *variables estructurales* o *condiciones objetivas*, como las tecnologías, las definiciones de los roles organizacionales, los mecanismos de recompensas y sanciones o las relaciones formales de autoridad;
c) los estados futuros que en la organización se consideran como deseables, que se manifiestan en los proyectos, metas y estrategias para el sistema en su conjunto.

Respecto de los factores personales, los individuos elaboran opiniones acerca de los elementos que constituyen su mundo más inmediato, en el cual conviven y trabajan de manera coordinada. Respecto del clima, los individuos aceptan que "hay un mundo que se da por sentado", que no se discute y que se toma como referencia para la acción cotidiana. Por ejemplo, pueden percibir la atmósfera en su grupo como amistosa u hostil, y juzgar que el comportamiento de los jefes es sustentador o facilitador de sus aspiraciones personales. En otras condiciones, pueden percibir a los supervisores y a sus propios compañeros como emocionalmente distantes.

Los factores denominados *estructurales* son los elementos del clima que están incorporados como consecuencia de un diseño deliberado o planeamiento administrativo. Estos componentes del clima, que los miembros visualizan en la organización, intentan ofrecer un marco de referencia estable y objetivo que permita a los individuos construir un sistema de expectativas respecto de las consecuencias de sus actos y las respuestas esperadas de los terceros. Pero este diseño o marco normativo es evaluado y completado por los miembros a través del filtro de sus percepciones y de las necesidades y experiencias individuales y grupales. El clima, como construcción social o grupal, cumple una función de enlace o variable interpuesta entre los factores de la personalidad y las condiciones estructurales de la organización.

Como percepción colectiva, el concepto de *clima* se construye sobre los factores que intervienen en un momento del tiempo y forma parte de los estados presentes o actuales de la organización. El principio de contemporaneidad es característico de la descripción del clima y sostiene que la influencia de los hechos o experiencias pasados se incorpora en el análisis de las situaciones actuales. Influyen, no como elementos de carácter potencial (posible), sino porque son identificados como fuerzas que están actuando en el aquí y ahora. Aunque considera expectativas o futuros posibles, el clima es una apreciación que opera en los comportamientos actuales.

Desde el punto de vista metodológico, el estudio del clima requiere un análisis sincrónico de la realidad organizacional (Etkin y Schvarstein, 1994). Es decir, fija su atención en la relación entre ciertas variables importantes, en un contexto determinado y para un mismo tiempo. Refiere a los lazos, las articulaciones, las relaciones que encuentran un punto de intersección o coincidencia, aunque el concepto también admite un margen para la ambigüedad o la indefinición (por ejemplo, un clima que plantea dudas respecto del futuro). La idea de un clima operante implica que hay una forma de relación o un estado de cosas sobre las cuales hay expectativas compartidas.

El concepto de *clima* es importante porque refiere a la calidad de vida laboral. En cuanto a las relaciones de trabajo, nos permite hablar de una situación de mayor o menor armonía entre las partes de la organización. Pero también de la forma en que esta se ve afectada por las presiones que recibe del contexto. El clima no refiere a una burbuja, sino que refleja una relación de fuerzas internas y externas. En este sentido, puede tratarse de un clima de convivencia o, por el contrario, de una realidad conflictiva. Debe entenderse que el clima en la organización no resulta de una decisión directiva, ni es producto de la casualidad. Es una configuración de factores que están en relación complementaria, indiferente o en oposición. Esto significa que las partes se encuentran en un estado de convivencia o de tensión.

En ese ambiente, más o menos integrado o disperso, la organización pretende lograr sus propósitos. La eficacia no es el único indicador de salud organizacional, también importan las condiciones en que se logran estos propósitos. Si los médicos en un hospital están enfrentados con las autoridades por las cláusulas de un nuevo contrato laboral, el clima de descontento o la falta de colaboración tendrá consecuencias sobre el nivel de atención a los enfermos. De manera que la configuración del clima en la organización tiene que ver con los estados de ánimo (la mejor o peor disposición de los participantes), pero también se refleja en la calidad de los servicios y, por ese camino, en la continuidad de la propia organización.

3. Factores estructurales: relaciones laborales y reglas de juego

Hemos visto que el clima no responde a una sola definición, no es una técnica sino una configuración de factores. Por lo tanto, puede analizarse en sus múltiples dimensiones o variables. En este punto vamos a hacer referencia a ciertos factores de carácter formal o estructural que intervienen en la definición del clima. Más concretamente, a los que derivan de las decisiones de la conducción, un amplio espectro que incluye la definición de los puestos de trabajo, los sistemas de remuneración, la forma que adopta la supervisión y otros elementos propios de la organización formal, como las normas.

A continuación se señalan los diferentes climas posibles a partir de las disposiciones de las estructuras, de las normas y procedimientos, de las reglas de juego establecidas:

a) de acuerdo con la formalización de las tareas, pueden distinguirse los climas inciertos y cambiantes de los predefinidos y estables;

b) según el grado de programación en las situaciones, el clima puede ser mecanicista y rutinario o bien problemático o no estructurado;

c) en función de la cantidad de alternativas para la misma tarea y las combinaciones entre ellas: complejo y diverso, o determinista;

d) por las exigencias físicas y el grado de responsabilidad en las tareas, el clima puede definirse como agobiante o permisivo;

e) según la compatibilidad encontrada entre las tareas en el grupo: cohesivo o bien disperso y conflictivo;

f) de acuerdo con el grado de claridad y precisión en los propósitos organizacionales, el clima puede estar orientado o ser ambiguo o impreciso.

Como puede observarse, en la naturaleza del clima que los participantes perciben o incorporan como marco para el desempeño de sus tareas es factible que incluyan componentes de signo contrario. Así, los individuos pueden manifestar actitudes de satisfacción respecto de una de las dimensiones que presenta el concepto, por ejemplo, en cuanto al grado de autonomía ejercida en su trabajo. Pero también es posible que los mismos miembros asuman actitudes críticas respecto de otros factores del clima, por caso, acerca de los niveles de riesgo e incertidumbre que pesan sobre su futuro en la empresa. Visto desde la estructura, lo importante del clima es su grado de coherencia y previsibilidad, o sea, que haya una manera de pensar y expectativas coherentes con los objetivos de la organización.

La diversa naturaleza de los componentes del clima organizacional también muestra una diferente velocidad de cambio en el tiempo. Los factores estructurales objetivos suelen presentar un mayor gado de permanencia (o dificultades para la remoción), en comparación con los factores que dependen de las actitudes o apreciaciones personales. En realidad, el concepto y la estrategia de clima que se instalan desde las estructuras tienen el sentido de dar estabilidad y predictibilidad a la organización. Es el clima que debe operar como un marco de referencia reconocido por la Dirección. Está pensado en términos de eficacia y producción antes que de motivaciones personales.

4. Procesos de subjetivación. Ansiedad, desencanto, esperanza

En el plano de lo subjetivo, un "buen clima de trabajo" no es el resultado de técnicas o del discurso de la Dirección, sino de la apreciación hecha por los individuos y grupos acerca de sus lugares de trabajo. Y ello tiene que ver con sus modos de significar y apreciar la realidad. Es cierto que hay un proceso de socialización que tiende a coordinar las formas de significar; en ese sentido, en las organizaciones se habla "del modo en que se piensan las cosas aquí". Pero los individuos también tienen sus propias experiencias, y fuera del trabajo encuentran espacios donde armar sus propias ideas, que luego llevan a la organización en forma de proyectos personales.

Las necesidades, creencias y valores personales se procesan en un entorno donde pesan tanto los factores estructurales formales (autoridad, reglas, contratos), como las construcciones derivadas de la interacción social en grupos. Individuos y grupos interpretan, sienten y comparan esta realidad con sus aspiraciones. En esta apreciación y comparación, el clima es sentido como un estado de cosas amenazante, una fuente de ansiedad, pero también como un ambiente esperanzador. Esto no es aleatorio, tiene que ver con que las filosofías de gestión sean autoritarias o comprensivas, así como con los motivos que llevan a los individuos a ingresar y permanecer en la organización. Cuando como analistas hablamos de un clima deseable, lo hacemos a partir de ciertos valores sociales y derechos humanos no negociables.

Desde la subjetividad, apreciar que hay un cambio en el clima implica que el individuo está evocando un conjunto diferente de significados, que entiende el estado de cosas de otra manera. Una relación que se consideraba amenazante se convierte en deseable, vista desde otra perspectiva. Por ejemplo, el temor a que los programas de capacitación sean un lugar donde los individuos queden expuestos a una evaluación que los perjudique o deje en evidencia sus limitaciones. La actitud personal de comprender que el aprendizaje es en beneficio propio convierte los cursos en parte de un ambiente donde es posible crecer junto con la empresa. Considerando la subjetividad, el directivo no puede decir cuáles son las sensaciones "correctas" o "que corresponden", sino que debe admitir que los individuos tienen su propia apreciación, que coexiste con la versión oficial. La subjetividad lleva a considerar la posibilidad de climas duales en la organización.

Ello nos lleva al plano de las apreciaciones que se consideran equivocadas. Podrán serlo en términos de los propósitos de la organización, de sus estructuras y procedimientos. Pero en el plano de la valoración de individuos y grupos, lo que pesa son sus visiones sobre las fuerzas que operan en su entorno de trabajo. Esas visiones no están desconectadas de los factores estructurales, por ejemplo, las necesidades de producir y vender en un clima de eficiencia y efectividad. Pero también reconocen otras fuentes. Por caso, las relaciones de poder e influencia que los grupos (en todos los niveles) intentan llevar adelante, orientados por sus propios fines y necesidades.

El clima como apreciación personal (desde los actores) también se relaciona con las ideologías y los juegos de poder que operan en la organización. Un clima de oportunidades (según la Dirección) puede ser evaluado como una realidad amenazante desde la posición de los grupos de trabajo. Quizás estos no razonen en términos de oportunidades sino de seguridades en el empleo. Ello no es un secreto o el lado oculto de la organización. La Dirección debe comprender las visiones de los diferentes actores en la organización, sus preocupaciones e intereses. Es cierto que el clima organizacional es más que la expresión de emociones personales. Sin embargo, estas deben ser consideradas a la hora de entender por qué los ambientes que parecen abiertos y permisivos desde la conducción no son tales para los integrantes.

Las apreciaciones personales o definiciones subjetivas sobre las condiciones de trabajo y las relaciones en la organización hacen posible distinguir entre las siguientes categorías de ambientes percibidos:

a) de acuerdo con el carácter que se les asigna a las relaciones de autoridad, el clima resulta rígido y esquemático o, por el contrario, flexible;

b) según la medida que se comparten los propósitos organizacionales puede hablarse de un clima de identidad y adhesión o de indiferencia y desvinculación;

c) de acuerdo con la orientación que se adjudica a los procesos de liderazgo se puede distinguir entre los climas guiados por la producción y los orientados hacia las relaciones sociales;

d) de acuerdo con la actitud percibida en los restantes miembros del grupo y los mecanismos de alicientes o las gratificaciones reconocidas en el trabajo, el clima puede ser definido como cooperativo o de relación competitiva;

e) según el grado en que se cubren las necesidades sociales y las expectativas psicológicas, un clima puede significar carencias y frustraciones o ser satisfaciente.

Otras dimensiones no técnicas del medio ambiente interno permiten hacer diferencias considerando las relaciones de atracción o de rechazo entre los grupos laborales, el nivel de interés que despiertan las tareas, la sensación de cohesión o de aislamiento, el grado de incertidumbre o estabilidad percibida en el trabajo. En el plano de lo subjetivo, las apreciaciones no siempre se expresan o convierten en razones o argumentos. También se vive el clima desde un estado emocional, por ejemplo, como sensaciones que tranquilizan o que crean duda y ansiedad en los individuos. El clima adquiere el carácter de una vivencia antes que el de una descripción formal de relaciones.

Estas apreciaciones y los diferentes criterios aplicables para definir el clima que se vive en la organización no implican la existencia de tantos ambientes de trabajo (percibidos) como grupos o sectores haya en la organización. Significa que hay una apreciación compartida sobre el carácter del clima deseado y sus diferencias respecto de la situación vigente. Y esta apreciación no se define a partir de las políticas y procedimientos oficiales, sino sobre la base de las necesidades, las expectativas y los estados emocionales en los grupos de trabajo. Lo subjetivo no es inabordable, y tanto la experiencia como los procesos de aprendizaje e interacción social hacen que la visión del clima organizacional pueda cambiar en el tiempo.

5. El concepto de clima en un modelo de colaboración

Los enfoques estructurales y subjetivos del clima refieren a aspectos parciales de la percepción de los individuos. El concepto de clima integra ambas categorías de factores, es decir, no es una causa en sí misma sino un enlace que se construye entre diferentes actores, y que hace posible una relación virtuosa entre el individuo y la organización. Por ejemplo, una estructura democrática favorece (no determina) un ambiente donde es posible una fuerte motivación que mejore el desempeño. Y esto a su vez permite sostener una estructura que se considera deseable.

Entonces, antes que imponer un clima, la Dirección debe buscar la congruencia entre los factores operantes e intentar ponerlos en una relación complementaria. En ese sentido se habla del clima como una variable de enlace o interfase entre factores o procesos organizacionales. En su clásico estudio sobre relaciones humanas, R. Lickert (1969) afirma que "el liderazgo, la estructura y comunicaciones tienen que ser tales que garanticen que cada miembro, a la luz de sus deseos y expectativas, perciba su experiencia laboral como motivadora, como una actividad que sostiene su sentido de valoración y dignidad personal".

Esto significa que el clima refleja una interacción o configuración de factores. El clima es una confluencia de factores y no el resultado del peso de un factor determinante. De manera que no hay estrategias que puedan jugar como causas de un cambio directo en el ambiente de trabajo; al menos no en forma aislada y directa. En determinados contextos, existen factores que pueden jugar a favor de ciertos climas deseados o percibidos. Por ejemplo, los estilos de liderazgo tienen que ver con la forma en que los empleados visualizan el clima de la organización. Pero debe considerarse que el liderazgo no es una variable independiente, porque también está influido por las actitudes y voluntades de los propios miembros del grupo. Además, los integrantes no valoran solamente la forma de supervisión sino que lo hacen en el marco de una relación laboral más compleja, que incluye por ejemplo la equidad en la retribución o la posibilidad de crecer en la empresa.

Si bien el clima tiene sus dimensiones, ello no implica necesariamente formas que se implantan y dan resultado. Por ejemplo, hablar de un clima de autonomía o respeto no quiere decir que los directivos hayan otorgado dicha autonomía o hayan decidido expresar su respeto por los empleados. Es una realidad que se construye por una interacción de factores, no es un diseño que se instala desde la cúpula. Respecto de esta síntesis de factores, G. Dessler (1989) ha escrito que "el clima organizacional puede verse como un puente entre las características formales de la organización y el comportamiento individual... Los hechos sugieren que una estructura y estilo de liderazgo apropiados pueden ser una condición necesaria para la eficiencia organizacional, pero no son suficientes; adicionalmente el clima organizacional (el contexto) también tiene que ser el apropiado".

En este orden de ideas, la Dirección puede intentar movilizar factores para sostener un ambiente de colaboración y compromiso. Pero ello no puede estar desvinculado del perfil y las aspiraciones de los individuos, de sus experiencias cotidianas en la empresa. Es importante considerar los procesos de significación e interpretación de los integrantes. Importa la actitud que prevalece respecto de las decisiones directivas, si se las toma sin reservas o si existe la tendencia a significar las decisiones directivas como avances en favor de la organización, de las cuales hay que cuidarse. Digamos que no existe un estado de "no clima", de manera que no basta con las intenciones de la Dirección sino que sus estrategias deben considerar (e intentar superar) los filtros de las visiones vigentes.

De todas las categorías que hemos visto a lo largo de este análisis, ¿cuál de ellas tiene que ver con lo bueno o lo deseable para la organización? ¿Qué es lo recomendable para una gestión efectiva? No hay una respuesta que pueda darse por anticipado. En primer lugar, porque las organizaciones atraviesan por distintas fases en sus ciclos de vida y dichas fases tienen distintos requerimientos en cuanto a los estilos de conducción y las relaciones internas. Por ejemplo, la importancia de un ambiente ejecutivo (en lugar de reflexivo) en los momentos de lanzamiento o despegue de nuevos proyectos.

En segundo lugar, porque la naturaleza de las actividades de cada organización plantea demandas también específicas en cuanto al ambiente de trabajo requerido en cada caso. Por ejemplo, la importancia del orden y la disciplina en un colegio militar. En contraposición, G. Roth (2000) señala que en una empresa innovadora "debe promoverse un ambiente de desorden creativo, que no castigue los errores". En tercer lugar, porque el clima se construye sobre realidades impensadas en el momento del planeamiento, de manera que todo intento de diseño es una primera aproximación al clima que luego se demostrará como apropiado.

En términos generales sí puede afirmarse que el clima debe dar estabilidad y posibilidades de crecimiento a la organización. Es decir, una configuración que reduzca el margen para las tensiones, las crisis y conflictos. En lo que hace al diseño, debería tenerse especial cuidado con las contradicciones que suelen estar incluidas en la propia estructura de relaciones. Porque en su propósito de lograr eficacia en las operaciones, la organización establece un grado de especialización y exigencias que instalan en los individuos la sensación de estar obligados a cumplir con algo inalcanzable. O que sólo son libres de comprometerse con la organización.

En su obra sobre la crítica a la excelencia, N. Aubert (1993) señala que "es sorprendente constatar hasta qué punto las corporaciones competitivas dependen para su funcionamiento de las paradojas; no es raro que exijan comportamientos o potencien sentimientos totalmente opuestos". Por ejemplo, se intenta instalar un ambiente de innovación al tiempo que se penalizan las transgresiones al orden existente. O un ambiente que favorece la adhesión pasional hacia ciertos líderes que sólo están interesados en la eficiencia y la productividad. En este sentido, se puede hablar de un clima que desgasta o quema a los individuos, para marcar sus diferencias respecto de los entornos laborales que permiten desarrollar sus capacidades.

En la medida que la organización opera en un entorno incierto y cambiante, las relaciones ideales dejan de serlo cuando se modifican las demandas y presiones ambientales. Una forma de relación laboral transitoria, que es aceptable para las partes como modelo de relación en épocas de pleno empleo, se convierte en motivo de conflicto cuando aparece el fantasma de la desocupación en el entorno. De manera que el concepto de clima no se presta a las recomendaciones *a priori* o fórmulas para el éxito. Ciertas formas de convivencia o reglas de juego pueden parecer anormales o peligrosas cuando se las mira desde la realidad de otra empresa. Visto desde los principios y valores sociales, deben apoyarse los climas de carácter democrático y participativo que aseguren la justicia y la equidad en las relaciones laborales.

Bibliografía

Aubert, Nicole: *El coste de la excelencia*, Paidós, Barcelona, 1993.

Dessler, Gary: *Organización y administración. Un enfoque situacional*, Prentice Hall, Bogotá, 1989.

Etkin, J. y Schvarstein, L.: *Identidad de las organizaciones*, Paidós, Barcelona, 1994.

Guiot, Jean: *Organizaciones sociales y comportamientos*, Herder, Barcelona, 1985.

Lickert, Rensis: *New Patterns of Management*, McGraw-Hill, Nueva York, 1969.

Roth, George: *El lado humano del cambio*, Oxford Un'iversity Press, México, 2000.

TERCERA PARTE

CULTURA Y
CAPITAL SOCIAL

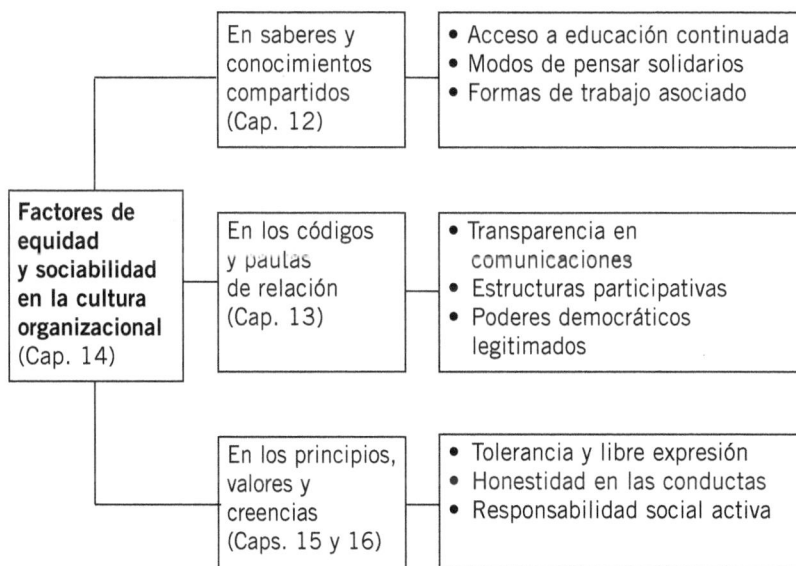

Factores de equidad y sociabilidad en la cultura organizacional (Cap. 14)	En saberes y conocimientos compartidos (Cap. 12)	• Acceso a educación continuada • Modos de pensar solidarios • Formas de trabajo asociado
	En los códigos y pautas de relación (Cap. 13)	• Transparencia en comunicaciones • Estructuras participativas • Poderes democráticos legitimados
	En los principios, valores y creencias (Caps. 15 y 16)	• Tolerancia y libre expresión • Honestidad en las conductas • Responsabilidad social activa

Gráfico 3. Procesos culturales en la formación del capital social.

CAPÍTULO 12

CULTURA DE EMPRESA Y VALORES

1. Filosofía de gestión y valores compartidos

El desarrollo de la organización admite múltiples caminos, no todos igualmente equitativos, de acuerdo con el enfoque de gestión aplicado. Me propongo fundamentar la filosofía de gestión que está basada y orientada por la consideración del desarrollo humano y la aplicación de valores sociales tales como la colaboración, la ayuda mutua, la tolerancia, el respeto, la solidaridad y la cooperación. La consideración de los valores sociales fortalece a la organización, en tanto no se apliquen con un sentido especulativo o utilitario, sino como una cuestión de principios, reconocidos, compartidos y legitimados.

En las relaciones y procesos de la organización, los valores sociales operan en forma simultánea como: *a)* una idea apreciada, perdurable y compartida; *b)* un criterio para evaluar lo correcto en términos del bienestar general, y *c)* un acuerdo o condición colectiva para el pensar y hacer juntos. El respeto a los valores sociales, por caso la libertad de expresión, la promesa cumplida, la ayuda solidaria o la

equidad en las relaciones, hace a la credibilidad de las comunicaciones y permite disponer de expectativas compartidas en las tareas de conjunto. El concepto de *valor* se establece como una premisa cultural en las decisiones.

La aplicación de valores sociales constituye una capacidad vital para la organización, formada por: el tejido de relaciones de cooperación, la integración de esfuerzos, los proyectos compartidos, las estructuras participativas, la
estabilidad en el empleo, el intercambio de conocimientos
y experiencias, la educación en el trabajo, la libertad de expresión y transparencia en las comunicaciones, la actitud solidaria en los grupos, el respeto a la voluntad reflejada en los
acuerdos contractuales, las bases legítimas de la autoridad,
el trato equitativo, el clima de confianza, la tolerancia a la diversidad, la construcción de consensos y dispositivos aceptados de justicia para superar tensiones y controversias internas, la participación en programas de ayuda comunitaria.

La construcción de este capital social requiere como
sustento acuerdos que contemplen los intereses y motivos
de los integrantes, participantes, asociados. No es lógico suponer que los valores sociales sean aplicados en un ambiente de fuerzas dominantes que buscan imponer sus proyectos por encima de las necesidades de sectores marginados
o postergados en la organización. No se trata solamente de
formas de gestión directiva o de una revisión de los esquemas de remuneración de los factores productivos. El capital social refiere a un modo de pensar, una subjetivación de
los valores sociales que se incorpora al comportamiento.
No sólo como declaración o propuesta, sino como un compromiso que se manifiesta en actitudes concretas.

La capacidad social es un rasgo de la cultura solidaria
construida desde la interacción cotidiana, no una estrategia de recursos humanos. En este sentido, B. Kliksberg
(2000) señala la importancia de los valores sociales "como
códigos que además de lo formal, también operan en lo im-

plícito, en la realidad construida desde un proyecto compartido, como rasgos incorporados a la cultura organizacional, que no requieren refuerzos explícitos desde el poder o la autoridad". En el plano de la propuesta, la idea de capital social se integra en la búsqueda de un modelo responsable y solidario de organización, con una visión de largo plazo y de compromiso con las necesidades del contexto. No como una construcción ilusoria, sino por razones de responsabilidad social, buscando un ambiente de confianza para la innovación y el compromiso respecto de propósitos compartidos.

La existencia de valores, en tanto códigos y creencias compartidos, es vital en el plano de las comunicaciones. Permite a los actores satisfacer la necesidad de significar los mensajes, de encontrar un sentido en cuanto a su relación con los proyectos de conjunto. Los valores son un marco de referencia que permite evaluar lo que hay de correcto o incorrecto en las directivas, de justo o injusto, de acordado o impuesto. No es sólo la significación, sino también la posibilidad de justificar o legitimar la información respecto de los acuerdos de base que sostienen las relaciones humanas. Para L. Gratton (2001), "todo intento de ubicar a la persona en el centro de la estrategia de la empresa requiere reconocer su necesidad básica de hallar significado a su trabajo y a las decisiones en la organización".

El compartir valores permite entender la comunicación como parte de un proyecto conocido o, por el contrario, tomarla como un acto aislado, una expresión del poder personal del emisor. La congruencia entre los valores conocidos y las propuestas contenidas en los mensajes hace a la motivación y la transparencia de la comunicación en grupos. La posibilidad de significar en términos de valores sociales es un componente del proceso de las comunicaciones que permite confirmar expectativas y calificar las decisiones como creíbles y confiables.

Los valores sociales no son exclusividad de ciertas organizaciones o de una particular filosofía de gestión, porque todo proyecto asociado requiere cierto grado de cohesión en el modo de pensar. El razonamiento en términos de valores compartidos (no impuestos) es siempre deseable en los procesos decisorios, en las comunicaciones y en las distintas configuraciones o estructuras que una organización puede adoptar. Pero los caminos son distintos. Es importante distinguir qué valores la Dirección ha elegido entre los disponibles y cuáles se postergan (se dejan como discurso). También conocer a qué fines se aplican estos valores, a quiénes benefician en definitiva.

En su obra sobre el management en un contexto cooperativo, P. Davis (1999) pregunta: "Está bien, estos son los valores, pero en términos concretos, los estamos aplicando para alcanzar ¿qué propósitos?". Ello implica que los esfuerzos compartidos no pueden valorarse separados de sus consecuencias sociales. Y que los valores sociales suponen una visión amplia, sin privilegios o discriminaciones. Refieren a la integridad y responsabilidad de todos, y no sólo a cierto grupo de empleados o a una actividad en la organización (el voluntariado).

La realidad organizacional admite una compleja configuración de influencias e intereses, con distintos grados de sociabilidad en las relaciones y procesos internos. No es un dilema de todo o nada, de organizaciones con o sin valores sociales. Hay diversidad de enfoques; algunos refuerzan el poder centralizado y otros eligen el camino de revisar las bases ideológicas de la organización. La realidad muestra que las organizaciones mantienen ambivalencias y contradicciones en el plano de lo social (conflicto individuo-organización), pero también surgen proyectos de cambio basados en la voluntad política de promover la construcción de capital social. Voy a explicar la fuerza de los valores sociales y el desarrollo sustentado sobre bases de equidad, como proyecto con identidad propia y también como idea crítica y superadora del modelo de confrontación y lucha competitiva, en la organización y su contexto.

2. Los valores sociales en una realidad compleja

El desarrollo de la organización y sus integrantes requiere proyectos viables (en lo político), creativos (en lo productivo) y compartidos (en lo social). Los valores y creencias compartidos intervienen en la construcción de los proyectos y objetivos de la organización. El hecho de que los principios refieran al desarrollo humano en un marco de colaboración y solidaridad brinda un sustento social a los proyectos en la organización, y hace a su reconocimiento en el contexto.

La dinámica de una organización implica la existencia de proyectos (el rumbo), estructuras (las relaciones) y capacidad constructiva (incluidos los recursos). La idea de valores compartidos atraviesa estos factores constitutivos de la organización, permite un desarrollo equitativo y, por lo tanto, sustentable. Desde una perspectiva opuesta, un aspecto crítico de la realidad organizacional y de las formas de conducción es la injusticia derivada del relativismo y los manejos del poder, que busca resultados sin reparar en la inmoralidad de los medios, utilizando la ideología de la lucha por la supervivencia.

Las organizaciones, en la realidad, presentan distintos grados de complejidad en sus propósitos, estructuras y procesos, tanto en lo interno como en sus relaciones con el contexto. Esta realidad deviene en incertidumbre, tensiones y oposiciones que coexisten en la organización. La desestabilizan, pero no siempre obstan a su continuidad o su desarrollo. En un sentido positivo, son señales, cuestiones a resolver que la dinamizan, la llevan a mejorar sus procesos, si muestra tolerancia a la diversidad.

Los actores sociales presionan sobre la misma organización, con demandas diferentes, a veces contradictorias. Y en su interior, distintos grupos presionan para imponer sus finalidades y modos de apreciar las situaciones. En esta realidad múltiple, no siempre coherente, las distintas filosofías de gestión también llevan a diversos modos de existencia, con diferentes grados de libertad, justicia y equidad. En este entorno, los valores son una capacidad que cohesiona a la organización. Lo contrario es trabajar sin ideas sobre lo correcto-incorrecto, deseable-indeseable, sin expectativas compartidas.

Un ambiente complejo, competitivo, conlleva el peligro de pensar que adaptarse es lo primero y "todo vale" para enfrentar la incertidumbre. En este trabajo, ofrezco argumentos a favor de la dirección basada en principios y critico el oportunismo de corto plazo que destruye al capital social de la organización. Sostengo que los valores importan por lo que tienen de constantes, no de relativos al interés del momento. Como principios, son un factor de cohesión en un ambiente incierto y cambiante. Hablo de los valores no como elementos acomodados a una estrategia competitiva, sino como principios de las organizaciones que necesitan legitimarse en el entorno donde actúan.

La complejidad no sólo debe verse como una complicación técnica por la diversidad y el bajo control sobre variables críticas para la organización (la adversidad en los mercados, el cambio imprevisto, la diferencia de opiniones, los conflictos de interés). También tiene implicancias sustantivas en cuanto al ambiente de justicia y libertad en el cual se desarrollan las actividades. De modo que la cuestión de la complejidad no se agota en los aspectos de orden metodológico (formas de gestión); conlleva, además, la cuestión de la responsabilidad social de los directivos, su actitud frente a los problemas que ponen en juego temas de principios, como la correcta consideración de los valores de justicia, libertad, equidad, transparencia y solidaridad en las relaciones.

Lo contrario a las formas solidarias y cooperativas de gestión son los proyectos que se construyen desde la visión mecanicista, pragmática o burocrática de la organización. Gestión y valores que priorizan la ideología sectaria y los intereses de un grupo en el poder, la producción por encima del individuo, la disciplina represiva sobre las libertades personales. En este marco reducido, los microvalores se imponen como reglas de juego que los integrantes, aun en situaciones de injusta desigualdad, conocen y aplican. No es un marco aceptable desde la perspectiva de lo social, pero se impone, "funciona". De modo que no basta con observar que ciertos valores son aplicados para considerarlos deseables (si nuestra propuesta es sostener como valor la posibilidad de opinar y elegir).

Para el análisis crítico de la gestión y la organización, el contenido ideológico importa, y los propósitos también cuentan, la praxis no es suficiente. Que cierta organización, desde su autonomía, desarrolle una cultura con rasgos de identidad fuertes y valores diferenciados no la convierte en un sistema virtuoso o deseable, un referente para el sistema social más amplio. Por ejemplo, una empresa (periódico, laboratorio, escuela) cuyos miembros unen ideas y esfuerzos para sacar ventajas de una posición monopólica e imponer su hegemonía forzada sobre otras empresas, usuarios y clientes.

Las microculturas y los microvalores aplicados en la gestión mecanicista, pragmática o burocrática generan malestar social, porque no dan lugar a los criterios de solidaridad, tolerancia y equidad en las decisiones. El vacío de valores sociales provoca impactos destructivos en el contexto. Ello implica la incongruencia de intentar crecer en un entorno a la vez que se lo empobrece. Desde una gestión responsable, no basta con dar a los individuos un motivo para

271

luchar, también deben tener la posibilidad de participar y evaluar críticamente los fines que están persiguiendo.

3. Principios corporativos y cultura de empresa

La cultura vigente en la empresa se integra con conocimientos comunes, códigos, mitos, lenguajes, creencias y valores conocidos y aplicados en la organización. Además de los valores relacionados con el orden instituido en su contexto, en la empresa se establecen ciertos códigos de comportamiento que se identifican con la cultura "propia" de esa organización. "Se establecen" significa que esos conocimientos y valores colectivos son aplicados en el marco de los propósitos y el esquema de poder de la organización.

Aunque se utilice el concepto de *cultura*, no es lo mismo: *a)* hablar de valores construidos en el contexto a través de la interacción cotidiana, la educación y la comunicación entre los actores sociales, que refieren a la sociedad deseable, que *b)* hablar de los principios que la empresa define en el marco de un orden determinado por los planes corporativos. En el primer caso hay una construcción y en el segundo una determinación desde la Dirección sobre lo correcto e incorrecto, deseable e indeseable, prioritario y secundario.

La relación entre cultura y modos de pensar dominantes en una organización es una realidad. Pero no significa que dicha realidad social, por ser parte de lo aplicado en conjunto, tenga una base de aceptación de los integrantes, como si ellos la hubieran construido. Al respecto, F. Hayek (1985) advierte que, en su sentido original, "la cultura corresponde a un orden espontáneo en el contexto social, con reglas que operan en el plano de lo implícito". Diferente del modo de pensar socializado en una organización, que "corresponde al orden de lo creado, lo estructurado y dirigido" desde la mirada de la Dirección.

La llamada *cultura de empresa* se impregna con los planes oficiales, su sola existencia no la acredita como un aporte al bienestar general. En la realidad, la cultura de empresa expresa distintos modos y climas de trabajo. Modelos en los que predomina el ambiente de competencia-colaboración, confianza-temor, ayuda-confrontación, aprendizaje-rutina, tolerancia-sumisión. En la cultura de empresa se instalan ciertos valores dominantes o excluyentes, alineados con las prioridades y decisiones de gobierno, pero también existen valores "disidentes" o "resistencias" al orden establecido. Son brechas de insatisfacción, fuentes de crisis y tensiones en una realidad compleja.

Cuando se neutraliza la idea de valores, se la vacía de su carácter constructivo y de su relación con el bienestar general, corresponde utilizar otros conceptos que marquen la diferencia para destacar la connotación ética de los valores sociales antes que su aplicación estratégica. Al respecto, en una obra anterior acerca de la doble moral de las organizaciones (1986) he advertido que "la presencia de intereses específicos no declarados en la definición de los principios sociales que difunde la Dirección, relaciona a dicha declaración con el concepto de ideología". Una realidad más cercana al dominio de la política que a los temas de orden social en la organización. El discurso ideológico permite difundir valores sin mencionar los intereses que respaldan la propuesta. En este sentido, la ideología implica un doble discurso, no es una comunicación transparente.

Ciertas versiones de la ideología se prestan menos a la confusión, en el sentido de que se presentan como un principio directivo que se declara y comunica para ser compartido, como fuerza movilizadora. Collins y Porrás (1998), en *Empresas que perduran*, destacan la importancia de las ideologías centrales para el crecimiento de la empresa. Se trata de ideas y creencias permanentes ("credos") cuya característica es que no se pueden comprometer en la búsqueda de ganancias financieras y no están sujetas a los cambios en las condiciones de los mercados.

Estas declaraciones transparentan los intereses de la Dirección, que busca el crecimiento de la empresa. Por ejemplo: confiabilidad de los servicios, estímulo a la iniciativa individual, incentivo a la innovación, preocupación por el cliente, integridad en los negocios, mejora continua, creación de valor, respeto a la creatividad. Las ideologías son acompañadas con políticas de personal y adoctrinamiento. Difieren entre empresas, pero se caracterizan por su continuidad y aplicación en toda la organización. Están sostenidas por la Dirección, no son opinables, tienen mucho que ver con la motivación del personal y la calidad de los productos. No suelen hacer referencia a los modelos de trabajo solidario, las formas de gobierno o la justicia distributiva.

La cultura, considerada como una estrategia de recursos humanos, lleva a relativizar los valores sociales. Los directivos, al enfocarse en la eficacia, fomentan en el personal modos de hacer y pensar (modelos mentales) que consideran "apropiados" a las características de los mercados en que opera la empresa. Esto lleva a razonar sólo en términos económicos, postergando las actitudes responsables y de colaboración con el medio. Como destacan Goffee y Jones (1999), "a los directivos les corresponde la labor de gestionar la tensión entre una cultura que lleve al éxito de la empresa o crear una cultura que permita el desarrollo humano". Este concepto de tensión refiere a la dualidad entre un comportamiento "apropiado" a la lucha competitiva (confrontación) y la responsabilidad social de la empresa.

El valor de la sociabilidad y el respeto a los derechos humanos requiere considerar la legitimidad de las diferencias en los modos de pensar de los distintos grupos que integran la organización. En el plano de las ideas y creencias, el desafío es la cohesión en la diversidad, "la administración de la diferencia", no la uniformidad impuesta. Pero si las formas de gestión no admiten la representación de esta diversidad en el poder, si la disidencia implica exclusión, entonces la llamada *cultura de la empresa* tenderá al alineamiento (forzado) tras la mentalidad del grupo directivo.

Se requiere, por tanto, una voluntad política expresa para poder pensar en términos de sociabilidad y equidad en las relaciones. En las empresas orientadas hacia resultados, también existe la idea de trabajar en equipo, pero considerada como método, porque la producción requiere articular esfuerzos. Vistos como valores, la sociabilidad y la cooperación no son estrategias alternativas, sino fines en sí mismos, inherentes al desarrollo humano. No deben condicionarse a los resultados.

De la aplicación de valores se deriva un ambiente de compromiso que dinamiza a la organización, la hace responsable y creativa. Al respecto, en su obra *Ética para seguir creciendo*, Duclós y Ortiz (2001) destacan que los valores sociales no son abstracciones sino ciertas cualidades que se arraigan en las conductas, y son apreciados porque se orientan hacia una finalidad deseada de conjunto. Afirman que "lo más específico de los valores éticos en la empresa es precisamente que son apreciados o valiosos, y más que limitar, facilitan la actuación".

Desde la visión de lo socialmente deseable, la organización compleja avanza con múltiples objetivos, pero siempre considerando los valores amplios de libertad, tolerancia, solidaridad, igualdad y justicia. Esta es la orientación de los modelos de organización y formas de gestión basados en principios de cooperación y responsabilidad social. No sólo por idealismo o razones de convivencia, sino también porque ello fortalece a la organización, mejora la calidad de vida y logra aceptación en su contexto. Mediante la aplicación de una orientación solidaria, los valores y proyectos de la organización son apreciados y legitimados en el contexto social.

Este salto en el nivel de análisis de la empresa al medio social requiere ciertas consideraciones. Porque también en el espacio de las instituciones operan factores de poder e ideología que atraviesan los modos de pensar. Pero en este contexto social más amplio, las fuerzas están diversificadas, las posibilidades de expresión tienen espacio, el debate es más abierto, e incluye la crítica al funcionamiento de las propias organizaciones. El reconocimiento y la legitimación tienen sentido ya no como reflejo de intereses grupales sino respecto de las necesidades y aspiraciones comunitarias.

4. Discurso de integridad y praxis ambivalente

La complejidad en la organización no lleva solamente a estudiar y buscar respuestas desde lo técnico o lo formal para tratar con lo impensado o lo imprevisto. Es un desafío más sustantivo, que implica la adopción de una posición ética en la función directiva. Respecto de la situación de ansiedad y temor de los individuos frente a la crisis y la lucha en los mercados, no sólo se trata de hallar el discurso y las técnicas adecuadas para bajar la tensión. También es necesario buscar una salida justa, considerando que la propia estrategia de confrontación y las exigencias crecientes son fuentes de malestar en la empresa.

La complejidad tiene un componente crítico en el plano de los valores, que se evidencia en el uso de la ambivalencia y el doble discurso. Ello implica que desde la Dirección se predica la colaboración pero se exigen logros individuales, que se habla de motivación pero se conduce pensando en los resultados financieros. Se aprecia el éxito y no el modo de llegar, se premia al sobreviviente o vencedor, sin reparar en la violencia ejercida sobre las personas, el tejido social, la credibilidad de la empresa.

Una de las realidades a considerar refiere al tratamiento de la cuestión de los valores como parte de la convicción del directivo y, desde allí, su expresión en las estrategias y enfoques de conducción. Para el presente trabajo creo importante distinguir, dentro de la complejidad, la presencia de las siguientes dimensiones de la realidad en la cual ocurren las relaciones duales, la ambivalencia y la contradicción respecto de las organizaciones. Son las siguientes:

a) Ambivalencias entre las necesidades de la población y la calidad de los servicios de la organización.

En este nivel de análisis, se consideran los valores más estables de la comunidad que son parte de un orden social. Están presentes en las instituciones básicas, como la educación, la Justicia, el trabajo, en el sentido de constituir una sociedad más justa, tolerante de la diversidad, propiciadora de un crecimiento de conjunto. Los valores tienen que ver con una posición frente a las situaciones de pobreza, el derecho al trabajo, la demanda de equidad en las relaciones. Como premisas culturales, no como ideología o discurso de un grupo en el gobierno. Me refiero aquí a los **valores institucionales**, en tanto reconocidos y legitimados socialmente. Valores que expresan la voluntad de mantener un tejido o cohesión social, preferencias compartidas, conductas deseables que permiten la convivencia y el crecimiento conjunto, en un contexto y tiempo determinados.

En esta dimensión se ubica la cuestión del cruce entre la organización y los valores culturales, el modo como la educación se refleja sobre el medio a través de las decisiones, así como la influencia de la estructura social sobre las relaciones laborales. El orden de las instituciones (familia, escuela, aparato estatal) incluye valores y creencias sostenidos en la vida cotidiana, y ello atraviesa a la organización. Este orden no es una fuerza unilateral, porque la organización también educa y controla las ideas que se consideran deseables en su ámbito. La frase "nuestro modo de pensar aquí" refleja esta influencia corporativa. También están los códigos y creencias que los individuos construyen en sus grupos de trabajo. Hay en ello una fuente de ambigüedades en cuanto a lo considerado deseable en el medio social respecto de los intereses de la organización. Por caso, la idea de equidad está enmarcada por las relaciones de poder y autoridad.

Los valores institucionales son el marco en que se plantea el dilema de las consecuencias sociales indeseables por el avance indiscriminado de la racionalidad y la tecnología en las organizaciones. Además, la transformación de las ideas y creencias culturales lleva más tiempo que los requeridos por los nuevos conocimientos y actitudes que reclaman las organizaciones productivas. Se plantea la cuestión de hasta dónde las estrategias competitivas pueden avanzar sobre los principios éticos que la sociedad ha legitimado e incorporado en sus rasgos culturales. Los valores sociales no son un obstáculo sino el sustento necesario para un desarrollo equitativo, con mejor calidad de vida. Desde una perspectiva social, hablo de un desarrollo participativo y sustentable, no de las reglas y fuerzas de los mercados, o de la ideología que prefieren las organizaciones dominantes en el contexto.

b) Ambivalencias entre los intereses e influencias en el interior de la organización, dado que está constituida por una diversidad de grupos que plantean sus fines y condiciones, con distintos grados de poder.
El hecho de que la organización funcione no significa que su trama de relaciones sea congruente y los modos de pensar sean compartidos. Ello ocurre cuando predomi-

na la orientación hacia resultados y los acuerdos constitutivos se basan solamente en los aportes y las retribuciones de los participantes. El funcionamiento implica que ciertas condiciones son respetadas. Una realidad con postergaciones y desigualdades que se sobrellevan en tanto los diferentes grupos son retribuidos con el mínimo requerido como condición para su permanencia en la organización. En este entorno de intereses, y no de ideas compartidas, deviene una lucha por acceder a posiciones de poder desde las cuales revisar los acuerdos para buscar nuevas ventajas.

En esta dimensión de la realidad compleja, los valores son construcciones derivadas de las relaciones de poder en la organización, compatibles con los propósitos establecidos desde la conducción. Podemos llamarlos "valores funcionales a la organización", donde el concepto de *organización* se confunde con los intereses de los grupos dominantes. En todo caso, se trata de una selección de principios que destacan las obligaciones del individuo hacia la organización, que debe enfrentar sus problemas de supervivencia. Los valores se ponen al servicio de la funcionalidad del trabajo.

En el discurso directivo se insiste en la necesidad del aporte y el compromiso individual con la empresa. No se reconocen valores que puedan limitar los alcances del poder, aunque sean parte de los reclamos de equidad en el contexto social más amplio. Sólo se toman para la empresa valores que refieren a virtudes personales, la dedicación plena al trabajo, la búsqueda de excelencia, la responsabilidad por la tarea, el respeto a las normas, la lealtad a la conducción. Se postergan las referencias a la responsabilidad de los niveles directivos en la tarea de superar las desigualdades o necesidades insatisfechas en la propia empresa. Se afirma que las brechas que existen respecto de los valores sociales reconocidos y promovidos en la comunidad son transitorias, sujetas al logro de metas, en un sistema que habrá de mejorar en el tiempo.

c) Ambivalencia entre las condiciones de la producción, la tecnología y la adversidad en los mercados, todo ello enfrentado con las necesidades sociales y las legítimas aspiraciones humanas en el trabajo.

Aquí se plantea la cuestión del sujeto como recurso aplicado a ciertas metas de producción que determinan las relaciones y pautas de conducta deseables. Los valores se redefinen como eficacia y eficiencia. El argumento es que ello le permite a la organización sobrevivir y crecer en un entorno incierto y agresivo. Es la dirección basada en la gestión de recursos (materiales y humanos) y orientada a resultados. Nos muestra a la conducción dejando de lado consideraciones de orden social y privilegiando la racionalidad económica. Así aparecen "los valores sociales apropiados o condicionados" a la eficacia. Son subordinados a lo económico y ajustados para satisfacer las urgencias del mercado y los rendimientos financieros.

Es la oposición entre pragmatismo y valores, entre objetividad y subjetividad, entre relaciones materiales y humanas en la producción, entre necesidades económicas y otros motivos que no son del orden laboral. La condición humana en cuanto a aspiraciones y convicciones se considera una cuestión a tratar "fuera" de la empresa. Salvo como recurso a ser capacitado y dirigido, los fines sociales últimos no son un tema del sistema productivo. La discusión sobre lo social y cultural se ubica en un dominio externo (el orden de las instituciones), donde se encuentran las divergencias y conflictos que la organización recibe y no está en condiciones de resolver. La empresa es sólo conducción, estructura y producción. La subjetividad y los valores se incorporan en el llamado "proyecto de empresa", que corresponde a quienes la conducen.

5. La esencia y permanencia de los valores sociales

Las realidades que hemos mencionado como ambivalencias en el punto anterior reflejan diferentes fines, intereses y voluntades que operan en la organización. Hablan de la diversidad de condiciones políticas, económicas y sociales dentro de la múltiple realidad que las caracteriza. Pero también es una realidad y un factor constitutivo el hecho de que las organizaciones son una construcción social. Sus posibilidades de desarrollo se basan en su activo humano individual (talento, conocimiento), así como en su disposición a la ayuda mutua y solidaria (sociabilidad que permite el hacer juntos). Lo contrario es pensar la organización sostenida en la mera dominación, la pura relación de fuerzas o necesidades urgentes de sus componentes (que no pueden resolver en otro ámbito).

En el análisis del concepto de *valores* he propuesto ciertas distinciones en su aplicación. La visión básica es la de una construcción social, respetuosa de la condición humana y de un proyecto de sociedad compartido (**valores legitimados**). Otra habla de los valores que un grupo de poder selecciona en forma aislada para reforzar sus intereses en la organización (**valores funcionales**). Esta también es distinta de la visión pragmática y relativista de las decisiones basadas en que el fin justifica los medios (**valores apropiados**, cambiantes). Entre estas visiones hay puntos de contacto, pero también contradicciones que deben ser evitadas.

Hay mucha subjetividad en la apreciación de lo deseable en situaciones concretas, según los actores que participen (accionistas, acreedores, gerentes, empleados). Pero los valores sociales, como una base de cohesión y de expectativas compartidas, son del orden de la intersubjetividad, es decir, de ideas construidas en grupo, no de los motivos o deseos individuales. Son un concepto a partir del cual una situación se considera justa-injusta, deseable-indeseable. Desde allí, también los valores mueven a actuar en un rango de posibilidades reconocidas, no inciertas.

Es importante identificar estas diferencias conceptuales al analizar los comportamientos y los modelos de gestión. Desde la visión responsable y solidaria, cualquiera que sea la versión de los valores en discusión en situaciones concretas, es condición para los juicios de valor sociales que la propuesta sea construida y legitimada desde el diálogo y el aprendizaje. Y no desde la asimetría del poder, a partir de posiciones egoístas o en la búsqueda de ventajas personales, porque es el bienestar general el que está en juego.

Lo opuesto a un concepto valorativo es la praxis carente de fundamento, sólo realizada para lograr un efecto, sin considerar principios e implicaciones sociales. Los valores corresponden al dominio del "deber ser", por encima de las circunstancias. Son vigentes, no se piensan y aplican sólo cuando las condiciones lo permiten. En las organizaciones se busca objetivarlos en forma de políticas o procedimientos, definiendo acciones. Pero ello implica: *a)* quitarle al valor su contenido de convicción o compromiso con lo social, y *b)* ponerlo al servicio de un objetivo, cuando el valor debería ser parte de los principios de la organización como construcción social. Los principios hacen a la condición de existencia de la empresa y no necesariamente a su eficacia. Se comparten también en el sentido de que son "un punto de partida".

Hay en el concepto de *valores* (como en todo concepto) cierta subjetividad. Esto implica la posibilidad de interpretar ciertos conceptos, como solidaridad, honestidad, colaboración, estableciendo sus alcances y diferencias. Por caso, los valores implicados en la decisión de despedir a un empleado como parte de una política de ajuste. No es una cuestión de ilegalidad pero sí de responsabilidad empresaria. La idea de valores nos enseña que las diferencias de apreciación (subjetividad) debe ser objeto de diálogo, que no deben utilizarse en contra de alguien sin advertirle de ello. Los valores actúan en el plano de lo implícito, como expectativas recíprocas, y requieren una actitud responsable. Quien observa una campaña publicitaria supone que los valores de honestidad y legitimidad están presentes, aunque no se explicitan en el propio mensaje o comunicación.

En este contexto, entiendo los valores no como técnicas, instrumentos o formas de hacer. No deben confundirse con las estrategias directivas para conquistar espacios y voluntades. Por caso, la estrategia competitiva responde a la intención de posicionarse en los mercados, no siempre para lograr relaciones justas y equitativas (que son valores socialmente reconocidos). La idea de valores no tiene que ver con la negociación y el juego de fuerzas, sino con la aceptación razonada y compartida en el marco de la organización. En cuanto a los llamados *valores de un grupo* (por caso, de una mafia), son códigos internos, no institucionales. No valen fuera del grupo, son referencias cerradas a un contexto particular, contexto que en sí mismo merece un análisis crítico o valorativo.

Los valores institucionales o legitimados socialmente son ideas que sostienen el esfuerzo asociado. Se toman como fines últimos no cuestionables (porque tienen una aceptación expresa y voluntaria), como prioridades de conjunto, y no como intereses egoístas. Refieren a la solidaridad, la tolerancia, la dignidad del trabajo y el respeto a la condición humana. No son pensados como formas de sacar ventaja en las relaciones, sino para sostener dichas relaciones en el marco de un proyecto compartido.

En este sentido, apreciar o darle valor a un acto es también reconocer que responde a una prioridad social, de conjunto. En términos de actitudes personales, hablar de valores significa salir de un estado de indiferencia y tomar posición sobre lo deseable para el conjunto. Por caso, los criterios a priorizar en una situación compleja, donde el logro de mayores resultados también supone utilizar la fuerza o realizar actos discriminatorios.

6. Gobierno de la organización y valores sociales

En este análisis, no estoy luchando por apropiarme de un concepto para justificar un enfoque, sino que intento explicar las ambivalencias y dualidades de la gestión directiva en un entorno complejo, con fuerzas encontradas. La construcción de valores implica algún mecanismo continuado de debate, diálogo, colaboración o proceso educacional. Destaco que el sustento (legitimador) de esta construcción no podrá ser el control de los recursos que otros necesitan (indefensos, obligados al silencio) o la desigualdad derivada de las relaciones de fuerza. El uso del concepto de *valores y creencias compartidos*, en una organización autoritaria, es parte del discurso de poder.

Las organizaciones son construcciones humanas con proyectos que necesitan un sustento compartido. De no ser así, requieren el uso impersonal de la fuerza y el control, con lo cual se desnaturaliza la idea de organización social, se la hace inhumana. No basta con el diseño de un dispositivo productivo si no está sostenido en la voluntad humana y la cooperación. Se requiere compromiso y creación, procesos que surgen (no se imponen) en un entorno de colaboración y de legitimación social. Deben basarse en la aceptación conjunta, solidaria, bajo condiciones de libertad, equidad y justicia. Así puede hablarse de organización social. De otro modo, sólo se trata de unidades económicas con modos materiales de producción propios.

Desde el autoritarismo y el pragmatismo se habla de la dualidad como algo inevitable, de la presión de "las reglas de juego" y de las imperfecciones del sistema. Se divulgan los valores competitivos como si la lucha y la exclusión fueran estrategias compatibles con la idea de la organización social. Como otros dilemas de la organización, son cuestiones que no admiten una solución simplista. Por caso, es inaceptable la simplificación de negar derechos y necesidades humanas, sin plantear la cuestión de la justicia distributiva. Son temas que requieren del diálogo y los acuerdos sobre prioridades y postergaciones, en el marco de proyectos basados en fines y sentidos compartidos.

Para enfrentar esta problemática no es suficiente la idea de la gerencia eficaz. Se requiere avanzar hacia el concepto de *gobierno* (rumbo) y *gobernabilidad* (integración) en la organización. Una conducción que busque superar la diversidad a través de un proyecto compartido y en sintonía con las necesidades ambientales. Los valores sociales importan a la hora de salvar las antinomias internas y establecer la mencionada sintonía con las fuerzas del contexto. Importan, se aprecian, se valoran las ideas de legitimidad, sociabilidad, representación, participación, credibilidad.

7. Las condiciones del pensar y el hacer juntos

Desde el enfoque cooperativo de la Dirección y la organización, el entender y hacer juntos es una condición, no una estrategia de conducción, ni una forma de lograr eficiencia. La disposición para la construcción solidaria (en forma voluntaria y comprendida) hace al concepto de *capital social* de una organización, o sea, a la consistencia de su tejido social, a la credibilidad y confiabilidad en las relaciones humanas. Este enfoque cooperativista reconoce el dilema de las dualidades entre el individuo y la organización. Las dualidades entre las razones y emociones que se busca compensar en el marco de un proyecto cooperativo y, por lo tanto, superador, propio de una organización socialmente sustentada. Ello, entendido como la orientación que corresponde al enfoque de la gestión cooperativa de la complejidad frente a la cuestión de los valores sociales.

La idea de fondo en esta presentación es que los directivos no deberían reducir su responsabilidad a la de recortar y armar un esquema de valores funcionales al proyecto de empresa. Aun cuando hablen de construir una cultura interna. No deberían hacerlo solamente sobre la base de los principios, valores y creencias que destacan las virtudes relacionadas con el sacrificio hacia los objetivos de producción. Porque la empresa debe construir un proyecto solidario hacia dentro y hacia fuera, por su responsabilidad en cuanto al desarrollo humano y la construcción de una sociedad más justa y equitativa.

En cuanto al tema de la producción y el crecimiento en un entorno complejo, el marco de los valores cooperativos y solidarios no es una cuestión de hacer declaraciones o discursos movilizadores. Aplicado en plenitud, el marco de valores con principios sociales compartidos, como parte de una gestión participativa, no es una manifestación de puro voluntarismo. Se trata de una gestión concreta, que instala un ambiente de creatividad, innovación y compromiso, para producir y crecer en un entorno complejo, cambiante y desafiante. En ese entorno que requiere cambios estructurales, los esfuerzos y talentos individuales llevan a gestos heroicos pero insuficientes en términos sociales.

En una realidad desafiante, bajo fuerte presiones de la comunidad, no alcanzan los modelos de gestión pendientes de la voluntad e imaginación del directivo aislado, de las relaciones basadas en la autoridad, las recompensas y castigos. Todo ello no va más allá de la intimidad de la empresa, no altera la desigualdad estructural que condiciona su desarrollo. El crecimiento sustentable refiere a las estrategias de conjunto, a construir redes para integrar capacidades aisladas, a invertir en el capital social de la organización. Ello implica más que capacitación y tecnología actualizada. Demanda equidad en las relaciones, asociatividad en las actividades, dignidad en los contratos y condiciones de trabajo, transparencia en las comunicaciones y credibilidad en las decisiones directivas. No como suma de medidas de gobierno, sino como una visión integradora en el marco de una gestión socialmente responsable.

Bibliografía

Collins, J. y Porrás, J.: *Empresas que perduran*, Grupo Editorial Norma, Bogotá, 1998.

Davis, Meter: *La administración de la diferencia cooperativa*, Oficina Internacional del Trabajo, Ginebra, 1999.

Duclós, E. y Ortiz, J.: *Ética para seguir creciendo*, Prentice Hall, Madrid, 2001.

Etkin, Jorge: *La doble moral de las organizaciones*, McGraw-Hill, Madrid, 1993.

Goffee, Rob: "What Holds the Modern Company together?", *Harvard Business Review*, Boston, diciembre 1996.

Gratton, Lynda: *Living Strategy*, Pearson Education, Nueva York, 2001.

Hayek, Frederich: *Derecho, legislación y libertad*, Unión Editorial, Madrid, 1985.

Kliksberg, Bernardo: "Capital social y cultura, claves del desarrollo", *Boletín del PNUD-IIG*, N° 17, Washington, setiembre 2000.

CAPÍTULO 13

CULTURA, COLABORACIÓN Y CREATIVIDAD

1. Mitos y realidades de la cultura interna
2. La cultura como construcción social
3. Sociabilidad y políticas de empresa
4. Cultura, transgresión y desorden creativo
5. Conocimientos, emociones y símbolos
6. Objetividad y subjetividad en las relaciones
Bibliografía

1. Mitos y realidades de la cultura interna

En las organizaciones, a través del tiempo, se construyen pautas de relación, valores y conocimientos que son propios de cada ambiente de trabajo, formas de pensar que operan con mayor o menor congruencia respecto de las pautas vigentes en el contexto social más amplio. Se habla entonces de la existencia de una cultura (específica) de la organización, relacionada con los rasgos de sus integrantes y la naturaleza de sus actividades (entre otros factores). Como la fe, la meditación y el silencio en un convento, o el ruido, la emoción y sensualidad del juego en el ámbito de un casino. Lo específico es más visible en las instituciones que tienen un *status* legal con privilegios o protecciones, con fronteras marcadas o con una fuerza económica suficiente como para imponerse en su entorno. Por caso, un hogar de ancianos, una secta, un monopolio, un centro de reclusión. También las microempresas en las que la figura del propietario es dominante.

En esos espacios se construyen (por acuerdos o imposiciones) pautas culturales que cohesionan y permiten disponer de expectativas compartidas sobre las actividades conjuntas. Así, la cultura es un factor de articulación y de significación que permite construir juntos. Por otra parte, la diversidad de intereses, las luchas y las diferencias ideológicas pueden llevar a la fractura interna. O también, al aislamiento de la organización alrededor de un dogma que convoca pero, a la vez, pone barreras y toma distancia respecto de los valores en el medio externo. Es posible analizar la cultura en cuanto aporte a la creación de un clima constructivo de trabajo o como la posibilidad de un orden destructivo en las organizaciones. El problema es que las relaciones perversas se refuerzan cuando no son actitudes personales, sino que derivan de un orden instituido.

Una cuestión importante es pensar si puede considerarse cultura a los regímenes internos ("reglas de juego") que se basan en la lucha, convocan a la agresión, niegan los derechos o la condición humana y son fuente de peligro para el medio ambiente externo. En una obra anterior sobre la problemática de la empresa competitiva (Etkin, 1996) tuve oportunidad de criticar cierto tipo de decisiones, propias del modelo, que derivaban en un clima de malestar. Por ejemplo, las políticas de recursos humanos basadas en el manejo de los miedos, ansiedades o impulsos que las personas no controlan en forma racional. También el paternalismo que lleva a inmiscuirse en la libertad de acción de los individuos, con el pretexto de la supuesta inmadurez para decidir por sí solos. O los estados de parálisis que provoca la ideología de "cambiarlo todo de una vez", o el discurso de cambiar un poco de todo con el fin encubierto de que el todo quede igual.

En muchas obras y estudios clásicos sobre Dirección de empresas, se suele destacar a la cultura como un factor crítico, como un potencial o ventaja competitiva que refuerza a la organización, le brinda autonomía y le permite diferenciarse en su contexto. Dicho así, en abstracto, este es un ejemplo de cómo se construyen mitos alrededor de ciertos conceptos. Posturas ideológicas a las cuales se les asignan propiedades milagrosas, como si estas, en sí mismas, fueran una positividad. Como ocurre con los conceptos de *liderazgo, competencia, estrategia* o *cultura de la organización*. Hay en estos conceptos aspectos que contribuyen a la salud de la organización, pero también recomendaciones que sólo valen en el plano de la eficacia porque son enfermantes en el dominio de lo humano.

La idea de lo verdadero en la organización es un elemento cultural muy sensible a las desviaciones o manejos, intencionales o no. En un importante estudio sobre los errores de lógica en el mundo de los negocios, E. Shapiro (1993) sostiene que aquello que se supone verdadero es, en realidad, un peligro para la empresa, porque la condiciona, le impide una lectura crítica de la realidad. Frases como "sabemos bien lo que quieren los clientes", "nuestra gente sabe lo que debe hacer", "por supuesto conocemos nuestro producto", se usan como verdades indiscutibles, pero operan como trampas y obstáculos para alcanzar objetivos valiosos. En referencia a las empresas investigadas, esta autora recuerda que la mente humana trata las nuevas ideas "de la misma manera que el cuerpo trata a las nuevas proteínas: las rechaza".

Las ideas y frases hechas, o verdades reveladas, son en realidad un elemento de una postura ideológica que no se declara y corresponde a alguno de los grupos de interés y opinión que juegan en la organización. Suelen contener una intención no declarada. Por ejemplo, el liderazgo es un proceso que moviliza recursos en el sentido deseado por la empresa. Pero es también una relación peligrosa por el estado de fascinación o dependencia que se crea alrededor de estas figuras convocantes, relación que deriva en una ilusión frustrada. Con esto no negamos tales ideas, pero marcamos la obligación por parte de la

Dirección de evaluar las dualidades de estos procesos en la realidad y buscar los equilibrios necesarios en las relaciones de trabajo.

Siguiendo con la línea de las dualidades, debemos plantearnos si tiene sentido hablar de pautas culturales cuando se trata de prácticas que llevan a la degradación de la propia organización (vista desde lo social, no desde los negocios). Por caso, los peligros de referirnos a la cultura en una organización de carácter mafioso. Debemos pensar si tiene sentido considerar la represión, la discriminación o la corrupción como elementos de la cultura organizacional, y hablar de ellos como si fueran "costos" del crecimiento o aspectos "disfuncionales" de la lucha competitiva. En este ambiente, una transgresión no sólo implica salirse de la norma, sino que puede considerarse un legítimo intento de resistencia frente a lo socialmente indeseable.

2. La cultura como construcción social

Hay una perspectiva etnográfica que describe la cultura como una trama de convenciones, de modos de convivencia o representaciones comunes, en un tiempo y lugar determinados. Esta visión prioriza la vigencia y continuidad de los rasgos, su normalidad o recurrencia al interior de la organización, y no repara tanto en la evaluación social de sus contenidos. Desde este enfoque se incluiría como pauta cultural la práctica reiterada de despedir a quienes no se someten, los transgresores, opositores y otros individuos que la Dirección tacha de "inadaptados" por sus actitudes poco conformistas con el estado de cosas vigente. Desde esta perspectiva impersonal y técnica, sería el propio sistema, con sus normas, el marco de referencia que legitima las prácticas injustas, aunque generen daño al interior y exterior de la organización.

Otra visión de la cultura está orientada hacia la descripción clínica. Es un enfoque que hace valoraciones de los elementos de la cultura. Se preocupa por estudiar los efectos positivos o negativos de las pautas de convivencia, por ejemplo respecto de la salud y los derechos humanos de los participantes, y la ecología del sistema social más amplio. Desde este enfoque clínico no puede aceptarse el concepto de cultura como un instrumento de control que sólo sirve a los particulares intereses de los grupos dominantes. Esta visión se apoya en un esquema de valores sociales o comunitarios, un marco de referencia desde el cual hacer el diagnóstico y la evaluación de la empresa (un deber ser).

En términos de E. Schein (1990), el concepto de *cultura* debe reservarse para el nivel más profundo de las motivaciones sociales, las presunciones básicas y creencias, las respuestas que los miembros han aprendido y que comparten en lo cotidiano. Bajo esta idea, las premisas culturales operan de manera no consciente y definen tanto la visión que los grupos y la organización tienen de sí mismos, así como también de sus relaciones (de autonomía e intercambio) con el contexto. Estas presunciones se consideran el modo correcto de percibir, pensar y sentir los problemas que plantea la convivencia en lo interno y la adaptación externa.

Estas presunciones básicas o implícitas corresponden a las llamadas "teorías en uso" en la obra de Ch. Argyris (2001). Esas teorías se aprenden, se transmiten y se reconocen socialmente. Producto del tiempo, están firmemente arraigadas, no son discutibles ni confrontables por los participantes. Funcionan como modelos que orientan y enseñan a los miembros la manera de percibir, pensar y sentir los hechos en la organización. Estas pautas subyacentes son reconocidas por la Dirección en la medida que sean funcionales, o no se contradigan con el proyecto de empresa. Aquí vemos una fuente de tensiones entre la cultura arraigada o autoconstruida, y la inducida o enseñada.

Si vemos los grupos como tribus, en sus costumbres prerracionales (y naturales) no hay elementos que puedan calificarse de negativos, no hay voluntad de hacer daño. Puede existir crueldad en ciertos ritos paganos, ceremonias de inmolación o mitos a los cuales se someten los individuos, pero ello hace a las costumbres o formas de convivencia. Nos son estrategias para enfrentar el orden instituido. Sin embargo, las políticas de empresa tratan de incorporar esos elementos en la cultura productiva; intentos que pueden ser una fuente de resistencias. Esta mirada puede explicar ciertos comportamientos rituales, pero no los legitima cuando la mirada está orientada a evaluar la realidad en cierto contexto de principios deseables.

En el marco del presente análisis, nuestro abordaje es valorativo, no estamos enseñando estrategia ni destacando los rasgos primitivos que emergen en la realidad grupal. No pensamos en el manejo de la cultura para aumentar la productividad, sino en términos de la relación entre los procesos de socialización (desde la capacitación) y el respeto por las libertades y la condición humana. Porque conocemos las desviaciones peligrosas de las estrategias de poder volcadas al plano de la formación y desarrollo de los individuos, tomamos el saber y las creencias establecidas como cultura de las organizaciones mientras no sean una fuente de injusticia, padecimiento o represión para sus participantes.

En este análisis valorativo, no podemos aceptar que en un hospital psiquiátrico la cultura lleve a que los internados con males transitorios tengan que "volverse locos" para sobrevivir en su medio. Es decir, desarrollar su enfermedad para ser aceptados como normales en los términos de la cultura del lugar. No es diferente del cuerpo de vendedores de un comercio que debe adoptar la mentira como argumento de venta, porque es la instrucción que reciben y el modo en que funciona la empresa. Decir que esta situación responde a un orden cultural es una forma de diluir la responsabilidad y encubrir lo indeseable de estas pautas de comportamiento.

Por este camino de la desvalorización de las acciones, en la organización se instala la llamada *corrupción institucional*, una desviación que se hace normal para quienes integran la entidad. Por ejemplo, ocurre con el tráfico de influencias o la corrupción en los procesos de compra en el aparato estatal o dentro de una empresa privada. Estos procesos no son pautas culturales sino elementos de la contracultura. No tienen que ver con la razón de ser de la organización. Son prácticas ilegítimas que desplazan al sistema de su misión y propósitos originales.

Nuestras afirmaciones críticas sobre el orden cultural establecido no son juicios de valor personales, sino que se basan en los principios sociales aceptados en el contexto donde operan estas organizaciones. Podemos hablar de factores o procesos que integran o desintegran la trama social y los lazos culturales. En este sentido, es factor de desintegración un sistema de trabajo que aísla a los individuos, les niega la posibilidad de la comunicación o de la interacción en grupos. Que la organización pueda mantenerse operando con formas de pensar y hacer indeseables desde lo social tiene que ver con la magnitud del poder que la sustenta y con la actitud de rechazo o resignación de los ciudadanos o usuarios que sufren las desigualdades de ese orden cultural.

3. Sociabilidad y políticas de empresa

En la ideología de la excelencia, los predicadores suelen destacar las ventajas de las empresas que tienen, según ellos, una "cultura fuerte o consolidada", con creencias y valores identificables, compartidos y sostenidos desde la conducción. En este marco podemos preguntarnos: ¿ventajas culturales con respecto a qué alternativa? ¿Sólo respecto de los objetivos empresarios? Al referirse al costo de la excelencia, M. Thévenet (1991) ha destacado que la cultura puede ser un elemento de integración y desarrollo, pero también de inhibición. En sus palabras, "existe una categoría de empresas que yo calificaría de empresas-sectas. La diferencia entre la religión y las sectas es que la vocación de la primera es liberar a los individuos, mientras que la segunda apunta a volverlos dependientes".

El concepto de "conocimiento socialmente aprendido" no legitima los contenidos de ese saber, porque esa idea de aprendizaje (la socialización) nos ilustra sobre una parte de la realidad, de lo reconocido desde el orden instituido, que no es todo. Digamos que es parte de la cultura oficial, a veces una parte indeseable en el marco de un orden cuestionado, y que nos lleva a pensar no en "la" cultura sino en sus componentes duales. Por ejemplo, los conocimientos aplicados para discriminar o reprimir, las prácticas de la intolerancia religiosa, la persecución política, la censura de las ideas y creencias o el hacer justicia a través de la fuerza. Nos preguntamos si la ignorancia puede considerarse una "herencia transmitida socialmente" (concepto tradicional de cultura) o si la capacitación en tecnologías que permiten falsear los hechos (en los periódicos) es parte de un proceso educativo.

Es básico establecer el contexto o la posición ideológica desde la cual se debate sobre la cultura organizacional. Si la cultura "habla de sí misma" (los directivos hablando de su empresa), el discurso le da naturalidad o cierta imagen de consenso a una realidad social que, en los hechos, también tiene un fuerte componente estratégico (el proyecto de empresa). Cuando la mirada es heterónoma o externa a la organización, el análisis mostrará las relaciones entre las creencias y la racionalidad dominante en la organización (interna y desde su entorno). La evaluación revelará la relación entre cultura, ejercicio de poder y resistencias en la organización. No decimos que la cultura esté "determinada", pero sí que presenta componentes duales, más allá del discurso oficial y los objetivos empresarios.

Si observamos los procesos y estados de la organización en el marco del orden-desorden o la construcción-destrucción, no parece correcto hablar de "un" sistema cultural (como entidad) sino de una configuración de componentes, atravesada por la racionalidad dominante. Estos componentes (pautas de relación, valores, creencias, conocimientos) no necesariamente están en armonía, sino que suelen presentar tensiones debido a la diversidad de grupos, posiciones e influencias que operan en la organización. La cultura es funcional (permite integrar esfuerzos) pero no "está hecha para" algo en especial. Se construye en el marco de ciertos proyectos, pero también a través de la cotidiana interacción social en un determinado contexto.

No estamos orientados a discutir en el campo de la semántica si un saber es o no cultura. Pero sí a remarcar que los discursos y metáforas suponen ciertas ideologías que deben ser consideradas. Por ejemplo, señalar los componentes destructivos de una cultura aunque de ella se diga que refleja un modo de pensar "instalado" en la organización. Si nos ubicamos en el plano de los códigos, el término *cultura* se diferencia de otros porque refiere a cultivar, a permitir el crecimiento o desarrollar una capacidad. Y en los juegos del lenguaje desde la estrategia directiva, puede intentarse una desviación del concepto para dar la impresión de que cultura "es lo que funciona", despojando la idea de sus contenidos valorativos.

La contracultura no refiere a un enfrentamiento en el plano de las relaciones de fuerza. No siempre es una oposición a lo establecido, porque puede referir a la propia estrategia de la Dirección, que niega los principios aceptados en el medio social más amplio. Tal como ha escrito J. Bosch

(1992), no es una denominación política sino una afirmación que implica una valoración de las conductas. No debe confundirse con un movimiento transgresor o renovador que intenta mejorar las relaciones humanas. Tampoco es un componente local o sectorial, como las llamadas *subculturas*. La contracultura es destructiva no de lo oficial o las ideas del gobierno, sino de importantes creencias y valores sociales, como la honestidad, la transparencia, la equidad y la solidaridad. Por lo tanto, la contracultura no constituye una disconformidad con el orden (la diversidad de opiniones), sino una práctica de conjunto, que afecta la convivencia (democrática) y el bienestar general, tales como las actitudes de discriminación o la imposición de un dogma uniformador ("aquí pensamos de este modo").

Existe, por lo tanto, una realidad crítica en cuanto a los modos de pensar ("la mentalidad"), las relaciones y las prácticas en la organización. Una suerte de negatividad que se refleja en un ambiente de represión y malestar. Esa realidad no es virtuosa ni deseable, y forma parte del orden negativo cuando se la considera en términos de la misión de la organización, del capital humano, de la dignidad del trabajo y del crecimiento sustentable de la organización (su potencial creativo). Una realidad que tiene que ver tanto con las políticas de empresa como con las pautas autoconstruidas por los grupos. En la realidad, ambos factores están relacionados.

La organización requiere alguna forma de ordenamiento, porque es un concepto que articula la diversidad de ideas. Quizás las políticas no pretendan imponer conductas, pero crean condiciones que limitan la creatividad. Por caso, cuando desde la Dirección se refuerza la autoridad de los jefes, dándoles el poder de la "última palabra" frente a la divergencia. Esta política simplifica y ordena, pero también instala la relación de la obediencia debida (sin alternativa para el empleado) y, por lo tanto, avanza sobre las libertades individuales. La cultura de la obediencia no es un tema solamente técnico o de eficacia en las relaciones, también es una toma de posición sobre la naturaleza del trabajo en las organizaciones.

No todo el malestar (o bienestar) deviene de las políticas internas. En el marco de las realidades autoconstruidas (sostenidas en lo cotidiano), la contracultura también tiene que ver con los llamados *mecanismos de defensa* de grupos e individuos, que implican una actitud compartida de rechazo o conformismo, opuesta a los procesos de innovación y aprendizaje en la organización. Son importantes en la cohesión o significación compartida, pero disfuncionales a la adaptación. Por caso, el defender posiciones de privilegio, ocultar información para hacerse imprescindible o enfrentar el cambio tecnológico ya sea por ignorancia o temor al despido. Estas defensas son disfuncionales a la cultura en el sentido de que aumentan el espacio de las actitudes de base emocional (tabúes) y limitan las posibilidades de incorporar o construir nuevos saberes y conocimientos en la organización.

Estos mecanismos o rutinas de defensa no siempre operan en el plano de lo consciente, no son intencionales. Si bien no se discuten ni explicitan, pesan sobre la decisión individual y del grupo a la hora de enfrentar nuevos proyectos. Ponen límites a la incertidumbre o la ansiedad en un contexto que los individuos sienten como amenazante. En la medida que las inhibiciones no son intencionales, tampoco son un ejemplo de resistencia activa o de "contracultura", sino más bien una suerte de bloqueo y obstáculo al cambio organizacional. En este sentido, Ch. Argyris (2001) ha escrito que "esas rutinas defensivas llevan a una actitud antiaprendizaje porque evitan la reflexión sobre los efectos contraproducentes del comportamiento". Es importante destacar que los propios grupos no están en condiciones de apreciar la limitación de estos esquemas mentales, porque a través de esos mismos esquemas es que entienden la realidad circundante.

4. Cultura, transgresión y desorden creativo

La cultura refiere a conocimientos, pautas de relación, premisas o creencias que permiten integrar los comportamientos, pero en el marco de la racionalidad dominante en la organización. O sea, no es una integración o un marco de referencia aleatorio, con una dinámica paralela al sistema. Pero esto no implica uniformidad, por la propia composición de la organización y porque actúa en un contexto con diversidad de fuerzas. Las motivaciones personales y las relaciones de poder hacen que la realidad cotidiana muestre la coexistencia de la armonía junto a la disonancia cultural. Lo disonante refiere al pensar diferente y las acciones derivadas de ello, como la crítica o la oposición. Esa disonancia puede surgir de los múltiples objetivos que operan en la empresa, así como de las reservas de conciencia sobre las líneas de acción oficiales.

La disonancia cultural es un espacio de cruce o intersección de valores antagónicos que operan en la misma realidad. El cruce entre lo establecido por la organización y otros valores alternativos, como los profesionales del centro de salud que discrepan sobre el enfoque comercial de la medicina. En estos casos vemos la disonancia como efecto de la imposición y la falta de consenso, como el intento de sobreimprimir ciertas premisas sobre otras. Por ejemplo, la persecución de orden político o ideológico, o los intentos de avanzar sobre la privacidad de los individuos. O las normas instituidas desde la casa matriz y los monopolios que niegan o ignoran las ideas y creencias de las filiales.

La cultura incluye la imagen difundida de los triunfadores y héroes legendarios; pero bajo las mismas reglas y en la misma historia también aparecen los marginados, castigados o postergados. A veces sólo por el delito de pensar, sentir o actuar en forma diferente. Y esta situación no se considera ilegítima desde la cultura oficial, porque se habla de la discriminación como un efecto no deseado, una contingencia. Lo perverso, como desviación o deformación de la cultura, nos muestra la incapacidad, la negligencia o el desinterés de sus sostenedores para resolver las desigualdades que provoca. En este orden destructivo se incluye la costumbre del castigo corporal en las escuelas o las descargas eléctricas a los enfermos mentales.

Lo importante para la crítica perversa es darse cuenta de que "esa" cultura es, asimismo, el ambiente en que ocurren el dolor y la injusticia que acompañan los procesos de socialización. Si bien la cultura no causa las desviaciones morales, muchas veces tampoco las puede impedir. A ello nos referimos cuando hablamos de la impunidad o la indefensión de los participantes. No pensamos en el peso de la crisis económica o política del contexto, sino en las prácticas e inhibiciones al interior de cada organización. La figura del fundador o el patrón, la rutina que deshumaniza, el trato autoritario, la obediencia incondicional, el castigo a los inconformistas, la influencia ideológica, el credo del sistema, la invasión a la privacidad.

A través de los procesos organizacionales se establece un saber hacer lo que corresponde socialmente, pero con el tiempo también aparece un hacer diferente y destructivo. No estamos pensando en la violencia irresistible, las intrigas de palacio, las conjuras o el analfabetismo. Pensamos en la existencia de creencias y presunciones arraigadas y no controvertibles, pero que también son destructivas. Estas premisas pueden subsistir avaladas tanto por la trama del poder como por el poder de los mitos. No es moral justificar o legitimar dichos prejuicios diciendo que "son cultura" como si fueran algo natural, como un rasgo distintivo y propio de la organización. Así, no puede justificarse la violencia indiscriminada en un organismo de defensa o seguridad de los ciudadanos, argumentando que ello hace a su naturaleza o misión.

Es vital, para quienes tienen la responsabilidad de conducir, analizar si en la organización existen relaciones injustas, aunque se encuentren dentro del orden vigente. Situaciones y espacios de relación donde las desigualdades están amparadas por la ignorancia, la inseguridad o los estados de necesidad. Aunque estén sostenidas en el tiempo por sus propios actores, son un reflejo de la contracultura en un sentido social más profundo y responsable. Incluso, las actitudes egoístas y de enfrentamiento interno como forma de ascender en la jerarquía. Estas situaciones tienen la rigidez propia de la trama de poderes que las sostiene y un saber tradicional que las considera normales.

El cambio cultural no es entonces una simple cuestión estratégica o de voluntarismo. Hay también un trasfondo de fuerzas y resistencias en lo manifiesto y lo subyacente. Hemos señalado que la cultura puede representar una forma impuesta desde los grupos de interés dominantes y usar el disfraz de la fuerza competitiva o la lucha por la supervivencia. En ese caso, la transgresión es un proceso crítico, tiene que ver con el desorden constructivo en la medida que pone de manifiesto e intenta superar los esquemas mentales que están bloqueando a la propia organización. El cambio hacia lo constructivo requiere una importante capacidad de autocrítica y aprendizaje en lo interno, o bien, una crisis que la conmueva o la ponga en peligro. En el presente trabajo hemos advertido sobre los riesgos de caer en el mito de la gestión de la cultura y remarcado la necesidad de analizar el orden cultural en términos de los valores compartidos y sostenidos en el contexto social.

5. Conocimientos, emociones y símbolos

La realidad de las empresas nos muestra una diversidad de recursos materiales y prácticas cotidianas que operan en el plano de lo objetivo y manifiesto. Sobre la acción influyen factores subjetivos, como el compromiso y las capacidades humanas que sustentan la calidad del esfuerzo cotidiano. La coordinación se logra a través de comunicaciones en las cuales intervienen elementos de orden simbólico. Normas e interpretaciones, factores objetivos y subjetivos, hechos y representaciones se conjugan para hacer una organización compleja.

Estos factores tratan de orientarse y articularse a través de los esquemas de planeamiento y control, que intentan dar racionalidad a los comportamientos y sus resultados. Pero no todo lo que ocurre es como lo pensado, ni todas las acciones están en línea con los propósitos de la organización. Los problemas de estructura y los factores emocionales hacen que una dosis de irracionalidad sea parte de la realidad compleja. Las diferencias y tensiones entre las normas y lo que el personal significa e imagina implican desorden pero no peligro. Además, esas tensiones operan como un factor dinamizador de la organización.

La intención de los directivos de promover acciones eficaces a partir de imágenes "motivadoras" es contraproducente cuando se lleva a cabo como un dispositivo mecánico. Porque la actitud y significación de los individuos se alimenta de múltiples fuentes y no depende solamente de las formas del discurso directivo. La significación compartida es una de las condiciones de la organización, pero admite zonas de ambigüedad y disonancia. En el presente trabajo nos proponemos analizar cómo operan los aspectos emocionales y simbólicos que hacen al imaginario social de la organización. En particular, lo referido al discurso indentificatorio y la ideología de la empresa.

A los efectos del análisis, decimos que la realidad organizacional se construye en distintos dominios: *a)* el conocimiento, las decisiones y las acciones racionales, que se vinculan con el uso eficiente de los recursos y su aplicación de manera intencional para el logro de proyectos y objetivos deseables; *b)* las emociones, ilusiones y sentimientos, vinculados con las necesidades de los individuos y derivados de sus relaciones en los grupos sociales, y *c)* lo simbólico, que refiere al plano del discurso (los signos), las representaciones e imágenes que se desarrollan y se manifiestan en su cultura y en las subculturas internas. En el momento de la reflexión y de la acción, estos factores pesan de diverso modo, según la situación y la naturaleza de la organización.

Sabemos que la continuidad y estabilidad de una empresa supone (como mínimo) un enfoque racional de los problemas. Pero esta forma de pensar y actuar no es absoluta, muestra limitaciones, es discontinua y sus alcances varían. En los hechos, las empresas presentan una combinación de razón y sinrazón. Para los diseñadores, el ideal es la relación complementaria entre los programas y los factores emocionales, por ejemplo, cuando hablan del compromiso, la adhesión o la visión compartida. Pero la práctica indica que existen diferencias y relaciones que no son compatibles. Hay en la propia organización una confluencia de fuerzas que dificultan la cohesión. La tecnología y las demandas de productividad plantean condiciones que presionan sobre la estabilidad emocional de los individuos. Ellos, a su vez, tienen su apreciación de la realidad y sus fines personales, que no siempre son compatibles con los propósitos más generales. Aun en esta diversidad, la cultura representa una articulación entre individuo y organización, entre objetividad y subjetividad, entre motivaciones y estrategias.

6. Objetividad y subjetividad en las relaciones

No estamos tratando de hacer una crítica del mundo imaginario por su falta "objetividad" o exceso de "subjetividad". Hay muchas realidades que los grupos sociales necesitan y construyen en la organización, y la ideología es una de ellas.

No tiene sentido criticar por falta de objetividad las ideas compartidas que integran la cultura organizacional, tales como los mitos, leyendas, creencias y tradiciones. Respecto de esta subjetividad (sentimientos, intenciones) no declarada, debemos marcar que hay prejuicios e intereses personales que se introducen en los mensajes pero no son ideología política. Son perspectivas o deformaciones profesionales, como la opinión sobre la verdad y la mentira en el campo del marketing, o la visión monetarista en el área de finanzas.

Entonces, lo no-ideológico es la construcción, concepto o imagen que se comunica sin doble sentido o segundas intenciones. El decir no ideológico se ubica en el plano de lo descriptivo, como el relato, la narración o la mera transmisión. Es algo verificable y no solo lo verosímil. En un ambiente colaborativo y solidario, importa que la expresión (verbal o no verbal) no se realice en el marco de una maniobra, un manejo persuasivo o una desigual posibilidad de entendimiento. Emisores y receptores deben reconocer que en los mensajes hay una producción de sentido, pero no como parte de un proyecto de poder.

La producción de sentido requiere un reconocimiento, en el marco de la organización, de su historia y sus relaciones sociales. No todo el sentido del mensaje está contenido en la propia comunicación. Cada idea no tiene un valor aislado, porque es valorada por su diferencia respecto de otros mensajes y realidades en la organización. El sentido no solo surge del contenido visible del mensaje, sino también de la ubicación de dicha comunicación en su contexto.

Frente a la ideología se encuentran las condiciones de reconocimiento del mensaje, las actitudes que son propias de los receptores. Nos referimos a los juicios de valor de los clientes, proveedores, empleados, accionistas, consultores, auditores. Las partes o interlocutores no son materia pasiva. Sus propios intereses y capacidades hacen a la vigencia y practicidad de cada ideología en la organización. De tal manera, en lo que llamamos *la dimensión ideológica*, deben analizarse tanto las condiciones de producción como el consumo y la circulación de las ideas y creencias.

En su obra sobre semiosis social, E. Verón (1987) dice que "un sistema de producción de sentido está constituido por la articulación entre dos gramáticas (o dos sistemas de reglas), una de producción y otra de reconocimiento". Y ambas funcionan en el ámbito de una determinada formación social. Lo ideológico tiene que ver con lo creíble, con aquello que es necesario (para el emisor) que los seguidores crean o hace falta que adopten como supuesto. Por ejemplo, que al final se impone lo justo, que el éxito es prueba de capacidad o que existe una reparación en el más allá (según los intereses del orador).

Recordemos que en los mensajes persuasivos los comunicadores no exhiben sus preferencias, ni explicitan los valores que lo sostienen. A veces, en su intento de ser creíbles, los juicios de valor se enmascaran y el emisor afirma que se trata de una "descripción objetiva" de una situación existente. Vemos aquí cómo opera la dualidad o disfraz que interviene en la representación que hemos llamado *ideología* (en su versión negativa), porque se trata de presentar como descripción algo que es una valoración, una preferencia personal. Y en la construcción de ese mensaje hay también un intento de encubrir (o no debatir) los intereses del propio emisor o las bases de su poder no declarado.

Para marcar las diferencias entre sistema de ideas (lo descriptivo) e ideología (lo normativo), debemos destacar que en las organizaciones una parte de la comunicación refiere al relato de un estado de cosas acerca del que se quiere informar, echar luz. En la comunicación no todo es poder, manejo o intentos de dominación. Quizá en el sistema de ideas se puedan objetar los prejuicios o premisas de las partes, pero no que exista doble intención, porque el emisor informa o expresa lo que piensa (o bien cree hacerlo).

Es un proceso constructivo en que las partes se conectan para compartir un saber y no para deformarlo. La mejora en las comunicaciones refiere a la necesidad de explicitar los supuestos que dificultan el entendimiento.

Lo no-ideológico tiene que ver entonces con la transparencia en las reglas para definir y transmitir el saber organizacional. Se trata de una comunicación donde el discurso no impone sino que exhibe o tematiza sus propias condiciones de producción. Por ejemplo, en la discusión de leyes en la legislatura, o cuando en la cooperativa los asociados participan del criterio (discurso) de la equidad para la distribución interna de los ingresos. Es el saber o el conocimiento que se expresa como un discurso con su función referencial explicitada, donde el emisor conoce el problema de la reflexividad de sus afirmaciones. Como parte del mensaje, el legislador o el asociado tendrá que poner en evidencia sus preferencias o contenidos valorativos.

Bibliografía

Allaire, Ivan: *Cultura organizacional*, Legis, Bogotá, 1992.

Argyris, Chris: *Sobre el aprendizaje organizacional*, Oxford University Press, México, 2001.

Bosch, Jorge: *Cultura y contracultura*, Emecé, Buenos Aires, 1992

Castoriadis, Cornelius: "L'institution imaginaire de la societé", *La Recherche*, N° 137, París, 1985.

Etkin, Jorge: *La empresa competitiva, su grandeza y decadencia*, McGraw-Hill, Chile, 1996.

Schvarstein, L.: *Diseño de la organización. Tensiones y paradojas*, Paidós, Buenos Aires, 1998.

Schein, Edgar: *Organizational Culture and Leadership*, Jossey Bass Publishers, Londres, 1990.

Shapiro, Eileen: *How Corporate Truths Become Competitive Traps*, Wiley & Sons, Nueva York, 1993.

Thévenet, Maurice: En: PNL *et communication*, Les Editions d'Organisation, París, 1991.

Verón, Eliseo: *El discurso político. Lenguajes y acontecimientos*, Hachette, Buenos Aires, 1987.

CAPÍTULO 14

CAPITAL SOCIAL

1. Caracterización de las organizaciones, desde los valores sociales

En el ámbito de la sociedad civil, la actividad productiva se realiza a través de múltiples formas de organización. Pueden ser empresas, asociaciones, instituciones, emprendimientos y otras formas de articular esfuerzos y recursos detrás de ciertas finalidades de conjunto. Es posible distinguir entre esas organizaciones considerando los siguientes factores: *a)* sus propósitos y actividades sustantivas; *b)* los derechos de los integrantes y el tipo de aportes que realizan a la empresa; *c)* los valores y principios que forman parte del acuerdo constitutivo; *d)* las fuentes de recursos y la asignación de los ingresos, y *e)* el marco jurídico y las instituciones que regulan las relaciones internas y externas de la organización.

Nos referimos aquí a las organizaciones que buscan sustentarse con su producción, que no dependen de la ayuda externa en forma de contribuciones, subsidios o donaciones. Organizaciones que operan con productos y servicios que satisfacen necesidades de la demanda en un mercado donde actúan otros oferentes, bajo reglas de juego establecidas y conocidas (el llamado *orden instituido*). En el presente trabajo vamos a tratar la importancia de los conocimientos, pautas culturales, principios y valores éticos que hacen al llamado *capital social*, para destacar la manera en que estas capacidades influyen tanto sobre el desarrollo humano de sus integrantes como en el crecimiento de la organización.

A partir de estas características, destacamos la existencia de dos formas básicas de organización productiva en el campo de lo privado. Una es la empresa orientada a la obtención de beneficios, donde prevalecen los fines de lucro, en sus posibles versiones según los modos de retribución y participación de los empleados. Otra forma básica es la organización sustentada sobre la colaboración, la participación y la propiedad conjunta de sus integrantes. Por ejemplo, las cooperativas, mutuales, obras sociales y otras entidades constituidas para brindar servicios y atender necesidades de sus asociados.

Nuestro propósito es analizar los efectos de los diferentes principios y valores en la gestión de organizaciones. Para cada enfoque de gestión veremos cuáles son las razones lógicas y los juicios de valor que marcan la diferencia. Vamos a analizar el peso de la racionalidad económica, de los principios de orden social, y las razones de poder y política. También las tensiones y dualidades que surgen de la aplicación de una razón sobre las otras. El peso de estos criterios tiene que ver con la naturaleza de la organización; por caso, su influencia en el hospital, en la bolsa de valores o en un sindicato. Pero también hay una orientación desde la Dirección (prioridades) en cuanto al ejercicio práctico de la responsabilidad social. La cuestión es si estas prioridades son alternativas de gestión o condiciones para el crecimiento sostenido de la organización.

El marco de valores sociales no sólo se relaciona con la naturaleza de las actividades de la organización y sus propósitos. También se conecta con el tipo de poder y los intereses de los grupos dominantes en la organización. Estos factores influyen sobre los enfoques de conducción basados en la colaboración o la competencia, en la orientación tecnocrática o humanista de la Dirección. Los resultados no están asegurados por el solo hecho del ejercicio del poder o por el control de los recursos. Entendemos que la búsqueda de rentabilidad razonable no es necesariamente opuesta a las políticas de desarrollo humano y de integración responsable al medio social. Un enfoque integrador es posible y necesario, porque la constante presión por la eficiencia y los resultados financieros llevan al deterioro del activo humano y desestabilizan a la propia empresa.

Respecto del otro modelo, las organizaciones de base asociativa y participativa (cooperativas, obras sociales, proyectos comunitarios), el enfoque también debe integrar y no excluir capacidades diversas. Por ejemplo, la colaboración no excluye los espacios para las inquietudes e iniciativas individuales, siempre que la iniciativa personal no lleve al aislamiento o afecte derechos de los demás. Estas organizaciones tienen que articular los principios solidarios sin censurar las libertades creativas, como forma de convivencia y para crecer en un contexto competitivo. Satisfacer las necesidades de los usuarios no sólo requiere prácticas solidarias, sino también formas que permitan reflejar los valores en mejores productos y servicios. Este enfoque integrador no necesariamente debilita los rasgos distintivos de la organización.

En el desarrollo de las formas de organización y de los enfoques de conducción, es vital la idea del capital social, no como instrumento sino como idea-fuerza de la gestión. El concepto remite a la particular capacidad y voluntad de los integrantes para trabajar basados en creencias compartidas, utilizando lazos de cooperación y formas efectivas de participación, con redes de comunicación abiertas que permiten acceder a la información y el conocimiento disponible. El capital social refiere al grado de integración y la capacidad de superar oposiciones personales, todo ello sobre la base de principios, valores éticos y códigos de convivencia que mantienen el tejido social, satisfacen las necesidades de desarrollo personal y promueven significativos aportes a la comunidad. Desde el inicio, la idea de capital social (Putnam, 1994) no sólo implica estructura o tejido, sino calidad en las relaciones, alto nivel de asociatividad, compromiso y mutua confianza.

Este marco de códigos y valores sociales difiere del ambiente basado en relaciones de poder y esfuerzos individuales. En un entorno competitivo, los individuos se mueven y se vinculan en forma calculada y racional, buscando una recompensa para sus actos. En cambio, la idea de capital social tiene que ver con un ambiente constructivo, donde pesan los factores de la subjetividad, como el compromiso con la organización. Implica que los integrantes ven satisfechos sus motivos de reconocimiento y pertenencia en los grupos de trabajo. Esta subjetividad es esencial para analizar y superar los conflictos relacionados con situaciones de injusticia y "sentimientos encontrados" en la organización.

La metáfora del capital es ilustrativa y se utiliza por su carácter familiar para empresarios y directivos. Relacionada con lo social, indica una capacidad valiosa que se construye y se sostiene en las relaciones cotidianas, despierta la motivación y genera actitudes creativas. Capital porque produce, pero también porque articula y moviliza. No es una razón económica, ni está asociada a una retribución financiera (interés, retorno). Se vincula con las necesidades sociales y con el potencial del trabajo en equipo. El capital social es un concepto de orden cultural que refiere a la fortaleza y potencialidad del tejido social o trama de relaciones; es un concepto que incluye y amplía la idea del activo humano de la organización.

El capital social es lo contrario a la actitud competitiva que lleva a la confrontación, con ganadores y perdedores, y a relaciones injustas a partir del ejercicio del poder de quienes controlan los recursos de la empresa. En este trabajo hablamos de lo deseable, pero también explicamos desde la lógica de la diferencia las razones de esas culturas diversas, sean competitivas o solidarias. Estas diferencias de actitudes y capacidades no son accidentales. Tienen que ver con la educación, las necesidades de los integrantes y las estrategias de la organización respecto de su activo humano. Políticas y estrategias que pueden promover el compromiso, la confianza y el trabajo en equipo, pero también inhibirlos. No vemos el capital social sólo como fuente de productividad, también destacamos su importancia para mejorar la calidad de vida en las organizaciones y sus relaciones con el contexto.

2. Dinámica y sustento del capital social

Siguiendo las primeras explicaciones de J. S. Coleman (1995) los recursos que dispone el individuo son el capital físico (bienes), el humano (salud, educación, aptitudes) y el social (recursos relacionales). El concepto de capital social en los grupos y organizaciones refiere a realidades donde "los fines no se alcanzan de manera independiente, los intereses no son egoístas, existen lazos solidarios. Se corporizan entonces relaciones de confianza, normas de reciprocidad, estructuras de interacción, pautas normativas, que pueden volverse recursos –capital social– para la acción".

El concepto refiere entonces a las relaciones sociales duraderas, capaces de procurar, con el tiempo, logros materiales y simbólicos. Para ver el carácter constructivo del capital social, debe ser puesto en contexto. Es decir, analizado en el marco de valores reconocidos (una red de medios de comunicación) o bien reprobados socialmente (una red mafiosa). No es lo mismo la cooperadora de una escuela que los grupos autoritarios construidos para defender o imponer privilegios de ciertas minorías en la sociedad.

El capital social no refleja solamente las relaciones de comunicación y colaboración tal como existen, sino que el concepto también refiere al dinamismo en las actividades, que van más allá de las rutinas y costumbres. Involucra el diseño actual (producto del tiempo y las interacciones) pero también a la capacidad de adaptación debido a que el capital supone que la innovación se expande debido a la rapidez en las comunicaciones y las conexiones directas.

El capital social muestra la capacidad de movilizar las actividades en el sentido de los cambios que requiere el contexto y las nuevas tecnologías. No refiere a pautas rígidas sino a redes para el diálogo frente a sucesos imprevistos o nuevas necesidades. Los lazos informales vienen a superar las normas burocráticas. El capital social tiene los rasgos de un bien público; los resultados no sólo sirven a quienes ayudan a lograrlos sino que se extienden a los demás integrantes de la red y el contexto.

Desde esta perspectiva, F. Piselli (2003) define al capital social como "un concepto situacional y dinámico, que no puede ser encasillado en definiciones rígidas y está influenciado por los cambios en el contexto de las redes sociales".Es capital por cuanto genera beneficios para sus miembros y social porque refiere a la cohesión en los grupos y al desarrollo de conjunto. No es un activo determinado sino que también refleja un potencial de cambio. Implica una ayuda para el desarrollo de la organización, no solamente un mecanismo de defensa o protección grupal.

En términos de Robert Putnam (1995), el capital social se relaciona en forma positiva con "los rendimientos de las instituciones de la sociedad civil". Afirma que la confianza, las normas de reciprocidad , las redes de comunicación y las formas de sociabilidad (horizontal) promueven la cooperación y la acción colectiva aumentando la eficiencia de la sociedad. En las organizaciones estas relaciones tienden a adoptar la forma de un círculo virtuoso, un desarrollo capaz de autosostenerse en el largo plazo. Pero el capital social no opera aislado y requiere de variables de contexto compatibles con esta orientación hacia los lazos de colaboración internos.

De modo que el concepto de capital social tiene que ver con una capacidad de generar y sustentar relaciones de colaboración y cooperación. De modo que excluyen las relaciones de fuerza, la subordinación jerárquica o la búsqueda de ventajas personales en la transacción económica. Las relaciones de capital social pueden tener distinto fundamento, relacionado con los fines, los valores y los intercambios que son parte de la convivencia en grupos. Es posible distinguir entre:

a) las razones de necesidad que comparten los actores, lo cual implica una visión funcional de relaciones que suponen la reciprocidad en la ayuda, el intercambio de prestaciones en el plano de lo social, y

b) las razones que se entienden en el marco de principios y valores de solidaridad que se construyen a través de la convivencia, la educación, la socialización y las creencias compartidas en la organización.

Las razones de orden funcional, suponen un pacto de reciprocidad y también el reconocimiento esperado por los actores en sus grupos de referencia. Ellos realizan sus actos de ayuda o colaboración en el marco de una estructura que perdura en el tiempo y que requiere el trabajo en red en sus enlaces con otros grupos. Antes que un interés egoísta, hay una tarea y propósito de conjunto que sostiene la actitud asociativa de los individuos No es sólo una transacción económica sino un pacto de cooperación que está funcionando, es creíble y respetado por las partes. Por caso, la interacción de grupos de distintas profesiones, comprometidos en un proyecto como el lanzamiento de un nuevo producto, que traerá beneficios y permitirá satisfacer necesidades personales. Hablando de capital social, debe tratarse de un producto o servicio que además de propuesto por la organización también sea legitimado socialmente en su contexto.

En cuanto a la actitud solidaria como base de las relaciones de capital social, esta razón refiere al cumplimiento de principios éticos y sociales en las actividades conjuntas. Se trata de la idea de la ayuda mutua como una pauta y valor aceptado en el grupo, sin esperar beneficios por el respeto y aplicación de esta convicción en el plano de las relaciones humanas. Las acciones no se realizan a cambio de algo. A modo de síntesis, en ambas categorías de relación (intercambio de ayuda y criterios de solidaridad), las relaciones implican un clima de confiabilidad, de credibilidad, de cooperación, de fines comunes compartidos. Difiere la base de sustentabilidad del capital social, según esté más o menos vinculado con los resultados en un cierto contexto, o con la educación y los principios de la acción social.

3. La renta del capital y la inversión social en empresas

En las empresas de negocios con fines de lucro, los propietarios aportan capital para la estructura y realizan inversiones para poner en marcha los procesos productivos. Se proponen generar riqueza y deciden sobre la distribución de los ingresos. En estas, el gobierno y el control se mantienen bajo la decisión de quienes aportan el capital (propietarios, socios, accionistas) y la gestión de quienes son sus representantes administradores. A este modelo lo identificamos de manera genérica como empresa lucrativa con un grupo propietario. En esta forma domina la intención de recuperar y remunerar el capital invertido. Aunque no sea el único objetivo, el beneficio interviene también como una condición que no puede omitirse en las restantes decisiones, sean económicas o no. La búsqueda de beneficio opera, entonces, como una racionalidad dominante en estas organizaciones.

En los hechos, las empresas de propiedad privada y con fines de lucro se distinguen por la base económica de sus razonamientos, que se expresan en estrategias y políticas agresivas orientadas hacia la conquista. En estos razonamientos suelen predominar el pragmatismo (la carencia de principios) y el utilitarismo. Sus directivos se precian de ser "realistas", o sea, deciden negociando y adaptándose a las situaciones (aun las indeseables) que deben enfrentar. Consideran la obtención de beneficios como condición de existencia para la organización y, por lo tanto, se trata de un objetivo que debe prevalecer por encima de otras finalidades que se declaran en público (por caso, el servicio a la comunidad).

Para estas empresas el trabajo es un costo, por tanto, el factor humano suele ser una variable de ajuste para compensar la caída en las ganancias. Siempre van a subordinar la misión, los principios y valores de orden social a las reglas de supervivencia en los mercados y las presiones de la competencia. Hacen de la relación laboral algo inestable y transitorio que no las compromete con su personal más allá del pago por los servicios. Las llamamos *empresas sólo lucrativas*, donde el poder está concentrado en los grupos que han aportado el capital y que buscan hacerlo crecer.

Estas empresas orientadas al beneficio corresponden al enfoque de gestión conocido como la *dirección por resultados*. Son organizaciones cuya racionalidad dominante se basa en los limitados criterios económicos y de productividad. Frente a las implicancias de orden social, como los conflictos resultantes de decisiones arbitrarias, el enfoque eficientista no piensa en términos de los principios de lo justo, sino calculando los costos y beneficios para la empresa. Los directivos son pragmáticos y eligen aquello que más conviene en función del balance de resultados. Frente a los reclamos por desigualdad o discriminación, el razonamiento burocrático sólo se preocupa por cumplir con las normas de los convenios y con aquellas exigencias legales que no pueden ser ignoradas, como las regulaciones del aparato estatal.

El énfasis en la eficacia y la rentabilidad desde la dirección por resultados lleva a promover una cultura individualista y competitiva, que enfrenta a los integrantes entre sí, en el marco de una carrera por sostenerse y ganar espacios en la organización. Según la intensidad de las regulaciones y controles externos, también deriva en la confrontación y en relaciones de fuerza para desplazar a los adversarios en los mercados. En este modelo, el desempeño y los logros crecientes son indicadores de éxito, así como una medida de lo justo y lo correcto. Se aprecia aquello que funciona, sea socialmente aceptable o no. Un caso típico es el papel excluyente que las empresas de radio y televisión adjudican al *rating* o las mediciones, criterio que suele prevalecer sobre la consideración de los impactos culturales de los programas.

Las reglas de juego competitivas y la lucha por vencer en el mercado (posicionarse), junto al esfuerzo de los empleados por mantener su empleo, pueden acarrear resultados de orden financiero en el corto plazo. Pero esto ocurre en un ambiente de mucha presión y ansiedad, bajo condiciones de ganar o ganar, en el cual se genera una creciente desconfianza y conductas que tienden a ubicarse en la "moral de las fronteras" para lograr las metas comerciales, pero al borde la ilegalidad. Hay suficiente evidencia sobre la forma negativa en que estos comportamientos afectan la estabilidad y durabilidad de la propia empresa que pretende ser eficiente.

En su estudio sobre el vacío de valores en empresas que crecen en un entorno de lucha, J. Dalla Costa (1999) brinda múltiples ejemplos de las consecuencias de esta inevitable erosión en el tejido social y sus efectos disfuncionales sobre el propio mundo de los negocios. Afirma que "es muy difícil que un ambiente de desconfianza lleve a la cooperación interna, de modo que las compañías pierden el valioso compromiso y la creatividad de su activo humano, que junto con la rentabilidad, son esenciales para ser competitivos".

En esta dura realidad de las llamadas *reglas de juego competitivas*, la consideración de principios y valores de orden ético y social es sólo "una posibilidad", aunque en el nivel del discurso las empresas hablan de la responsabilidad social como una constante. Esta preocupación, si bien no forma parte de las políticas y estrategias, se activa ante los reclamos y conflictos, cuando se cometen injusticias no toleradas por el personal o se vulneran los derechos de usuarios o clientes. Entonces, "algo hay que hacer", por lo general negociar, pero sin cuestionar los enfoques de dirección que llevaron a la crisis.

Los directivos aclaran que no han inventado esta realidad. Dicen encontrarse en un contexto agresivo que los pone a prueba. No plantean la revisión de las reglas de juego, sino la posible manera de crecer bajo estas condiciones. Desde lo ideológico tampoco creen que estén incumpliendo sus deberes, porque la función de la empresa y su management es posicionarse con eficacia en los mercados y brindar a los inversores una retribución atractiva para que mantengan su capital en la organización. Entramos así al análisis crítico de cuánto hay de decisiones "posibles", "deseables" y "practicadas" en este problema. Y vemos que el peligro es la posición hegemónica del razonamiento económico en las políticas más generales de la empresa.

Es necesario ubicar el debate en un plano menos abstracto que las metáforas referidas a "las fuerzas del mercado", "la supervivencia del más apto" o "la naturalidad de la competencia". Metáforas que tienen que ver con un modo interesado de explicar la realidad, relacionadas con el "pensamiento desde el deseo" (la ideología o los intereses). En la realidad empresaria, otras posiciones más solidarias también sostienen su naturalidad y deseabilidad. Se han desarrollado alternativas de gestión con políticas más justas en términos sociales y con mayores niveles de asociatividad. Formas de gestión basadas en principios de colaboración, ayuda mutua e igualdad de oportunidades que –como veremos más adelante– son propias de las llamadas *empresas responsables.*

Sin embargo, estos desarrollos de contenido humanista y democrático deben superar barreras ideológicas y conceptuales. B. Kliksberg (2000) destaca que las resistencias profundas se refugian en el nivel de la gestión, del cual emanan las políticas reales. Los proyectos de asociatividad, motivación y participación tienden a ser bloqueados para no abrir espacios o ceder cuotas de poder y control. Esta actitud defensiva contradice los modelos organizacionales que la propia disciplina gerencial considera deseables, como los modelos referidos a "las organizaciones que aprenden", "las organizaciones inteligentes", "las organizaciones capaces de gerenciar conocimiento" o "las estrategias de capital humano". Todos son enfoques que dan importancia al marco de valores compartido (no al egoísta o agresivo), buscan un ambiente de confianza y compromiso y el desarrollo de relaciones justas en el tejido social que sostiene a la organización.

4. Más allá del beneficio: empresas responsables y gestión de valores

La forma de organización basada en el control desde el capital y la búsqueda de lucro presenta en la realidad diversos desarrollos, alguno de los cuales también reconocen la responsabilidad social de la empresa. Respecto de las políticas de personal, existen enfoques que consideran al trabajador en todas sus necesidades, no sólo en las de orden físico. Estos son enfoques empresarios avanzados que se preocupan por la calidad del trabajo y el desarrollo en el empleo, además de hacerlo por un salario justo. Muestran la intención de invertir en la creación de un capital social que brinde a la empresa un potencial creativo, un ambiente de confianza y una imagen de credibilidad.

Son empresas que consideran no sólo sus objetivos sino también sus misiones en la sociedad. Empresas que permiten la participación de su fuerza laboral, que remuneran a los empleados mediante acciones y que incorporan a los representantes del trabajo en los cuerpos directivos. Asimismo, existen corporaciones que definen propósitos y principios en los que se manifiesta la voluntad de actuar de manera ética, priorizar los valores sociales y desarrollar sus activos humanos. Reconocen su compromiso de ayudar a la comunidad en que actúan, destinando para ello, en forma planeada, parte de sus ingresos.

Además existen (y perduran) empresas lucrativas bajo el control de grupos propietarios que las controlan, pero que actúan con inteligencia y responsabilidad social. Ellos no usan el doble discurso, sino que buscan cumplir con su responsabilidad frente a la comunidad, sus compromisos contractuales y sus propias declaraciones de principios. Aplican una forma de conducción llamada *gestión por valores*, cuya racionalidad no excluye la eficacia, pero enmarcada en principios. Estas empresas, frente a lo inesperado, la constante presión de la competencia o la adversidad en los negocios, antes que usar el poder, buscan nuevos caminos para sostener las condiciones de trabajo (estabilidad laboral) y mantener su capital social. Ello, en lugar de reducir el personal, bajar los sueldos o degradar las relaciones laborales. Las llamamos *empresas responsables*.

La responsabilidad no refiere solamente a las relaciones con el contexto, la calidad de los productos o las cuestiones de preservación ambiental, sino también a la naturaleza de las políticas de dirección en lo interno. En este sentido, L. Schvarstein (2003) ha planteado la responsabilidad como un elemento de la inteligencia social de las organizaciones. Ello implica que estas empresas han desarrollado "las competencias (un conjunto de políticas, normas y procedimientos, roles y funciones, recursos y capacidades) que permiten a sus agentes atender las necesidades sociales básicas de sus miembros y las de su contexto inmediato".

La llamada *empresa responsable* desarrolla esas competencias no por razones de conveniencia, sino como principio y política de gobierno, como marco que orienta las decisiones específicas en toda la organización. Estas políticas no son de tono benéfico o paternalista, porque hay una voluntad compartida de instalar la colaboración, priorizar lo justo y equitativo. Estas políticas expresan la convicción sobre la importancia de un ambiente de confiabilidad respecto de los integrantes y de credibilidad frente a la población. No es sólo cuestión de creencias compartidas, responde también a la necesidad de tener capacidad innovadora para el crecimiento de la empresa en un entorno abierto y competitivo, con demandas crecientes que parten de la comunidad.

En un contexto desregulado y competitivo, los principios sociales son una guía, pero no siempre una definición de prácticas concretas. La organización debe atender múltiples exigencias del entorno y elige priorizando ciertos principios y postergando otros. La empresa necesita una estructura conocida, que brinde un marco de estabilidad, pero al mismo tiempo requiere relaciones flexibles y cambiantes. Hay una tendencia a revisar las condiciones laborales mediante contratos transitorios que no dan estabilidad. Pero, al mismo tiempo, se pide mayor compromiso y lealtad a los empleados. En la empresa responsable, estas dualidades son motivo de diálogo y negociación, en la búsqueda de medidas de seguridad y formas de compensación que reduzcan la incertidumbre en el trabajo, mantengan la cohesión y el cumplimiento de los acuerdos constitutivos.

La empresa responsable está preparada para avanzar en varios frentes, con diversidad de capacidades pero sin afectar el tejido social, sin perder cohesión y dentro del mismo proyecto productivo. M. Bunge (1996) ha advertido sobre la necesidad de un enfoque integrador. Afirma que "algunos problemas derivados de la competencia son inevitables e incluso saludables. Pero la competencia desenfrenada es destructiva. A su vez, también es cierto que la cooperación sin competencia lleva al estancamiento o la decadencia". La integración se intenta mediante procesos educativos, regulaciones voluntarias que ponen límites a la confrontación, creando redes de seguridad social internas, y también con acuerdos (de interés mutuo) entre los grupos participantes acerca de los principios solidarios que van a sostener en la organización.

Una forma de empresa responsable es la que instala el concepto de *comunidad*. En su estudio de empresas de sistemas, G. Pinchot (1999) dice que "para alcanzar la productividad en la era de la información sus miembros deben poseer un fuerte espíritu comunitario, capaz entre todos, de derribar las barreras burocráticas y motivarlos a brindar su tiempo y conocimientos por encima de las fronteras". El autor explica que las grandes diferencias de *status* basadas en la jerarquía o la riqueza conspiran contra la comunidad. Entonces, la consigna es lograr "un lugar de trabajo igualitario donde las ideas son más importantes que la posición jerárquica". El mensaje es que las iniciativas individuales y los lazos comunitarios (hacia dentro y fuera) no son procesos antagónicos. No se trata de anular las diferencias sino de convertirlas en tensiones movilizadoras o constructivas. La incertidumbre ambiental y los cambios continuos requieren disponer de una variedad de enfoques desde la conducción.

Esta visión comunitaria cambia la actitud de confrontación, por la voluntad de hacer juntos. Por ejemplo, los grupos que ayudan a individuos inquietos, contribuyendo a sus proyectos innovadores. Esos aportes van a verdaderas instituciones "internas" sin fines de lucro, desde donde se ayuda a que esos individuos crezcan. La actitud y la voluntad comunitaria en una organización implica construir lazos que permiten pasar del "yo pienso" al "nosotros pensamos" o "creemos". Significa construir con los otros, y no sobre los demás. La inteligencia de la comunidad no consiste en uniformar las conductas o reducir la responsabilidad individual. Es hallar los puntos de encuentro en una realidad con diversidad de capacidades y opiniones. En las empresas esta coexistencia no surge en forma espontánea y se requieren cambios profundos en las pautas culturales. No en un sentido místico o simbólico, sino con argumentos fundados (justos, equitativos) y orientados hacia el crecimiento personal y organizacional.

Este enfoque social, en el ámbito de las empresas privadas con fines de lucro, muestra que las prácticas competitivas no deben tomarse como un dogma sino como un proceso movilizador de iniciativas, pero que debe compensarse con proyectos simultáneos de integración y de mutua confianza. De tal manera, el incentivo hacia los esfuerzos e iniciativas personales no se opone a los principios de colaboración y ayuda mutua, que tienden a la formación del capital social. A continuación vamos a explicar y ampliar esta visión responsable, ya no como parte de una política o estrategia de crecimiento, sino como una convicción que está en los acuerdos o bases constitutivas de la propia organización. O sea, daremos un salto cualitativo en cuanto a la categoría de las organizaciones analizadas, pasando ahora a las llamadas *instituciones sin fines de lucro*.

5. Organizaciones basadas en la relación solidaria y la gestión participada

En esta categoría incluimos a las organizaciones que tienen un propósito productivo, se arman tras un proyecto compartido, sobre bases igualitarias o solidarias, donde el poder es participado y la propiedad conjunta. Tienen rasgos de empresa en el sentido de buscar sus propósitos en forma racional y organizada, generando con sus actividades los recursos que las sustentan. Su diferencia es que no ponen la eficacia por encima de los acuerdos constitutivos y los principios que identifican a la organización. Vamos a distinguir entre: *a)* las organizaciones productivas solidarias y de propiedad conjunta, y *b)* las organizaciones de base asociativa, que prestan servicios a sus usuarios-asociados.

Estas organizaciones cuentan con un modelo de principios al cual los socios se adhieren, una comunidad de ideales que motivan y llevan a constituir la asociación, junto (no escindidas) con las prestaciones y necesidades concretas que vienen a satisfacer. Hay, entonces, un modo de pensar previo, una base ideológica que las caracteriza. Por tanto, difieren de las empresas que construyen sus modos colectivos de pensar por efecto de las comunicaciones e interacciones en el tiempo. En el caso de las cooperativas, los principios son: *a)* la asociación voluntaria y abierta; *b)* el control democrático por los socios; *c)* la participación económica de los socios (propiedad común); *d)* la autonomía e independencia; *e)* los servicios de educación, capacitación e información; *f)* el fortalecimiento mediante la cooperación entre cooperativas, y *g)* la preocupación por la comunidad.

Son asociaciones que desarrollan lazos de colaboración hacia dentro, pero también respecto del medio, con otros grupos y actores sociales en su entorno más cercano. Para destacar este hecho, se utiliza el concepto de *stakeholders*, que refiere a los grupos de interés e influencia conectados con la organización. Este concepto enfatiza la importancia de una relación equitativa y un crecimiento conjunto. Es el caso de los empleados y administradores (en el marco de sus contratos laborales), los proveedores, las entidades gremiales, fundaciones, instituciones educativas, oficinas de servicios públicos o centros comunitarios con los cuales las cooperativas establecen proyectos de interés compartido. En un sentido general, tiene que ver con la idea de producir y distribuir riqueza y con la función social de la organización.

Las relaciones con los *stakeholders* se refieren a las actividades compartidas con los grupos interesados en el funcionamiento de la organización, pero que no participan del gobierno o de la propiedad conjunta. Por caso, los convenios con escuelas para la capacitación del personal, o la comunicación con clientes y usuarios para considerar sus propuestas de mejoramiento en los servicios. Esta idea de integración al medio es complementaria del concepto de capital social. Es evidente que la organización tiene que ser responsable, confiable y creíble para que funcionen estos lazos de colaboración.

Los vínculos sociales con otros actores relacionados con la actividad productiva son lazos de colaboración que se establecen más allá del interés transitorio o de las transacciones por conveniencia. R. Ackoff (2000) ha señalado que estas relaciones extienden el modelo de cooperación interno hacia el medio social. En un sentido práctico, permiten incorporar ideas de los usuarios para mejorar productos, desarrolla a los proveedores, y reduce la incertidumbre sobre el futuro. Este autor considera que "inducir a la cooperación es una de las políticas para la recreación de las organizaciones".

Estamos pensando en organizaciones voluntarias y de carácter asociativo, como las cooperativas de producción o trabajo. En estas los socios están en una relación de igualdad. No hay grupos que por su aporte obtengan acceso a lugares de preferencia en las funciones políticas o de gobierno. Se constituyen sobre principios o valores solidarios que no se negocian, porque los afiliados o socios los sostienen como una constante o condición para la organización. Son formas de asociación que producen para atender y favorecer el desarrollo de sus socios, pero, como no pueden aislarse, también orientan sus actividades hacia los mercados y ofrecen servicios a la comunidad para satisfacer las necesidades sociales.

En estas organizaciones participativas y solidarias, los socios-usuarios están en una relación de igualdad. El capital financiero no tiene ventajas o trato diferencial en cuanto a la apropiación de los ingresos de la organización. Los excedentes se emplean para retribuir a los socios y atender fines educativos, culturales y sociales del conjunto. Los recursos son aplicados y asignados sobre bases acordadas de equidad distributiva. Respecto de la conducción, los socios participan en los consejos de administración de manera electiva, y se complementan con los profesionales que ocupan las gerencias.

Con el tiempo han surgido ciertos tipos de cooperativas que (dentro de los límites convenidos) permiten a inversores externos acceder a la compra de acciones que son transables en público. Inversores que no son socios-usuarios, que disponen de acciones preferidas sin derecho a voto, pero con participación en los beneficios. Según explica Yair Levi (1999), en estas cooperativas los asociados coexisten con ciertos grupos de interés, que se asimilan al concepto ya mencionado de *stakeholders*. En este caso son los inversores externos. En estos modelos de cooperación, el concepto de tenedor de acciones no coincide necesariamente con el de asociado, y una parte del capital (el externo) deja de ser controlado por mecanismos democráticos.

Esta diversificación de la membresía ubica al modelo en las fronteras de la identidad cooperativa, donde también resulta comprometida la idea del capital social. Hay aquí una posible fuente de tensión en la organización cooperativa. Ello ocurre cuando los grupos de interés, como los inversores externos, sólo piensan en obtener ganancias por el capital aportado. Esta realidad permite visualizar cómo las ideas de capital y renta afectan los modelos de cooperación mencionados al inicio. Son cambios que además pueden afectar la identidad de la organización, tal como es reconocida por los miembros.

En cuanto a las organizaciones de servicios con base asociativa, se distinguen por las prestaciones de servicios requeridas por sus propios asociados-usuarios. Sirven, entonces, al desarrollo de quienes las constituyen y, en forma indirecta, al crecimiento del contexto social más amplio donde funcionan; por ejemplo, las obras sociales, las cooperativas de crédito y consumo. Aquí la figura de producir para el mercado no importa tanto como la de brindar los servicios requeridos por los miembros. Es el caso de las asociaciones vinculadas con los servicios de salud, educación y comunicaciones, la construcción de viviendas y otras actividades para mejorar la calidad de vida de los socios, quienes con su demanda también sostienen la organización.

En estas formas de asociación y producción, hay aportes y retribuciones, actividades que forman parte de proyectos, objetivos compartidos y propiedad conjunta. Hay razones y recursos, no sólo emociones o lazos afectivos. De manera que también están presentes los criterios de empresa. Las decisiones tienen un sentido racional en cuanto al logro de ciertos objetivos, con la aplicación metódica de recursos y tecnologías para obtener productos o brindar servicios aceptados en el mercado. Generan valor agregado y tienen capacidad para sustentarse mediante procesos productivos adaptados a las demandas del medio. Incluyen, por lo tanto, ciertas características de las empresas, pero sobre la base de principios solidarios, valores sociales y propósitos compartidos.

6. Capital social y valor agregado a la organización

En las organizaciones productivas, el hecho de avanzar con la sola racionalidad económica y los esfuerzos competitivos lleva a la ambivalencia en el discurso y en las relaciones laborales, y también provoca efectos prácticos disfuncionales para el propio sistema. En el plano de lo social, el clima de confrontación y desconfianza resta posibilidades al trabajo en equipo. El temor a perder el empleo impulsa a la búsqueda de certeza y a reiterarse en lo conocido, lo que limita la posibilidad innovadora de la organización. Problemas que se tratan como "imperfecciones", pero que en realidad muestran la existencia de procesos que están actuando en sentido contrario a las condiciones humanas del crecimiento.

El problema para los financistas ubicados en funciones de Dirección es que la inversión social, como estrategia, genera resultados en plazos largos. Este es un lapso que las empresas no pueden asumir porque están bajo presión, corren los riesgos de los cambios imprevistos y necesitan generar ingresos en lo inmediato. Tratan de motivar con medidas transitorias, no sustantivas. La paradoja es que para esas mismas empresas las fuentes de sus ventajas estratégicas en el largo plazo son los trabajadores muy motivados, capacitados y dispuestos a integrar sus conocimientos en equipos altamente calificados, es decir, existe la necesidad de invertir en capital social.

El resultado de esta dualidad es ilustrado por la siguiente afirmación de L. Thurow (1999): "En ningún área es más evidente la contradicción interna entre el deber hacer y la práctica, que en la forma como las empresas basadas en el capital tratan a su fuerza de trabajo (...) los trabajadores aprenden que deben ser maximizadores de ingresos en el corto plazo y cambiar de empleador tan pronto aparece una oportunidad favorable. Precisamente cuando la necesidad de emplear destrezas humanas en equipo parece exigir que se convierta a los empleados en parte de la empresa, esas organizaciones adoptan la dirección contraria".

Para las empresas sólo lucrativas, la función social es un objetivo declarado. Pero un objetivo que en los hechos se atiende o se posterga en función de las estrategias de supervivencia o la marcha de los negocios. Las desigualdades injustas en la distribución de los ingresos se atribuyen a las imperfecciones del sistema o a las exigencias crecientes de los participantes. En realidad, estos desajustes entre lo social, lo político y lo económico están en la lógica de la empresa lucrativa. No se discute sobre las tensiones propias de la diversidad de intereses, sino acerca de los límites aceptables en esas divergencias. En el discurso el problema se enmascara haciendo referencia a "la tensión creativa" o, también, a "la destrucción creativa".

La inevitable coexistencia entre orden y desorden en la misma empresa, en un entorno incierto y cambiante, se expresa en la idea de *organización caórdica*, donde se conjuga el orden con el caos o lo imprevisto. D. Hock (2001) utiliza esta idea para ilustrar su experiencia en la conducción de corporaciones altamente diversificadas: "No es más que aprender y aprender, mientras se camina por el filo de la navaja, entre el orden y el caos, entre la cooperación y la rivalidad, entre la conducta obligada y la inducida (...) Es inevitable la posibilidad de que un principio se oponga a otro. La paradoja y el conflicto son características inherentes de la organización caórdica". Esta dispone de principios y convicciones previas, pero también requiere métodos de adaptación y criterios equitativos para actuar frente a situaciones no previstas.

Respecto de las organizaciones de base social, su buena intención no las excluye del debate ideológico y de las dualidades en las políticas de relaciones humanas. Es cierto que se basan en principios compartidos y no en estrategias para optimizar recursos o beneficiar a un grupo de interés. Pero es normal que surjan divergencias sobre la forma de crecer y de aplicar los excedentes, o diferencias de criterio entre administradores, consejos directivos, auditores y grupos de asociados respecto de la manera de adaptarse a las demandas del contexto competitivo, sin afectar con ello los principios de identidad de la organización.

En sus estudios sobre la administración de "la diferencia cooperativa", P. Davis (1999) advierte: "Es posible que no exista un antídoto final o completo para el gerencialismo, definido como un deslizamiento burocrático desde la identidad y la vitalidad solidaria hacia la rutina y la profesionalización". Para mayor dramatismo, señala que "en la práctica no es el consejo ni los trabajadores de cooperativas grandes quienes toman las decisiones sobre la política, sino más bien los miembros de la administración profesional". La lógica de la producción y la supervivencia en un contexto competitivo puede desplazar la primacía de los principios constitutivos de la organización. Ello implica un avance en la practicidad, pero también un retroceso en cuanto al capital social de la cooperativa.

Como vemos, los desplazamientos de valores son posibles, pero no inevitables. Influyen en ello factores críticos, como la fuerza de las convicciones o las presiones ambientales de orden político. En otra obra (Etkin, 2003) señalamos que "son las tensiones propias de toda organización compleja donde coexisten los valores éticos y principios sociales con las demandas de eficacia y de una producción creciente; una realidad donde la racionalidad económica pone condiciones muy fuertes pero por principio también hay que respetar los acuerdos constitutivos". Las asociaciones voluntarias y de base social entran en contradicciones cuando los asociados cambian sus expectativas, disminuyen su lealtad y pasan a razonar desde sus intereses personales. En este contexto, mantener la identidad requiere reforzar la participación, un diálogo activo, transparencia, procesos de motivación e inversiones en proyectos educativos.

En una organización de base asociativa y voluntaria aparecen fisuras cuando decae el compromiso de los socios y se debilita la idea de la relación solidaria. En este sentido, F. Suárez (2001) ha señalado el problema de la aparición de formas de relación comunicativa y de influencia que son incongruentes con la naturaleza de la organización. Lo define como "el pasaje de una involucración de tipo moral a una de tipo calculada o basada en la magnitud de las compensaciones". La incongruencia puede darse a la inversa, por la actitud burocrática de los gerentes cuando privilegian los balances de resultados o se apartan de las necesidades de los socios y de las ideas fundacionales de la organización. Es una complejidad que no "se resuelve" con una salida técnica, sino mediante un debate de valores y principios en los espacios de participación que dispone la propia organización.

Esta tensión entre valores y prácticas, entre la autoayuda y la búsqueda de protección, entre la adhesión y la falta de compromiso, tiene que ver con varios factores. Respecto de las políticas, por la reducida inversión en educación y motivación, la falta de transparencia en las comunicaciones, la inamovilidad de las autoridades en sus cargos, la burocratización en las actividades, las estructuras piramidales o centralizadas, la tendencia a la especialización en lugar del trabajo en equipo. Y en especial, por los problemas de gobierno, porque, como señala R. Spear (2000), "sólo una pequeña proporción de los miembros resulta ser democráticamente activa", mientras que el resto tiende a alejarse por diversos motivos, entre ellos la asimetría de poder que surge de las diferencias en cuanto a conocimiento y acceso a información estratégica.

Construidas sobre bases de igualdad, autonomía y equidad, las organizaciones de carácter asociativo también pueden desviarse, tomando rasgos de empresas eficientistas (aunque de apariencia solidaria), bajo el control de un grupo de interés dominante. Se trata de un cambio disruptivo, un proceso de mutación o pérdida de identidad, no de un movimiento estratégico o una fase en el desarrollo de la organización. Esto enseña que las decisiones de modernización o actualización en organizaciones asociativas no deben analizarse solamente en términos de eficacia y eficiencia de los procesos, sino también por sus consecuencias sobre los lazos comunitarios y los valores sociales. En estas, la idea de crecimiento supone un enfoque integrador, no limitado a indicadores de eficacia; un enfoque preocupado por el desarrollo humano y el capital social de la organización.

7. Articulación entre principios y prácticas

En sus orígenes, el concepto de *empresa de base social* ha estado muy relacionado con la experiencia de las organizaciones de servicios fundadas en el trabajo comunitario. Funcionan como una fuente de empleo para individuos con dificultades personales reunidos alrededor de un proyecto productivo sustentable, que no requiere de la asistencia o la mediación institucional de un aparato estatal protector. Su mayor capacidad radica en el potencial humano que moviliza a la organización. Significa más que un acuerdo sobre aportes y retribuciones basados en resultados económicos. El potencial está relacionado con la existencia de un capital social en el marco de una cultura solidaria.

No es un enfoque asistencial de las empresas, sino un modelo de organización y gestión. Incorpora de manera explícita, tanto en su proyección como en los procesos decisorios y operativos, la consideración de principios de equidad, valores éticos y sociales. Ello no significa desplazar los conceptos de *productividad* y *eficacia*, que la hacen sustentable. Como afirman De Leonardis y Mauri (1995) en su obra sobre la empresa social: "Se trata de superar el muro que mantiene fuertemente separados dos mundos, y cuya polarización es un grave peligro para la sociedad: el mundo de la producción y de la asistencia, el del Estado y el mercado, el del interés económico y la justicia social, las leyes de hierro de la economía y sus costos sociales".

La idea es encontrar las posibles interacciones entre la lógica de las instituciones sociales y la de los mercados, no su mutua exclusión. Explotar el concepto de *empresa* en lo que tiene de articulador y de innovador, creador de valor, generador de nuevas oportunidades y de posibilidades de desarrollo para sus integrantes. La empresa también es "aprender a emprender". Organizados, los individuos y grupos pueden asumir el riesgo del cambio mediante la oferta de nuevas prestaciones y no sólo pensar en protegerse y obtener ciertos privilegios. Los autores antes mencionados señalan que "la empresa de orientación social construye al mismo tiempo espacios de riesgo y redes de seguridad para los participantes". Para ellos, "el riesgo es terapéutico", tiene que ver con la idea de valerse por sus propios medios y no estar esperando ayuda externa.

En el ámbito de las empresas de lucro, también el capital social es una fuente de valor agregado para la organización. Implica el compromiso con los fines, el trabajo en equipo y la disposición para mejorar la calidad de las prestaciones a los usuarios y clientes. Esta es una capacidad que también se relaciona con el crecimiento rentable y sostenido de la empresa, no sólo con los beneficios del próximo balance. La diferencia entre beneficios y crecimiento rentable es importante para los accionistas preocupados por el valor sostenido de la empresa en el mercado. La orientación hacia los beneficios no favorece la inversión social, sino la simplificación de procesos y la reducción de la estructura de costos, porque son caminos seguros hacia la mejora de los resultados en el corto plazo.

La estrategia de resultados inmediatos y tangibles no siempre hace crecer el valor de mercado de la empresa.

J. McGrath (2000), en su estudio sobre empresas que crecen para los accionistas y otros grupos interesados en la organización *(stakeholders)*, señala que en estas hay preocupación por cambiar hacia culturas colaborativas que refuercen el sentido de pertenencia y la lealtad hacia la organización. Por el contrario, los fracasos tienen que ver con la errónea actitud de postergar las inversiones en desarrollo humano. Según el estudio: "La barrera más inexpugnable con la que tropieza el crecimiento es la propia organización, capturada por el enfoque de corto plazo y la aversión al riesgo". Para salvar esta "trampa del beneficio" es necesario fortalecer la cultura como conjunto de valores compartidos.

En el ámbito de la economía del conocimiento, R. Tissen (2000) señala que la gestión competitiva requiere que los profesionales tengan la disposición de crear valor para la empresa y no sólo para su propia formación. Esta disposición supone una motivación para colaborar y trabajar en equipo, además de buscar una mejor remuneración. En términos del citado autor: "Es fundamental no sólo tener profesionales competentes sino que la empresa también aumente sus esfuerzos en el sentido del espíritu de cooperación, para que los individuos se comprometan con la compañía y construyan una organización que perdure". En este esquema, el capital social se considera una ventaja competitiva (en el mercado) y también opera como "potenciador de valor" hacia el interior de la organización.

La búsqueda de nuevas oportunidades no es característica exclusiva de las empresas de capital privado. También vale para organizaciones de carácter asociativo o de propiedad conjunta, porque están obligadas a innovar y buscar nuevas oportunidades. En este entorno aparecen directivos que superan el papel tradicional del manager, como la figura del emprendedor social o el líder de proyectos. Hablando desde el ámbito de una empresa de base social, R. Görgen (1994) comenta: "Este es el proyecto de empresa de nuestra cooperativa, hacer todos los días ejercicios públicos de calidad, para convertir a nuestros socios en emprendedores, no en trabajadores". En una cooperativa, la inversión no se reduce a nueva tecnología de producción, sino que se enmarca en el propósito de mejorar la calidad de vida de sus asociados y los aportes a la comunidad.

El capital social es, además, una base indispensable para los proyectos de educación y para el enfoque del aprendizaje en la organización. La efectividad de estos procesos tiene que ver con las actitudes de los individuos y grupos, ya sean egoístas o solidarias. En los programas de cambio, es difícil intentar una revisión de los modelos mentales cuando no hay un marco de confianza y una decisión grupal que sostenga este proceso. Los liderazgos individuales aplicados al llamado "cambio de mentalidad" no alcanzan. Tampoco es posible la gestión del conocimiento cuando los individuos no están dispuestos a comunicar o compartir sus experiencias personales, cuando ocultan o se reservan información como un recurso estratégico para hacer carrera en la empresa.

Hasta aquí hemos dado argumentos acerca de la importancia del capital social como fuente de valor agregado, tanto para las empresas basadas en el capital y la obtención de beneficios, como para las organizaciones basadas en la asociación y la propiedad conjunta. Ahora bien, esta capacidad es parte de la cultura organizacional, pero no como pautas de relación y conocimientos compartidos, sino como una fuerza que cohesiona y moviliza las prácticas constructivas. Reconocer la necesidad de esta cultura solidaria es lo que caracteriza al concepto de *estrategia viva* (Gratton, 2001) como forma de gestionar el activo humano en empresas. Es "viva" porque se orienta al respeto de la condición humana, el desarrollo de las esperanzas y el compromiso emocional de los individuos.

Vista la organización desde la metáfora de lo viviente, los propósitos son una explicación externa al sistema. La organización tiene "sus" condiciones o identidad. La metáfora refiere a procesos autogenerativos que le permiten sobrevivir en un entorno inestable, pero dentro de sus rasgos de identidad. Si la organización funciona es porque esos procesos autónomos están operando y la cohesionan. En una obra anterior (Etkin y Schvarstein, 1986) explicamos que estos procesos recursivos de autoorganización son autónomos respecto de los propósitos y estrategias. Pero, para el presente trabajo, no basta con la idea de funcionamiento en abstracto. Hablamos de una organización cuya identidad también es aceptable en términos de valores éticos y sociales. El capital social es parte de la autoorganización que refiere a la producción de bienestar y calidad de vida. En las cooperativas, es evitar el problema de la "organización institucional paradojal" (Lattuada, 1997), basada en su propia persistencia y alejada del interés de los asociados.

La fuerza vital no surge de manera natural. Tampoco consiste en el diseño de procesos, ni es un producto de la reingeniería. Está constituida por una asociación de voluntades, y es volcada en los procesos de interacción social. Surge de las coincidencias entre los integrantes para avanzar con un proyecto compartido, bajo ciertos valores éticos y sociales. También de las formas de organización y las políticas de empresa que definen prioridades y asignan recursos para avanzar con esos proyectos de conjunto. No se trata estrictamente de una cuestión de satisfacer necesidades sociales, porque ello sería una manifestación de la responsabilidad de la empresa. Como política, refiere a las decisiones destinadas a cohesionar y movilizar el activo humano de la organización.

¿Cuáles son las medidas que, desde el gobierno de una empresa o asociación, permiten impulsar la formación del capital social? A continuación destacamos las más importantes: *a)* el consenso sobre los objetivos, para que no emanen de una imposición; *b)* las formas democráticas que permitan la representación y participación en las decisiones de política; *c)* los procesos educativos sobre la utilización de valores en las relaciones y acciones; *d)* las formas de trabajo en equipo, basadas en relaciones solidarias; *e)* las redes de comunicación que aseguren la transparencia en las decisiones; *f)* el reconocimiento de los procesos y relaciones informales pero eficaces; *g)* la divulgación y educación sobre los principios y valores de la organización; *h)* los sistemas de retribución equitativos y que reconozcan el esfuerzo en grupo; *i)* los mecanismos de justicia para resolver reclamos laborales; *j)* las bases de legitimidad para las designaciones en las posiciones de conducción; *k)* la evaluación del impacto de las decisiones sobre el ambiente y los actores sociales; *l)* la definición de cargos y tareas con adecuados márgenes de libertad y espacio para la creatividad; *m)* los procesos de delegación y confianza en individuos y grupos responsables de la operación, y *n)* la representación de los intereses de grupos diversos, de modo que el capital no presione como criterio excluyente en las decisiones de política.

Son medidas que hacen al concepto del "buen gobierno" de la organización, una gestión responsable y preocupada por sostener la identidad y los principios compartidos. En este entorno, el capital social es una de las consignas de la gestión. Se trata de lograr acuerdos y fomentar una actitud de colaboración hacia propósitos compartidos, y no de imponerlos. Estos acuerdos para sostener la organización en su conjunto mueven a los individuos a colaborar y generar ideas y prácticas, tanto para resolver cuestiones de desarrollo personal como para mejorar los servicios y la calidad de vida en la organización. Ello también nos advierte sobre el sentido amplio de los procesos educativos y de aprendizaje que se promueven. La plenitud de estos procesos requiere que la educación esté orientada por las necesidades de capacitación, pero también que considere su impacto en el fortalecimiento del capital social.

8. Componentes éticos en la formación del capital social

En la orientación hacia valores, no sólo estamos pensando en el modelo de empresa social de propiedad conjunta, sino también en la empresa privada que se conduce bajo principios compartidos y desarrolla su activo humano y su capital social. A esta última nos hemos referido cuando hablamos de una organización socialmente responsable. Las tareas de revalorización de una empresa implican procesos de educación para enseñar a elegir considerando juicios de valor éticos y sociales.

La gestión basada en valores requiere una preparación que ayude a pensar en términos de lo bueno, correcto, digno y equitativo en los procesos decisorios. Por caso, en la decisión de los ingenieros de fábrica frente al tema de la contaminación, de los médicos en cuanto al negocio de los medicamentos, de los editores que sostienen la libertad de expresión y a la vez deben respetar el derecho a la privacidad de los ciudadanos, y también de los administradores cuando preparan los informes financieros que van a inducir a los pequeños inversores a colocar sus ahorros en ciertas empresas.

Al considerar el papel que desempeñan los principios y valores, pueden encontrarse algunas diferencias entre los conceptos de *código* o *mandato moral* y *precepto ético*. Las empresas con orientación social aprenden a distinguir entre: *a)* las pautas que se aceptan como norma, como estándar de comportamiento (la moral), y *b)* los juicios de valor que aplican los individuos cuando deciden en libertad (los preceptos éticos). La moral opera como un marco de referencia formado por códigos y normas de convivencia que permite a los individuos tener expectativas sobre las conductas consideradas normales y correctas en la organización. En el orden social, los ciudadanos aceptan esos códigos en tanto miembros de una comunidad, pensando también en el reconocimiento y las posibles sanciones desde el orden instituido (en nuestro caso, desde la organización).

A diferencia de los códigos impuestos, los preceptos de la ética refieren a la necesaria reflexión y ejercicio de conciencia de los individuos ante situaciones en las que se deben tomar decisiones evaluando sus efectos deseables y no deseables, como la reducción de personal en el marco de una crisis. En esta situación, desde lo social se espera que en los procesos decisorios y en las relaciones humanas se apliquen valores referidos a la justicia y legitimidad, respeto a la libertad, equidad, solidaridad, dignidad del trabajo e igualdad de oportunidades. Respecto del contexto y las instituciones, los valores implican cumplir con la responsabilidad social de la empresa y el juego limpio en los mercados.

En términos del comportamiento de los integrantes, la ética propone los rasgos que son socialmente reconocidos y apreciados ("el deber ser"). Refiere a la honestidad, el respeto mutuo, la transparencia, tolerancia, prudencia y autenticidad en los actos. Estos se resumen en los principios y códigos de la organización, tales como no pagar para comprar voluntades, aceptar regalos de los proveedores, difundir información privada o hacer negocios con empresas de la familia. En las organizaciones con orientación social hay un consenso (no una imposición) sobre la necesidad de actuar en forma responsable y pensar más allá de los intereses personales o los rígidos esquemas burocráticos. La responsabilidad opera como un macroconcepto que convoca a incorporar valores éticos en el comportamiento.

La consideración de juicios de valor (éticos y sociales) en los procesos decisorios no es algo sencillo. Se requiere una preparación y espacios destinados al diálogo sobre los valores pertinentes ante situaciones concretas, por caso los criterios a utilizar en los procesos de selección o calificación del personal. Deben ponderarse no sólo los fines explícitos de la actividad, sino también los temas de discriminación que subyacen en el análisis bajo la forma de prejuicios, dogmas y posiciones ideológicas no declaradas. Por ejemplo, ciertos directivos, sin decirlo, pueden estar pensando y conduciendo un hospital comunitario como un negocio, una escuela como lugar de disciplina, un hogar de ancianos como forma de cautiverio o de reclusión forzada. La valoración requiere que las diferencias y supuestos ocultos también sean objeto de crítica. Una oportunidad para ello es la discusión sobre la misión y razón de ser de la empresa, su responsabilidad social.

En las empresas sólo lucrativas, determinadas por el criterio financiero, se vacía de contenido moral a las decisiones, se omiten las consideraciones que refieren a lo justo, solidario, honesto o equitativo. También se degrada el significado de estos conceptos, se los considera superfluos para la organización. Las ideas y creencias que tienen que ver con lo ético quedan fuera del razonamiento directivo (se separan), debido a que ponen en evidencia la ambivalencia en las decisiones y sus efectos indeseables. En la empresa determinada económicamente, el management tiende a priorizar las mediciones e indicadores objetivos por encima de los factores de la subjetividad, como los referidos a la motivación, la significación o el compromiso de los integrantes.

La degradación de las expresiones valorativas en las empresas utilitarias y egoístas hace desaparecer de las conversaciones la responsabilidad por lo que ocurre, así como evitar las consideraciones sobre lo socialmente deseable. Claude Hagege (1985) habla de "la sustantivación" en el discurso y las comunicaciones. En este marco, los mensajes hacen referencia a la realidad en su expresión cuantitativa y se analizan los hechos mediante el par sirve-no sirve, útil-inútil, para las metas predefinidas. El concepto de *moral* se utiliza, pero no como respeto de las pautas culturales, sino como disposición a cumplir con las obligaciones o la voluntad grupal para generar resultados. En su versión más elemental, es el "espíritu de cuerpo" o "la moral de la tropa", es decir, la disposición de los miembros a seguir normas y cumplir órdenes sin reservas de conciencia.

Las políticas que tienden a uniformar las relaciones en las empresas determinadas económicamente no son ingenuas. En una organización carente de valores, los empleados se convencen de que su compromiso se agota con el desempeño de un papel acordado y el uso de técnicas que se consideran instrumentos "neutros", a los cuales hay que buscarles una aplicación eficaz. Se acepta la modernización y su racionalidad tecnológica como si fueran fines indiscutibles, sin considerar las desigualdades injustas en las relaciones de producción. Este camino lleva a pensar que lo eficaz es también lo correcto, y entonces el fin justifica los medios. Por caso, ante los procesos que contaminan el ambiente o el engaño a la población a través de la saturación mediática, la estrategia de la escisión oculta la funcionalidad de esas tecnologías respecto de los proyectos inmorales.

En cambio, el diálogo y la búsqueda de acuerdos sobre la misión y prioridades de la empresa, en un modelo asociativo, permiten que el pensamiento ético y moral y las consideraciones de valor atraviesen la estructura, que no se reserven a las decisiones en la cúspide. Los valores son un marco impostergable para las decisiones técnicas, cuya racionalidad es necesariamente limitada. Los directivos, además de los propósitos de la organización, deben aceptar que los juicios de valor no son factores colaterales o marginales, sino partes constitutivas de sus procesos decisorios. Deben considerar los valores éticos y lazos sociales ya desde la etapa de formulación de proyectos, y no sólo después de producida la acción, para intentar justificar los resultados.

Esta es una diferencia básica entre: *a)* la empresa que procura beneficios bajo criterios de eficiencia en un esquema competitivo, y *b)* las empresas responsables y de carácter asociativo, construidas sobre una base participativa y con principios solidarios. En el presente trabajo se ha señalado que estos criterios de asociación y gestión participativa son los rasgos identificatorios de las organizaciones de base social. Hemos destacado la forma en que estos principios intervienen en las decisiones sobre sus políticas y estrategias. No decimos que los conflictos derivados del individualismo y el pragmatismo de las organizaciones descriptas en el punto *a)* las lleven hacia las formas identificadas en el *b)*. Las situaciones de malestar y desigualdad en el trabajo pueden mantenerse debido a la presión de los estados de necesidad y los abusos en el poder.

Los modelos competitivos, basados en la iniciativa y las recompensas individuales, no deben plantearse como excluyentes y opuestos a los esfuerzos comunitarios dentro de la misma organización. La responsabilidad y la inteligencia social se expresan en la búsqueda de una razonable coexistencia, en función de realidades cotidianas que también demandan aportes y respuestas diferentes. En el caso de las empresas, lo razonable (en términos de valores) es intentar que esa coexistencia se logre en un punto donde la racionalidad económica o financiera no provoque rasgaduras en el tejido social, ni desintegre la organización. En el plano de la propuesta, consideramos que las formas colaborativas y participativas sirven de ejemplo cuando se trata de buscar caminos para enfrentar las antinomias propias del enfoque competitivo, a la vez que una clara demostración de la importancia del capital social como condición para la mejora de la capacidad productiva y el desarrollo humano en las organizaciones.

Bibliografía

Ackoff, Russell: *Recreación de las corporaciones*, Oxford University Press, México, 2000.

Bunge Mario: "Los límites de la competencia y de la cooperación", prólogo a *La empresa competitiva*, de Jorge Etkin, McGraw-Hill, Chile, 1996.

Coleman J.S. "Social Capital in the creation of human capital". En *American Journal of Sociology*, 95-120. New York, 1998.

Dalla Costa, John: *El imperativo ético*, Paidós, Barcelona, 1999.

Davis, Meter: *La administración de la diferencia cooperativa*, División Cooperativa, Oficina Internacional del Trabajo, Ginebra, 1999.

De Leonardis, O. y Mauri, D.: *La empresa social*, Nueva Visión, Buenos Aires, 1995.

Etkin, Jorge: *Gestión de la complejidad en las organizaciones*, Granica, Buenos Aires, 2006.

Etkin, J. y Schvarstein, L.: *Identidad de las organizaciones. Invariancia y cambio*, Paidós, Barcelona, 1989.

Görgen, Renate: "Emprendedores sociales" (Cap. 3). En *La empresa social*, De Leonardis, O. y Mauri, D., Nueva Visión, Buenos Aires, 1995.

Gratton, Lynda: *Estrategias de capital humano*, Prentice Hall, Madrid, 2001.

Hagege, Claude: *L'homme de parole*, Fayard, París, 1985.

Hock, Dee: *El nacimiento de la era caórdica*, Granica, Barcelona, 2001.

Kliksberg, Bernardo: "Seis tesis no convencionales sobre participación", en *Capital social y cultura: claves para el desarrollo*, Banco Interamericano de Desarrollo, Washington, 2000.

Lattuada, M. y Renold, J.: "El cooperativismo agropecuario en Argentina", monografía presentada en el V Congreso de Antropología Social, La Plata, 1997.

Levi, Yair: "Community and hybrid multi-stakeholders cooperatives", *Review of International Co-operation*, Vol. 92, Londres, 1999.

McGrath, J. y Hroger, F.: *Las empresas creadoras de valor*, Deusto, Bilbao, 2001.

Pinchot, Gifford: "Hacer del lugar de trabajo una comunidad", en *Comunidades del futuro*, Fundación Drucker, Granica, Barcelona, 1999.

Piselli Fortunata: *El capital social. Instrucciones de uso*. Fondo de Cultura Económica. Buenos Aires, 2003.

Putnam, Robert: *Bowling alone: the collapse and revival of American community*. Nueva York, Simon & Schuster, 1995

Putnam, Robert: *Para hacer que la democracia funcione*, Galac, Caracas, 1994.

Schvarstein, Leonardo: *La inteligencia social de las organizaciones*, Paidós, Buenos Aires, 2003.

Spear, Robert: "Membership strategy for co-operative advantage", *Journal for Co-operative Studies*, Vol. 33, N° 2, agosto 2000.

Suárez, Francisco: "Debilidades de las ONG", revista *Oikos*, N° 9, Universidad de Buenos Aires, Junio de 2000.

Tissen, René y otros: *El valor del conocimiento*, Prentice Hall, Madrid, 2000.

Thurow, Lester: "La comunidad económica y la inversión social", en *La comunidades del futuro*, Fundación Drucker, Granica, Barcelona, 2003.

CAPÍTULO 15

VALORES SOCIALES

1. La consideración de los principios y valores sociales

Cuando hablamos de valores nos referimos a las ideas básicas y compartidas (pauta cultural) que la comunidad reconoce como prioritarias para el respeto a la condición humana y la vida en sociedad. Por caso, las ideas de libertad, solidaridad, igualdad, equidad, justicia, tolerancia o pluralismo, dignidad del trabajo y creencia en la verdad. Si bien las leyes garantizan los derechos humanos, la propia libertad que disponen las organizaciones hace que apliquen formas más o menos equitativas o solidarias de producción. La elección del modelo de organización y de gestión implica una toma de posición respecto de los valores que la empresa reconoce, sostiene o promueve. Esto ocurre: *a)* en el plano de lo implícito, por las premisas no declaradas pero presentes en las decisiones de política, y *b)* en el plano de lo explícito, por ejemplo, a través de las declaraciones de principios y las normas que se incluyen en los contratos laborales.

La cuestión de los valores en los modelos de organización y conducción lleva a una posición enfrentada entre:

a) la gestión basada en principios éticos consensuados y reconocidos, que tratándose de valores no son negociables o transables, ni cambian por la coyuntura, y *b)* la gestión orientada hacia los resultados, donde los directivos piensan que el fin (la supervivencia económica) justifica los medios. Ellos también suponen que es posible adoptar una posición "neutral" o técnica ante los problemas sociales de la empresa. Es una posición que los lleva a caminar por la llamada *moral de las fronteras*, haciendo lo posible, pero también al borde de lo ilegítimo en términos sociales.

Los valores no son metas objetivas sino criterios amplios sobre lo mejor, lo correcto y lo deseable, y dan un margen para la interpretación y la aplicación. Por ejemplo, en cuanto a las relaciones de autoridad, los contratos laborales, las condiciones de trabajo o los sistemas de remuneración, las empresas pueden optar por formas de producción más o menos justas y democráticas. Las tareas pueden ser diseñadas pensando en la creatividad y el desarrollo de los individuos o, por el contrario, dando prioridad a los controles burocráticos. Respecto de lo solidario, la aplicación de un enfoque cooperativo favorece la unidad de esfuerzos, mientras que el modelo competitivo potencia la lucha y las actitudes egoístas en lugar de la colaboración y el trabajo en equipo.

La idea de actuar siguiendo valores no es solamente una cuestión de voluntad o un discurso en el que se declaran las ventajas de hacer el bien. La gestión de los valores (su definición y aplicación) también requiere debatir sobre los contenidos de lo moralmente valioso. Lo bueno no se define por la inversa de lo malo. Por ejemplo, la idea de lo justo tiene sus ideas asociadas (equidad, rectitud, igualdad), mientras que lo injusto puede disponer de sus expresiones (intolerancia, abuso, discriminación) que no son la mera oposición del otro. Incluso, pueden coexistir en distintas áreas de la misma organización justicia e injusticia. Cada elemento de este par polar de conceptos dispone de sus propias reglas y explicaciones, no se trata solamente del opuesto a otro, en particular si se consideran los múltiples propósitos y diferentes actores que componen la organización.

De manera que los valores no están ordenados en una cadena de medios a fines, no se excluyen entre sí, y no hay principios aislados que puedan aplicarse a una situación problemática. Por sus relaciones e interacciones, podemos hablar de un sistema de valores. En una obra anterior (Etkin, 1993) hemos sostenido que "un valor es una concepción, explícita o implícita, propia de un individuo o característica de un grupo social, acerca de lo deseable y que influye en la selección de los modos, medios y fines de las acciones disponibles". Es un criterio para evaluar las alternativas o estrategias, que requiere un diálogo de carácter subjetivo, diferente al análisis económico de los resultados. Por ejemplo, en un hospital los directivos deben considerar el impacto social de las decisiones sobre los pacientes internados, que sufrirán las consecuencias y que no están en condiciones de defenderse.

2. La gestión de valores: el discurso y la aplicación

El modelo racional supone la existencia de una comunidad de objetivos, no porque ello sea normal o natural, sino porque la marcha de la empresa requiere unidad de criterios a la hora de tomar decisiones. En los hechos hay diferencias, pero deben ser solucionadas, ya sea a través del consenso o por medio de la autoridad. El contrato que regula la relación laboral establece que los individuos deben actuar en el marco de las reglas establecidas por la organización (en lo que tienen de legítimas). El modelo reconoce que en los hechos pueden surgir diferencias tanto en el plano de las ideas como en el de las prácticas. Como no todo está especificado (hay zonas ambiguas), los individuos pueden aplicar su razonamiento dentro del margen de maniobra que disponen. Pero no pueden afectar los objetivos, las políticas, las estrategias o las reglas de juego.

Que existan planes, contratos y reglas de juego no significa que lo normal o lo esperable sean las relaciones de armonía. Las crisis son previsibles, pero también tienen su respuesta en el sistema para mantener la integración entre las partes. En su clásica obra sobre organizaciones, March y Simon (1961) afirman que "los hombres traen a las organizaciones ciertos fines, actitudes y valores, y ellos han de tener un motivo o ser inducidos a participar en el sistema de comportamiento de la organización". Estos autores reconocen las diferencias y afirman que "hay un paralelismo incompleto entre su objetivo personal y el objetivo de la organización". Dicen que "los conflictos actuales o potenciales sobre los objetivos destacan la importancia central de los fenómenos de poder y las ideas morales en la explicación del comportamiento en la organización". Es decir, el equilibrio es programable porque no ocurre en forma natural y requiere formas de poder y control. Estos mecanismos serán más o menos intensos en función de la base colaborativa o competitiva que la Dirección adopte como modelo de organización.

Como vemos, las diferencias dentro del orden planificado no sólo hacen al conflicto entre fines personales y objetivos comunes. El modelo reconoce que hay diferencias posibles tanto en el plano de lo formal como también en lo subjetivo. En cuanto a las razones objetivas, estas refieren a los problemas de los miembros respecto de los niveles de remuneración o las exageradas exigencias en el ambiente de trabajo. Y las razones subjetivas refieren a la ruptura del contrato psicológico por falta de motivación, a las injusticias que se aprecian en la relación laboral o a los problemas de comunicación que crean ansiedad e incertidumbre. El modelo dispone de dispositivos para atender los aspectos formales o normativos, por ejemplo, a través de los convenios laborales, la selección de personal o las políticas de remuneraciones.

En la base del modelo racional de organización y de las estrategias de conducción asociadas con este enfoque, la relación entre individuos, grupos y organización es calculada o utilitaria. En estos casos, según E. Schein (1972), la empresa está preocupada mayormente por la productividad, de manera que las emociones y sentimientos cuentan en la medida que estos factores subjetivos pueden afectar el desempeño individual. En términos del citado autor: "Bajo esta idea racional-económica, lo que hace la organización es comprar los servicios y el compromiso de los empleados a quienes les brinda recompensas económicas y a través de un contrato los ubica bajo un esquema de autoridad y control". En este modelo se considera al empleado como un recurso reemplazable (no se piensa en términos del capital humano o el activo intelectual), y la actitud del individuo importa básicamente por sus efectos sobre el trabajo.

Es posible que en las organizaciones burocráticas (por la naturaleza de su actividad), donde las tareas deben reiterarse del mismo modo y se basan en procesos informáticos, la subjetividad no influya sobre el contenido de los productos o servicios, de carácter normalizado. En este caso, la producción depende más de los procesos tecnológicos que de las actitudes personales del trabajador o de las demandas específicas o particulares de los usuarios. Por caso, en los servicios de energía eléctrica, las destilerías, la industria química, las comunicaciones digitales o las compañías de seguros. Ello no significa que las decisiones sean todas objetivas o pensadas en términos financieros, porque siempre hay cuestiones de política y valorativas. Pero los juicios de valor sobre lo socialmente importante estarán subordinados a las consideraciones de productividad que sostienen a la empresa. Si bien importan los derechos y necesidades de los usuarios, a estos se los distingue más por su peso político o su poder de compra.

¿Cómo se trata el tema de las ideologías, los valores, las creencias sociales en el modelo racional de organización y conducción? ¿Cómo se plantea la cuestión de la responsabilidad social de las empresas? ¿Cuál es el papel asignado a la cultura de la empresa en la gestión eficientista? Es posible acercar algunas respuestas en función de la propia lógica del modelo y también de la evidencia existente en el mundo de los negocios, cuando se los maneja con un criterio economicista. La lógica indica que si la conducción considera que la organización es un dispositivo para alcanzar ciertos objetivos, las otras consideraciones de orden social o cultural serán dejadas de lado. Ante los problemas que requieren analizar cuestiones de justicia, equidad, solidaridad, libertad o igualdad, las decisiones van a priorizar los juicios que aseguren mayor eficiencia y eficacia. Por ejemplo, la cuestión del desempleo se razona en términos de costos y no por sus implicaciones sociales. En el plano de las remuneraciones, se fijarán en función de la producción o las ventas, sin otras consideraciones que hacen a la justicia retributiva.

Bajo el modelo de gestión racionalista (en el diseño y la praxis) la empresa divide sus principios o sus ideologías en dos niveles: a) en el plano del discurso, puede acompañar las consignas del medio social donde actúa, pero como una cuestión meramente declarativa que no compromete a sus directivos y ayuda a la imagen corporativa, y b) en el plano de los hechos, construye un esquema de valores o prioridades que es funcional o congruente con sus propósitos. Son los criterios o modos de pensar que influirán a la hora de tomar decisiones. Utilizando el concepto de *cultura* los directivos dirán que la empresa tiene sus propios modos de pensar y que funcionan. Al afirmarse en la diferencia y la eficacia de "su ideología", evitan analizarla críticamente en comparación con los valores más amplios del contexto social.

Cuando prevalece el criterio de eficacia se actúa según la propia conveniencia, y esta no siempre respeta los principios sociales. Un periódico puede decir que sus principios consisten en informar la verdad, respetando el derecho a la privacidad. Pero, en la práctica, sólo publica las notas más resonantes porque venden, sin confirmar las fuentes o sus valores de verdad. Ese medio puede pregonar la libertad de prensa y, en la realidad, sólo difundir aquella información que beneficia a sus anunciantes (o al gobierno de turno). Los editores dirán que no están actuando fuera de la ley, sino usando un criterio empresario. Los valores sociales quedan en el plano de la teoría y son la base del doble discurso de la Dirección.

En este ambiente, las empresas desarrollan sus principios con una fuerte connotación financiera o comercial. Es decir, tienen credo, misiones, valores o ideologías, pero siempre aplicados a los negocios y no a la dignidad del trabajo o la condición humana como valores en sí mismos. Pueden triunfar construyendo un microclima que es aceptado y que les da resultados. Por ejemplo, Collins y Porrás (1995) han estudiado "los principios exitosos de compañías triunfadoras", a las cuales califican como empresas visionarias (por disponer de una visión compartida). Dicen que "es cierto que ellas han buscado utilidades, pero también las guía una ideología básica y una serie de valores que perduran". Estas declaraciones de principios toman distancia de las afirmaciones de tono financiero, pero no logran disimular que en la lucha competitiva el éxito también acompaña a las empresas pragmáticas.

El mensaje es que aun en las organizaciones gestionadas en forma racional no todas son razones, hay lugar, además, para las declaraciones de tono emocional o morales. Los negocios se hacen pensando en los resultados, pero también se explican (al exterior) en términos de ideas, principios o convicciones que se dice que son tan importantes como el balance o la cotización de las acciones. Según el mencionado estudio, los valores básicos de una compañía visionaria no necesariamente tienen que ser sofisticados o humanitarios, porque lo importante es el hecho de creer seriamente en ellos, lograr conformidad y actuar en forma consecuente. Son empresas que han mostrado un impulso hacia el progreso, pero sin comprometer por ello sus ideales básicos.

Frente a casos concretos de esas ideas centrales, vemos que se trata de "microclimas" que sirven a la eficacia. Por ejemplo, "estar al frente, ser el más grande, el mejor, el más innovador, el más rentable" (Citicorp), "mejorar la calidad de vida por medio de tecnología e innovación" (General Electric), "contribución para las comunidades donde operamos y responsabilidad ante ellas" (Hewlett-Packard), "estamos en el negocio de conservar y mejorar la calidad humana" (Laboratorios Merck), "confiabilidad mundial de los servicios" (American Express). Claro que las empresas también hacen referencia a la importancia del factor humano, la calidad de vida y la misión social. Pero aquí queremos destacar la existencia de un eje temático común y concreto, que refiere a los productos, los servicios y la atención al cliente. La ideología está reflejando el salto del rango de empresa a institución, con un alto grado de autosuficiencia y con pautas culturales que son propias y distintivas.

La gestión racional-económica busca que los componentes culturales de la organización guarden una relación de congruencia con los objetivos de negocios. Pero debemos advertir que los valores no se compran, están construidos socialmente, no son una materia prima. En una realidad competitiva, los valores sociales parecen "optativos", pero no por ello dejan de ser límites que la empresa debe respetar en su relación con el medio social. En términos también racionales, la empresa trata de evitar las sanciones sociales que puedan afectar su imagen en los mercados (un diario que inventa noticias). Sería como dar una ventaja a sus competidores. De manera que, al decidir sus estrategias corporativas, no puede ponerse fuera de los valores reconocidos. No es libre de discriminar, enfermar o contaminar, y no sólo por razones morales; en términos operativos, la restringen las consecuencias jurídicas y el impacto negativo sobre la opinión pública.

Las estrategias de imagen o el discurso competitivo tienen límites para justificar lo injustificable a través de sus comunicaciones públicas. Es el caso de las empresas tabacaleras, las petroleras y las productoras de fertilizantes químicos. Por otra parte, debemos reconocer que el llamado *marco de valores y creencias sociales* tampoco es un esquema coherente o impenetrable. Allí convergen las presiones políticas y los intereses económicos que incentivan ciertos valores y deprecian otros. Se manifiestan incongruencias en las instituciones del contexto social cuando critican o dicen controlar a las empresas monopólicas o ilegítimas y, al mismo tiempo, las protegen porque las necesitan como fuente de empleo y de recursos impositivos.

En síntesis, los modelos racionales se encuentran ante una realidad social interna que no responde a las reglas administrativas, como los juegos de poder o las pautas culturales propias de los grupos primarios. Los directivos pueden ignorarlas o uniformarlas mediante la programación y los controles, y luego dedicarse a negociar a medida que surgen los conflictos o la frustración. Pero, dando un paso adelante, también pueden construir una estrategia persuasiva, en el sentido de armar y promover imágenes que representen las inquietudes del personal. La estrategia de imagen intenta alinear las ilusiones y convicciones de individuos y grupos tras los propósitos de la organización, aunque en el discurso se diga que se trata de construir una visión compartida.

Los esquemas de valores que declara la empresa racional tienen un sentido utilitario, y ello contradice su condición de principios (que deberían justificarse en sí mismos). Por ejemplo, Deal y Kennedy (1982), en su conocida obra sobre las empresas como sistemas culturales, destacan los beneficios que los principios traen para la compañía. Afirman: "Como los valores organizacionales pueden tener una poderosa influencia en lo que hacen las personas, creemos que deben interesar mucho a los gerentes (...) En nuestro trabajo y en nuestros estudios encontramos que las compañías que tienen éxito ponen mucho énfasis en los valores". El peligro de este planteo es que el énfasis está puesto en los instrumentos y los resultados, y no en la corrección o legitimidad de las ideas rectoras.

Este tipo de razonamiento se preocupa por mentalizar a los individuos antes que por dejarlos expresarse libremente o sostener sus convicciones. Ello lleva a que los directivos seleccionen entre principios separando, por una parte, los valores y creencias que sirven y, por otra, los que no son funcionales a los objetivos de la empresa. Respecto de su relación con el éxito, este no siempre es adjudicable a que la empresa se ha basado en valores sociales. En muchos casos, la explicación principista se arma después, para dar una imagen cultural o connotaciones humanitarias a decisiones que se han tomado por razones financieras. Esta visión gerencial considera la cultura como un producto más de la ingeniería aplicada a lo social. El resultado puede ser un aumento en la productividad, pero también la pérdida de credibilidad en la empresa.

La estrategia persuasiva o el discurso imaginario es un ejemplo de las dualidades que se dan en la empresa cuando pretende manejarse solamente en términos racionales. En este sentido, Argyris y Schon (1978) proponen la distinción entre: *a)* la teoría expuesta, es decir, los principios que la empresa declara como base de sus estrategias; por caso, al hablar de la democracia y la participación, y *b)* la teoría en uso, o sea, la que la Dirección aplica al tomar sus decisiones, que siguen un razonamiento puramente pragmático y económico. En general, se intenta justificar las teorías en uso (las razones concretas), así como la aplicación del poder o la fuerza en las relaciones laborales, por las presiones de la competencia, las demandas de la tecnología o las necesidades de los clientes. El desvío se explica diciendo que los principios "se suspenden" en forma transitoria, pero que la empresa no los olvida. La dualidad consiste en que lo transitorio se hace permanente.

Cuando se utiliza la persuasión como técnica que viene a complementar las razones económicas, en la empresa se instala un ambiente de doble discurso y desconfianza. El personal no es ingenuo y ve en la práctica cuáles son las intenciones no declaradas de la conducción. Hay empresas que avanzan en este ambiente, que si bien no es deseable, es funcional a la tecnología y el interés de ciertos grupos de poder. Otras organizaciones se construyen sobre valores y creencias compartidos, y como principio no negociable se proponen producir bajo la idea del esfuerzo solidario. No recurren a la estrategia de la ilusión, sino que son transparentes, buscan el consenso y la congruencia entre propósitos, necesidades individuales y demandas sociales. Las condiciones de trabajo son tan importantes como los resultados en términos de productos y servicios. A estas nos vamos a referir en los próximos puntos.

3. Tensiones y conflictos derivados de la complejidad

La idea de la complejidad reconoce que en la realidad organizacional conviven el diseño (de estructuras y procesos formales), las actividades emergentes (no pensadas) y la divergencia de ideas. Cuando decimos "conviven" significa que no es lo uno o lo otro, sino la coexistencia cotidiana de razones y emociones, situaciones previstas e imprevistas, factores racionales e irracionales, procesos establecidos y emergentes. En esta diversidad de factores y procesos, se dan distintas posibilidades de relación, que no siempre son controlables y derivan en situaciones no deseadas para algunos y buscadas por otros. Puede verse en las complejas relaciones entre la familia del internado y los intereses del hospital, o entre los sindicatos y las gerencias de personal de las empresas.

Respecto de la complejidad en las organizaciones, se trata de una realidad en la cual influye el contexto incierto y cambiante, de difícil predicción, pero en la que también juegan los factores internos que están en tensión. Una tensión que no siempre es des-estructurante, porque puede derivar en una mejora para el sistema al poner en evidencia sus errores y ofrecer formas de superarlos. Esta idea está en la base del concepto de *desorden creativo*. Además, en un ambiente de cambio, los propios objetivos están en movimiento, de manera que la organización suele vivir en procesos de transición caracterizados por la coexistencia de elementos del orden viejo junto a otros que pertenecen a nuevos proyectos. Suele verse en los procesos de renovación tecnológica en las empresas.

Ante la complejidad interna y ambiental, los directivos hacen planes en escenarios variables, pero no pueden avanzar con los programas en detalle. El monitoreo y la capacidad de corregir el rumbo son vitales. Los intentos de especificar los movimientos futuros no son compatibles con los rasgos de inestabilidad y ambigüedad del contexto. En un marco incierto, el planeamiento debe incorporar factores que permitan darle flexibilidad. También importa lograr consensos y acuerdos internos acerca de las líneas de acción prioritarias. Antes que exigir el cumplimiento de tareas específicas, la organización necesita que sus integrantes estén en condiciones de enfrentar la incertidumbre y el cambio ambiental a través de actitudes innovadoras. Esta creatividad requiere una disposición favorable de los individuos hacia su trabajo y la empresa. Disposición que no surge naturalmente sino que se relaciona con el ambiente de valores en que actúa la organización.

Respecto de las actividades creativas (no programadas) que condicionan el crecimiento en un entorno desafiante y de cambio continuo, hace falta capacidad y actitud renovadora. No sólo se trata de capacitación profesional, sino también de motivación personal. Implica una actitud racional o calculada destinada a defender el empleo como fuente de ingresos y una favorable disposición hacia la innovación. El compromiso emocional se relaciona con el acuerdo sobre las creencias y valores que están en la base de las decisiones directivas. Los miembros necesitan la evidencia (y no sólo el discurso) de que todos avanzan en el mismo sentido. Individuos y grupos deben sentir que la organización está preocupada tanto por hacer negocios como por el desarrollo de sus integrantes y los aportes a la comunidad.

En su análisis de la complejidad, E. Morin (1994) destaca que "las relaciones al interior de una organización, de una sociedad o de una empresa, son complementarias y antagonistas al mismo tiempo". Cita la creatividad no planificada de los grupos en la fábrica, cuando, a los efectos de cuestionar la autoridad burocrática de los supervisores, desarrollan formas propias de trabajo que permiten mejorar la calidad de la producción, al margen de la sabiduría de quienes administran. Ello tiene que ver con la multiplicidad de intereses y fines que confluyen en la organización. En muchos casos, las formas "clandestinas" operan con mayor efectividad que las oficiales, y los resultados se logran gracias a las desviaciones respecto de lo programado.

Estos comentarios no significan que la organización pueda basarse en el desorden o la imprevisión. Pero los ejemplos nos muestran que tampoco puede crecer intentando planificarlo todo o fijando límites estrechos a la creatividad individual. De manera que la posibilidad de operar en la complejidad requiere una coexistencia basada en principios antes que en reglas burocráticas. En términos del citado E. Morin (1994): "Una organización que no tuviera más que libertades con poco orden y principios, se desintegraría, a menos que hubiera como complemento de esa libertad, una solidaridad profunda entre sus miembros". La fuerza solidaria permite enfrentar problemas (inciertos, ambiguos) para los cuales no existe una respuesta preparada, pero que deben ser resueltos con un criterio amplio, orientado hacia la cohesión y el desarrollo de la organización.

Entonces, la gestión de los principios y valores es una responsabilidad de la Dirección, pero también puede verse como una búsqueda de respuesta al problema de la complejidad sociotécnica de las organizaciones. Estas deben actuar en un contexto de cambio continuo, con amenazas de los competidores y exigencias crecientes en cuanto a la calidad de los servicios y productos que reclaman tanto los asociados como los clientes y usuarios. En tales condiciones, se requiere que los individuos y grupos actúen con creatividad y compromiso. En esta actitud se conjugan aspectos racionales y técnicos, como la adecuada formación y capacitación del personal, junto con temas que hacen a la responsabilidad social de los directivos.

En el marco de la complejidad, ya no alcanza con imaginar escenarios, diseñar una estrategia efectiva y saber aplicarla negociando con el personal y luchando en los mercados. El planeamiento corporativo es demasiado amplio como para orientar a quienes deciden en la praxis, y desde su amplitud no está en situación de considerar los conflictos locales. La coordinación de fuerzas divergentes requiere más de la disposición de los grupos para el diálogo que de los dispositivos de control administrativo. Importa la noción de *gobierno* y *gobernante* en el sentido de aplicar mecanismos democráticos y participativos, en lugar de la figura del manager que maniobra detrás de los objetivos de negocios bajo la cruda ecuación del costo-beneficio.

En este contexto, es vital construir y disponer de un sistema de ideas y creencias compartidas, con sentido equitativo y solidario (no egoísta o competitivo). Un sistema que permita articular con sentido ético las decisiones que tienen resonancia política y social. Por ejemplo, en un laboratorio, ideas responsables que consideren el riesgo implicado en la producción de drogas medicinales. En una planta de energía, el tratamiento de los residuos nucleares. En un banco, la relación del crédito con los proyectos de desarrollo comunitario. En lo interno, la cuestión de la equidad en los métodos de retribución, la libertad de creencias o la justicia en las relaciones laborales.

La gestión de los valores no refiere solamente a la comprensión o la voluntad de tratar la cuestión de los principios. Es, además, una orientación para actuar ante situaciones problemáticas, donde hay decisiones que tomar, pero también costos sociales y consecuencias no deseadas. Donde están en juego, en forma simultánea, los recursos requeridos para sobrevivir en un medio competitivo, pero también la necesidad de respetar los acuerdos de base que sostienen en términos ideológicos a la organización. Es el caso de la decisión de racionalización que, por cuestiones de costos, puede dejar fuera de la organización a quienes han participado en sus acuerdos fundacionales. La consideración de los valores enseña que los vínculos con los miembros hacen a la solidez de la organización y que la lógica financiera no debe desbordar hacia las relaciones humanas.

4. Sociabilidad, transparencia y equidad

La consideración de los valores no es puro voluntarismo o disposición de cumplir con los preceptos compartidos. Por un lado se encuentran los ideales de libertad, equidad, justicia, dignidad del trabajo, solidaridad, igualdad, responsabilidad social y otros de la misma importancia. Por otro, los individuos se enfrentan con situaciones (dilemas, paradojas, encrucijadas) donde las alternativas afectan principios, tanto a favor como en contra. Son situaciones difíciles en las que juegan las apreciaciones responsables y los juicios de valor. Por ejemplo, la apropiación o distribución de los recursos entre los socios o integrantes de la organización requiere tomar posición sobre las diferencias consideradas justas, en cuanto al valor de los aportes. O la decisión sobre la educación religiosa en una escuela, en cuanto a su carácter optativo u obligatorio. O el dilema de las prioridades para implementar un programa de ayuda social desde la empresa.

La gestión de valores implica un proceso de conversión que lleva a salir de las abstracciones y llegar a un plano del análisis o del diálogo donde los actores estén en mejores condiciones para establecer prioridades o diferencias entre alternativas. Claro que existen instituciones cuya propia naturaleza las determina a operar en el plano de las creencias y principios, como las asociaciones civiles o entidades de bien público. Es complicado para otras organizaciones, que bajo formas cooperativas o competitivas deben producir para vender en mercados que ponen sus propias condiciones. El tema de las prioridades debe ser sometido a instancias de consulta y a la búsqueda de consenso en un ámbito democrático y participativo. Ello no implica un estado de asamblea porque, con el tiempo, las organizaciones adoptan posiciones (consensos) acerca de los dilemas que se reiteran, como las exigencias del avance tecnológico respecto del ambiente de trabajo.

La consideración de los ideales y principios en el proceso decisorio requiere métodos que permitan distinguir y trabajar con los aspectos subjetivos y los juicios de valor. Una condición para estos caminos es lograr que exista transparencia en las intenciones y en las comunicaciones. También es importante la amplitud de la mirada en los directivos, el no cerrarse en los intereses personales y evitar la tendencia al aislamiento en el poder (la llamada "soledad del poder"). En el plano de la transparencia, se requiere escuchar y tener en cuenta no sólo a los promotores de nuevas ideas, sino también a los actores que pueden resultar afectados por las medidas de política.

En el plano de las comunicaciones, una organización democrática debe promover el diálogo y la "inclusión de diferentes voces", en lugar de aplicar una posición dogmática. Como vemos, la metodología le otorga o le quita base de legitimidad a la decisión. El camino correcto incluye la búsqueda de consenso respecto de las medidas en cuestión. Consenso no como uniformidad, sino como punto de encuentro o coincidencias. El método deseable permite avanzar por encima de las disonancias del momento para evitar que el debate ideológico lleve a soluciones tardías.

Respecto del método, los dilemas de decisión requieren poner de manifiesto la posición que adoptan los participantes en la discusión. Hay ideas que se consideran obvias, a pesar de que no son pertinentes en el contexto actual. Por caso, un despido analizado en un entorno de crisis o de pleno empleo. Es un tema laboral que se puede convertir en una condena. En su obra sobre las decisiones éticas, M. Brown (1992) diferencia entre: *a)* los supuestos, o el mundo que se da por sentado, y *b)* los valores, que son ideas sobre lo deseable y pesan como fines en sí mismos. De manera que en la evaluación de las decisiones corresponde distinguir entre factores racionales y emocionales, entre razones y convicciones.

Por ejemplo, en la definición de las políticas de personal influyen los supuestos sobre la actitud de los individuos. Ciertos ejecutivos pueden pensar que los empleados sólo son eficientes cuando están bajo control. Otros directivos (con mejor criterio) pueden suponer que los individuos son responsables y creativos, y que por lo tanto no necesitan ser vigilados. En el proceso de análisis de las medidas de gobierno (con resonancias políticas y sociales) corresponde que estas premisas no declaradas sean conocidas o explicitadas. Ello permite evaluar cómo pesan los prejuicios, los supuestos y las experiencias personales en decisiones que parecen estar orientadas sólo por razones técnicas.

El pensar en las consecuencias de los actos nos lleva al concepto de la responsabilidad social de los directivos. En el plano de lo ético, deben tomar conciencia de los efectos (inesperados, negativos) que sus decisiones tendrán sobre las personas y el contexto. Y si los efectos son inevitables, instrumentar una red de seguridad, ofrecer una compensación o brindar información que permita disminuir las consecuencias no deseables de la decisión (o sus productos), como ocurre con las prevenciones que toman los laboratorios respecto del uso de los medicamentos. La responsabilidad también implica que los directivos siempre deben pensar en lo mejor (en términos de valores sociales) y no solamente en la eficacia de sus decisiones (en términos del negocio). Responsabilidad por la actitud de seguir valores o principios, y también por la disposición a superarse y actuar de la mejor manera posible.

Asimismo, se requiere un uso responsable de los recursos del poder. Cuando se trata de organizaciones voluntarias, debe esperarse (y buscarse) que los comportamientos de los integrantes se deriven de razones y emociones expresadas en libertad. Pero en las organizaciones no todos disponen de la misma preparación o capacidad, ni tampoco de la misma posibilidad de acceder a recursos escasos y necesarios. Esa relación de desigualdad puede ser aceptada o no, según cuáles sean sus fundamentos. El poder puede estar basado en la fuerza (imposición), en un acuerdo (conveniencia) o en la persuasión (adhesión). Los integrantes acuerdan participar bajo ciertas condiciones, pero la visión de los valores nos lleva a revisar críticamente en qué medida esas condiciones no implican desigualdades injustas o faltas de equidad (desde la mirada social).

En el plano de los principios y valores sociales, las diferencias de capacidades y de recursos no deben utilizarse para avanzar sobre los derechos de los individuos, ni para aprovechar sus estados de necesidad. La ética reconoce las diferencias pero no la desigualdad impuesta; sólo admite las formas legítimas y constructivas del poder que son aceptadas en el marco de las relaciones sociales. El abuso de poder, más allá de los límites aceptados por las partes, lleva al sometimiento y la discriminación. Son situaciones de injusticia pero marcan la dualidad del poder, porque también ponen en marcha resistencias y conflictos. Las relaciones de fuerza son un contrasentido en las organizaciones voluntarias porque las hacen depender de la eficacia de sus controles y no de la voluntad y capacidad creativa de sus integrantes.

Los sistemas de valores, creencias y principios se expresan en ciertos documentos; por ejemplo, en los códigos de ética o las declaraciones de principios de la organización. Esta es la organización en su versión discursiva-normativa. Se redactan en términos afirmativos, como la regla de destinar parte de las utilidades a instituciones de bien público, o en términos negativos, como la no discriminación. Son criterios que servirán como marco de las decisiones, en situaciones concretas, para distinguir entre lo considerado deseable e indeseable, correcto o incorrecto, en términos de la organización como entidad social, no como negocio. Los principios vienen a echar luz sobre la dualidad misión social-interés empresario.

Lo importante no es la forma de redactar y comunicar el código, sino el acuerdo que lo sustenta y que permitirá su aplicación cuando se trate de plantear un nuevo camino o de buscar "la mejor" entre las alternativas posibles. Se requiere una voluntad política para darle al código o la declaración un fundamento para su aplicación. La gestión de los valores sociales debe orientarse a evitar la oposición entre códigos de ética y códigos del poder en la organización. La visión de los valores lleva a reconocer el poder social que está construido sobre bases de aceptación o legítimas, y no sobre la fuerza o el control de los recursos.

El tema es pasar del deber ser a la acción (sin formas autoritarias). Por caso, el manual de estilo de un periódico expresa los principios y criterios que deben orientar a la publicación. Los principios deben aplicarse en los contratos laborales, en las condiciones de trabajo, en los criterios con los cuales el editor selecciona las notas que se publican. Los principios no son exactos, admiten interpretaciones, pero no se los puede ignorar. Ante una crisis financiera, es posible reducir la cantidad de páginas por edición, pero no divulgar mentiras para aumentar la circulación o cobrar por hacerse vocero del gobierno. Una escuela debe mantener la calidad de la enseñanza aunque pierda a los alumnos que pagan su matrícula pero no se interesan por el conocimiento. Mantener sus valores permite a estas empresas ser un periódico y ser una escuela, y ello coincide con los propósitos por los cuales sus integrantes quieren seguir trabajando allí.

5. Los valores sociales y un pacto social renovado

Los valores se reflejan en las cláusulas de contratos y convenios laborales. En forma más amplia, en un pacto laboral entre la organización y sus integrantes. En el nivel de lo explícito, el pacto refiere al sistema de remuneraciones, la descripción de la tarea, las leyes que sirven de marco legal al acuerdo, los derechos y obligaciones de las partes. Hay también un nivel de lo implícito, en el cual las expectativas no están escritas, pero influyen en las imágenes y comportamientos de los integrantes. D. Rousseau (1995) habla de este factor subjetivo como "el contrato psicológico" en el trabajo. Por ejemplo, tener confianza en la empresa en el sentido de que ofrece seguridad y continuidad en el empleo, a pesar de los cambios en la coyuntura económica. Aunque no existe como obligación formal, los individuos llegan a sentir que si no respeta este "contrato" la empresa "no cumple con lo acordado".

También es cierto que desde la cúpula se envían señales en el sentido de que el personal debe exigirse por encima de sus deberes formales. El contrato en el nivel de lo implícito puede llevar a una situación estable (vivible), pero también a una relación de tensión con la organización. En particular, debido a las esperanzas de los individuos y a las intenciones de la Dirección de imponer una determinada mentalidad. La tensión no es mala en sí misma, considerando la diversidad de fines que conviven en la organización. Pero es inmoral en la medida que refleja un dispositivo de poder basado en la desigualdad de recursos y en el manejo de elementos simbólicos (las emociones y necesidades de los individuos).

Los esquemas mentales que se promueven desde la organización como correctos o deseables son bien diferentes según se trate de una organización colaborativa o de una empresa competitiva. Esto es visible en los programas de inducción y de formación de directivos que convocan al esfuerzo creciente. N. Aubert (1993), en su obra sobre el costo de la excelencia, brinda un ejemplo de mensaje implícito: "Te daremos una misión, dos misiones, tres misiones, pero nos decepcionará que no hagas más que tres; o sea, te estamos pidiendo que siempre hagas más que lo solicitado". Esta consigna se transmite de manera informal, la idea es que se sobreentienda en las comunicaciones. En el plano de lo simbólico (no en lo literal), se envían señales de reconocimiento o de censura para quienes no lo entiendan. Por este camino (de la llamada *excelencia*), el concepto de responsabilidad se convierte en la idea de autoexigencia. Luego veremos cómo esta conversión produce efectos irracionales sobre la propia empresa.

A diferencia del mundo de los negocios (en su versión pragmática), la libertad y la autonomía, como factores de motivación y como rasgo del contrato psicológico, son la base de los proyectos sociales y de las organizaciones solidarias, tales como mutuales, asociaciones civiles y cooperativas. En estas, los mensajes implícitos están relacionados con un metamensaje respecto de los valores compartidos. De manera que las tensiones pueden ser analizadas en términos de un propósito superador y no de intereses de un sector dominante. Los integrantes tienen el carácter de socios, y como tales deben sentirse partícipes de las decisiones de política del proyecto o la organización voluntaria. No es una opción o una estrategia directiva, sino una condición que hace a la naturaleza de la organización.

En el campo de los proyectos sociales, B. Kliksberg (2000) ha señalado que la participación de los usuarios y prestadores es esencial no sólo por razones democráticas, sino también por su impacto sobre la efectividad de los proyectos. Advierte, además, que la participación tiene que ser real, no simulada. El mismo autor propone "diseñar estructuras que faciliten y estimulen la participación activa y continua". Deben evitarse las formas de laboratorio y, en cambio, recurrir a modalidades coherentes con los valores y creencias de los socios y destinatarios del proyecto.

La sensación de pertenencia también es vital en los modelos de autogestión, donde no puede existir una división ideológica o una escisión entre la organización y quienes la sostienen con su trabajo. Recordemos que los grupos autogestionados pueden resurgir, en una organización productiva, en aquellos espacios donde la creatividad tiene un papel vital. Si los socios ven la estructura laboral como una atadura y la institución como un lugar de cautiverio, la incongruencia hará que la organización no pueda sostenerse en el tiempo, salvo que se recurra a la autoridad y el poder, todo lo cual implica una transformación del acuerdo originario, una pérdida de identidad.

La transparencia y la búsqueda de consenso deben volcarse en la definición de la relación laboral. Respecto de un nuevo pacto laboral, P. Capelli (1997) pregunta: "¿Qué hace que los empleados cooperen con la Dirección en la consecución de los objetivos de la empresa? La respuesta radica en la naturaleza del convenio o contrato entre empresarios y empleados, un entendimiento de obligaciones y responsabilidades mutuas, tanto explícito como implícito". La idea es un acuerdo sincero y sustentable, con normas que pueden cumplirse. Sincero, no porque viene a legitimar las desigualdades (la relación de poder), sino porque habla de compartir los riesgos de la organización en función de las capacidades y recursos de las partes. No se trata de sincerar lo injusto, sino de mostrar la disposición a lograr una relación equitativa.

En el plano del llamado *contrato psicológico*, la transparencia implica aclarar las intenciones de la empresa. La estrategia de personal basada en valores sociales no sólo consiste en buscar consenso, sino también en no crear expectativas infundadas. Es ofrecer a los individuos instancias (diálogos, reuniones) en las que confirmar o revisar sus imágenes acerca de su futuro en la organización. La idea es instalar la credibilidad y evitar las actitudes de desconfianza o desmoralización. No pensando que ello eleva la productividad, sino porque la organización misma debe entenderse como un compromiso mutuo. El individuo confía en que será apoyado cuando enfrenta situaciones no programadas, donde debe salirse del libreto. A su vez, la empresa espera que utilice su libertad en forma responsable, pensando en las consecuencias sociales y no sólo en cómo salvarse.

Aunque exista acuerdo sobre la importancia de la confiabilidad en el plano de los conceptos, también es cierto que en un contexto agresivo e incierto las organizaciones actúan presionadas por las circunstancias. Buscando sobrevivir, las empresas tienden a poner en suspenso sus compromisos morales con el personal. Convierten el trabajo en una relación transitoria, en la que la estabilidad y la remuneración están ligadas al rendimiento y las fuerzas del mercado. Ello parece enteramente lógico a los gerentes que están obsesionados por la eficiencia, porque consideran a la organización un mecanismo programable que debe ajustarse al mercado.

Nuevamente aparece la importancia de contar con un sistema de ideas y valores aceptados. Porque la eficiencia a ultranza y la actitud monetarista de comprar voluntades lleva a incumplir el contrato psicológico. Es irracional que, al mismo tiempo, las empresas necesiten delegar decisiones y confiar en la disposición y capacidad de los empleados. Los individuos, para asumir riesgos y actuar en forma imaginativa, precisan (y no logran) sentirse respaldados por la organización. Una parte de la irracionalidad se explica en que los directivos dicen estar en combate o lanzados a la conquista del mercado. En este ambiente bélico es de esperar que se pierdan los valores.

El modelo competitivo opera con contradicciones básicas. Los directivos hablan de la importancia de la lealtad y el capital humano, pero al mismo tiempo instalan (obligados o no) la inseguridad en la relación laboral. No se piensa en términos de principios o valores, sino de lo conveniente para el negocio. La búsqueda de mayores resultados predomina por encima de las consideraciones subjetivas acerca de las motivaciones de los empleados. Los individuos no reaccionan en forma ingenua y no piensan en crecer en la empresa sino en cómo desarrollar un conocimiento que sea "comercializable" para cuando se vayan.

De todas maneras, el modelo de empresa agresiva e individualista, que piensa en el corto plazo y desestima los lazos sociales, no debe tomarse como algo excluyente. No es la única respuesta posible. Aun en la interacción con los mercados, es viable y deseable crecer sobre bases colaborativas y solidarias. Ello es así no por razones ideológicas o producto de una actitud voluntarista de los socios, afiliados y directivos, sino porque las organizaciones sociales necesitan en todos los niveles personal con vocación de cambio y capacidad innovadora. Algo que no se logra en un ambiente donde el individuo vive bajo la amenaza del desempleo, corre detrás de una tecnología que lo supera y no dispone del tiempo y los recursos necesarios para capacitarse.

Nuestra consideración sobre la importancia de una gestión basada en principios y valores tiene sentido tanto cuando se analiza la organización en sus propios términos, como cuando se le reconoce una función social. Importante hacia dentro, porque no puede crecer sin superar las contradicciones que ponen límites a la imaginación y creatividad de los individuos y grupos en la organización. Importante hacia fuera, porque no tiene sentido destruir (mediante los abusos de poder) el mismo contexto social en el cual la empresa necesita legitimarse y realizar sus transacciones. No alcanza con la modernización o la racionalización si, junto con la renovación de las estrategias y tecnologías, no se logra una revalorización de la organización.

La consideración explícita e implícita de los principios y valores debe reflejarse en la construcción de un acuerdo voluntario que esté en la base de un proyecto compartido.

Aun en un entorno agresivo e incierto, la gestión desde los valores sociales enseña que no todo es negociable. En los momentos de duda, hay principios que señalan el camino considerado correcto por la organización. Además, las necesarias decisiones de adaptación (como un nuevo pacto laboral) deben tomarse preservando valores básicos, como la libertad, la equidad y la solidaridad. No como una expresión de deseos, una cuestión retórica o abstracta, sino porque los valores son un sustento concreto sobre el cual es posible desarrollar en plenitud el potencial humano, satisfacer las necesidades y mejorar la calidad de los servicios que la organización aporta a su medio social más amplio.

6. Código de ética. Integridad y responsabilidad social

En algún momento de su desarrollo, las empresas preparan, aprueban y comunican un documento donde se establecen de manera explícita: *a)* sus propósitos de ayudar al desarrollo social; *b)* los principios éticos a seguir en las relaciones humanas, y *c)* las pautas que se consideran correctas respecto del comportamiento del personal en su trabajo. Se trata de una expresión del "deber ser" de la empresa y sus integrantes, basado en los valores sociales. No es un procedimiento, una instrucción o una norma de orden administrativo, sino un compromiso voluntario que declara ser reflejo de un acuerdo de conjunto. En cuanto al control y la responsabilidad, el documento muestra una decisión de autorregulación asumida por razones de principios, no por la fuerza externa.

Más allá de las cláusulas contractuales, el documento es una referencia a la disposición y la buena voluntad de los integrantes en cuanto a desempeñarse en forma correcta y justa. Suele contener tres grandes capítulos: *a)* los **compromisos** que marcan la responsabilidad social de la empresa, en relación con la legitimidad de sus propósitos, la calidad de los productos, la ayuda comunitaria y el respeto ambiental; *b)* los **principios**, en cuanto al respeto de los derechos humanos y los valores de justicia, libertad, igualdad, equidad y honestidad, y *c)* las pautas de **comportamiento** deseables, que refieren a las normas a cumplir en el desempeño de las tareas, en las relaciones con los integrantes, los grupos de interés externos y otros actores sociales.

Este documento se suele denominar Declaración de principios, Valores de la empresa, Código de ética o de conducta. En el presente trabajo vamos a indagar sobre el alcance de esta declaración pública y las dificultades de su implementación. En particular, deseamos analizar el problema de la dualidad entre la declaración de la empresa y la realidad de los comportamientos, porque en los hechos vemos conductas y decisiones que difieren de lo publicado como correcto. Es decir, se declaran principios éticos y, en lo cotidiano, se decide pensando sólo en la eficacia y el rendimiento. El tema es si esta dualidad invalida el Código como instrumento de gestión. Si la contradicción evidencia que el documento no es aplicable y se trata sólo de un discurso, o si, por el contrario, esa brecha confirma la necesidad de su implantación.

La cuestión es que los empleados no están dispuestos a creer en un documento que se contradice con la realidad vivida en la empresa. Se les pide transparencia, pero al mismo tiempo saben que los estados financieros no reflejan la situación o que se reciben regalos de los proveedores. Se les induce a informar sobre hechos incorrectos pero no confían en sus jefes y, además, temen ser sancionados por hablar. El Código llama a aplicar reglas de moralidad, pero a los empleados se les ordena actuar solamente guiados por la necesidad de supervivencia y los fines de lucro.

Desde el Código se predica la equidad en las relaciones, pero el personal puede observar que los ascensos y aumentos de sueldos responden a cuestiones de amistad y no de esfuerzo o capacidad. Debido a la escasez de recursos, los individuos sobrellevan una carga de trabajo excesiva y deben afrontar responsabilidades que los superan, o aceptar directivas que no comparten y aun cuando saben que son incorrectas. En este clima, la publicación y difusión de un Código de ética se percibe como una exigencia contradictoria.

La contradicción hace que los individuos tengan la injusta sensación de hacer lo posible pero estar fuera de lo correcto. No por voluntad sino por una "cultura" que les impide legitimar o mejorar sus conductas. En este ambiente dual, ser virtuoso es ingresar en una zona de riesgo, a pesar de las declaraciones de la empresa. Es injusto porque el Código llama a las buenas acciones y el entorno no permite que los actos reflejen la voluntad del individuo.

7. La brecha en la credibilidad ética

El Código es una expresión comunicada por la Dirección. Resulta de un método participativo, pero es una decisión oficial. Por otra parte, hay dudas sobre el respeto de la propia Dirección a los principios que incluye el documento. Por caso, cuando no se hacen las inversiones en seguridad para cubrir riesgos de los procesos fabriles o se utiliza la fuerza en las negociaciones laborales. En el Código se habla de calidad de vida, pero en ciertas empresas "eficientistas" se recurre al autoritarismo o se imponen jornadas laborales que exceden lo pactado. Se habla de la dignidad del trabajo y, al mismo tiempo, los empleados se sienten presionados por la posibilidad de perder el empleo, situación agravada por un entorno de desocupación que les impide la alternativa de dejar la empresa.

La realidad indeseable en la empresa no siempre se deriva de la mala voluntad directiva o la inconducta del empleado. Hay variables no controlables que pesan en forma negativa. En un entorno incierto y cambiante, la incertidumbre, la adversidad, la dura competencia, el uso del poder en los mercados o la presión del tiempo llevan a tomar decisiones que no son las ideales o justas. "Lo sabemos y no podemos hacer otra cosa". Y es así tanto en las relaciones internas como en el contexto. Hay una brecha entre el discurso ético y la dura práctica cotidiana, brecha que no siempre es intencional sino "emergente". Para los empleados es difícil diferenciar entre lo incorrecto provocado y las medidas inevitables de los actos de gobierno directivos.

En un marco de fuerzas que operan en múltiples sentidos bajo la presión de proveedores, sindicatos, clientes, financistas, competidores, organismos de regulación, accionistas, también es difícil mantener los acuerdos o convenios establecidos en el plano de lo verbal, en el campo de las intenciones "declaradas" por las partes. Se hace dificultoso cumplir con la palabra en una realidad complicada. Y un comportamiento ético requiere que todas las partes (no algunas personas) cumplan con sus promesas, que exista confiabilidad en las conductas. La pregunta que surge es: ¿por qué los empleados habrán de asumir y cumplir las normas que contiene el Código, si en las relaciones cotidianas hay visibles muestras de "olvidos" o de "poca memoria" sobre los compromisos asumidos?

El análisis que estamos realizando no es una denuncia sobre la hipocresía en el mundo de los negocios o sobre el doble discurso en la gestión directiva. Pero advertimos que la voluntad política de incorporar un Código de ética requiere un ambiente de trabajo vivible, que haga viable en los integrantes una actitud de confianza y credibilidad. Por caso, desplazar la idea de la obediencia debida y en su lugar establecer como pauta reconocida la posibilidad del diálogo, de ser escuchado y formular reservas de conciencia (de criticar y tomar distancia) frente a situaciones incorrectas, como los actos de discriminación o de ilegítima desigualdad. Ello implica incorporar como criterio, en las decisiones de la empresa, no sólo las cuestiones de costo o financieras, sino también la evaluación de las consecuencias sociales.

En muchas empresas, los comportamientos y el proceso decisorio deben ajustarse a las llamadas "reglas del mercado", a las prácticas competitivas y la lucha por la supervivencia, antes que a la posibilidad de colaborar para el crecimiento conjunto. Prácticas en las que el interés egoísta o la defensa personal (como la actitud de ocultar errores o la compra de voluntades) superan al objetivo del bienestar general. No por la presencia de mafias en la empresa, sino porque las reglas de juego (en lo político y económico) llevan a tomar decisiones que no son justas pero funcionan, como favorecer a quienes controlan los recursos financieros, usar influencias en el gobierno o proteger a los aliados. En un diario, al elegir la información publicable, prevalece el criterio de evitar las notas que afectan los intereses de quienes publicitan en el medio.

Respecto del Código de ética, estas situaciones de la realidad, que hacen al sustento de la organización, pueden llevar a plantear la imposibilidad de su aplicación. Parecería entonces que un documento sobre valores éticos es viable o factible sólo en empresas donde ya se respetan principios sociales. Quedaría entonces sólo como una expresión de buenas intenciones sujeta, en la realidad, a la disposición de las personas, a la apreciación individual. El personal actúa en el marco de una cultura competitiva y pragmática, donde todos son evaluados por sus resultados. Este tipo de razonamiento recorta el alcance y la posibilidad de avanzar con un Código de ética en empresas que ya tienen un clima de inequidad. Que son las que más necesitan de este documento.

8. Condiciones para un Código aplicable

Entendemos que los Códigos de ética no son sólo retórica o discurso, ni cumplen con una mera función declarativa destinada a mejorar la imagen de la empresa. Tampoco se trata de salvar o cumplir con las exigencias formales de las auditorías, o bien de los organismos de regulación externa (que demandan la aprobación y la publicidad de estos documentos). Decimos que son un acto de inteligencia y de responsabilidad, importante más allá de lo formal o lo declarativo. Es una decisión de transparentar intenciones y no de ocultarlas. Se trata de ayudar al desarrollo organizacional e individual, a la responsabilidad comunitaria de las empresas, y son una forma de instalar un contrato social deseable con los integrantes. Corresponden a una **filosofía de gestión** que ve a la empresa no como campo de fuerzas sino como un sistema de cooperación, tras un proyecto compartido y vinculado con las necesidades de la población.

Los Códigos de ética son importantes por varios motivos: *a)* ponen de manifiesto una voluntad (hacer lo correcto) que de otro modo quedaría en el plano de las opiniones personales o el mundo de lo implícito; *b)* son una guía para resolver situaciones problemáticas (injustas), así como un marco de referencia para debatir sobre la cuestión de los valores sociales en la empresa ante situaciones críticas; *c)* compromete a todos los integrantes con los objetivos de bienestar general en forma pública, no reservada; *d)* son un material educativo para los procesos de mejora cultural en la empresa, y *e)* "legitiman" y promueven, desde la Dirección, las conductas personales relacionadas con el voluntariado, la solidaridad, la ayuda social y la preservación de la ecología, que no están refereridas en los contratos, en los roles formales o puestos de trabajo.

Ahora bien, ante la llamada "brecha de credibilidad", estos documentos deben realizarse y cumplir con ciertas condiciones que les dan transparencia y sustento. En primer lugar, el propio Código debe ser un ejemplo de equidad y no un mandato de la conducción. Es decir, debe comprometer en forma justa a todos los integrantes, sin discriminar, privilegiar o postergar. Debe construirse como un acuerdo o contrato social que refleje un interés y una voluntad compartidos. Sin referencias que puedan mostrar una intención oculta o intereses no declarados por la Dirección.

En el plano de los contenidos, es importante que la empresa reconozca de manera expresa que los propósitos de lucro o rentabilidad se consideran junto con los objetivos de desarrollo social. También los integrantes deben coincidir en que el Código se construye y opera en el marco de las leyes y contratos, no al margen de estos. La idea es que sirva para orientar ante la duda, y no para incorporar nueva incertidumbre. No es un avance sobre las libertades individuales, sino una expresión de la libertad responsable, en el marco de un proyecto compartido y de una tarea conjunta, pero respetuoso de la diversidad.

Es importante también considerar las resistencias que operan en el plano de lo ideológico y lo político. Respecto de los sistemas de ideas, en la organización hay posiciones "liberales" que sostienen que lo bueno o lo correcto pasa por el respeto a las libertades individuales, que lo ideal es desarrollar las virtudes del personal y no establecer pautas de comportamiento. Si la educación es una capacidad compartida, los individuos ya saben qué es lo correcto. Más aún, lo bueno se corresponde con sus intereses. Esta ideología no es propicia para los Códigos, que son "normativos". Por lo tanto, hay brechas de credibilidad que resultan de una discrepancia sobre la necesidad de los mandatos éticos y que deben ser superadas también en el plano del debate ideológico. Ciertas empresas de negocios utilizan "la moral de las fronteras", o sea, están al borde, en el límite de la condena social, pero allí prefieren quedarse.

En cuanto a la cuestión política, los Códigos pueden afectar el mapa de poder existente y las actividades que lo sostienen. Por ejemplo, los valores pueden cuestionar el abuso de autoridad de los gerentes y plantear obligaciones morales que limiten la capacidad negociadora de las áreas de finanzas, personal o marketing. Estos grupos pueden resistir la idea de los principios, mandatos o creencias morales porque les quita margen de maniobra. Por caso, el Código pone límites en el campo de la publicidad (no faltar a la verdad), en las tasas de interés (condena la usura) y en las cláusulas contractuales (los abusos en la relación laboral). De allí la importancia de que los órganos de gobierno adopten una postura ética y la comuniquen a estos grupos con una visión escéptica respecto de los valores sociales y más orientados hacia una gestión pragmática y utilitarista. No es sólo una cuestión de intereses sino también de modelos mentales que deben ser superados.

Hemos mencionado los aspectos críticos referidos a los temas que trata el Código de ética, así como las consideraciones de orden ideológico y político que deben superarse para salvar la brecha del deber ser respecto de las prácticas concretas en la empresa. A continuación detallaremos las cuestiones de orden metodológico que hacen sustentable a un Código de ética en una organización. Son las siguientes:

a) En cuanto a la formulación del Código, debe cumplirse con un proceso de consulta a todos los grupos de influencia, interés y opinión, tanto de la organización como del entorno pertinente (los llamados *stakeholders*). La idea no es uniformar, sino incorporar la diversidad.

b) Debe contar con la voluntad política de la conducción, expresada a través de un acto específico de su órgano directivo, como decisión y política de empresa.

c) Respecto de su contenido, no debe plantearse como instrumento de control o disciplina, sino como guía de valores éticos compartidos en la empresa; también para atender situaciones injustas que requieren una evaluación considerando principios éticos y consecuencias sociales.

d) Disponer de un mecanismo confiable para atender los reclamos y divergencias sobre la justicia en las decisiones de la organización, más allá de los canales jerárquicos; por ejemplo, la posibilidad de acceder a un "Consejo evaluador" cuya constitución sea confiable y representativa.

e) Al momento de preparar el Código, la empresa debe estar en condiciones de exhibir ejemplos concretos de la voluntad de promover relaciones equitativas y no sólo mostrar actos de "asistencia social".

f) Respecto de la redacción, aun cuando habla de valores (subjetividad), el Código debe referir a situaciones conocidas, como la salud y seguridad en el trabajo, la honestidad en las transacciones, la transparencia en las comunicaciones internas y en las relaciones con proveedores, clientes, gremios y oficinas públicas.

g) El texto no puede bajar al nivel del detalle o procedimiento porque el Código trata de razones o criterios, prioridades, principios, fines últimos, y no de rutinas administrativas. No es "aplicar una norma", sino incorporar ciertas actitudes, convicciones y juicios de valor, así como expresar cuáles son los sistemas de ideas que se consideran deseables.

h) Respecto de las conductas deseables, no deben existir referencias a "lo relativo" o "el depende" para decidir ante las situaciones de valor. Se reconocen libertades para evaluar la situación (justa-injusta), pero el Código destaca los valores a respetar siempre, que no son negociables por conveniencia o por los intereses en juego.

En estas condiciones es posible que la definición de un Código sea un acto creíble, aun cuando la realidad muestre situaciones contradictorias. Pero la idea es, precisamente, ponerse en marcha para superarlas y no para dejarlas bajo un manto de silencio. Los Códigos vienen a decir que hay decisiones que no sólo "deben" sino que también "pueden" tomarse y ser reconocidas como correctas. Hay un espacio a llenar, y se trata de acordar al respecto. Acordar sobre situaciones con desigualdades injustas que nadie quiere sostener y que la rutina, la falta de diálogo o los intereses sectarios han mantenido en el tiempo.

El desarrollo de la empresa en un entorno incierto y desafiante requiere la innovación y el compromiso de sus integrantes. Precisamente, la definición y aplicación de un acuerdo ético busca un ambiente de confianza y honestidad, marco en el cual es posible delegar decisiones y motivarse para aportar libremente al crecimiento de la organización. Pero no consideramos el sistema ético como un medio para comprometer, delegar y crecer. No es esa su justificación, porque la calidad de vida es un fin en sí mismo, de modo que las razones tienen que ver con la filosofía de la gestión (participativa, solidaria).

Debemos destacar que el capital social de una empresa (formado con valores, actitudes de respeto y colaboración) tiene que ver tanto con una vida digna como con la mejora de la propia organización. Claro que en la empresa hay diversidad de ideas y posiciones, pero estas se reconocen, no operan como una oposición antagónica; los reclamos de las partes son conciliables. En las cuestiones básicas de la empresa, la visión ética es complementaria al desarrollo sustentable. Hemos visto bajo qué condiciones los Códigos de ética son documentos que hacen creíble este mensaje de integración entre el deber ser y las decisiones directivas.

Bibliografía

Argyris, C. y Schon, D.: *Organizational Learning: A Theory of Action Perspective*, Addison Wesley, Reading, MA, 1978.

Aubert, Nicole: *El coste de la excelencia. Del caos a la lógica o de la lógica al caos*, Paidós, Barcelona, 1993.

Brown, Marvin: *La ética en la empresa. Estrategias para la toma de decisiones*, Paidós, Buenos Aires, 1992.

Capelli, Peter: *Change at Work*, Oxford University Press, Nueva York, 1997.

Collins, J. y Porrás, J.: *Built to Last. Successful Habits of Visionary Companies*, Harper Business, Nueva York, 1995.

Cyert, R. y March, J.: *Teoría de las decisiones económicas en la empresa*, Herrero Hermanos, México, 1965.

Deal T. y Kennedy A.: *Las empresas como sistemas culturales*, Sudamericana, Buenos Aires, 1982.

Duclós, E. y Ortiz, J.: *Ética para seguir creciendo*, Prentice Hall, Madrid, 2001.

Etkin, Jorge: *La empresa competitiva. Su grandeza y decadencia*. McGraw-Hill, Chile, 1996.

Etkin, Jorge: *La doble moral de las organizaciones y los sistemas perversos*, Mc-Graw-Hill, Madrid, 1993.

Kliksberg, Bernardo: "Seis tesis no convencionales sobre participación", revista *Instituciones y Desarrollo*, N° 17, PNUD, setiembre 2000.

Kliksberg, Bernardo: *Más ética, más desarrollo*, Temas, Buenos Aires, 2004.

March, J. y Simon, H.: *Organizations*, John Wiley & Sons, Nueva York, 1961.

Morin, Edgar: *Introducción al pensamiento complejo*, Gedisa, Barcelona, 1994.

Rousseau, Dense: *Psychological Contracts in Organizations*, Sage Publications, Thousand Oaks, California, 1995.

Schein, Edgar: *Psicología de la organización*, Prentice Hall, Madrid, 1972.

Schvarstein, Leonardo: *La inteligencia social de las organizaciones*, Paidós, Buenos Aires, 2003.

Schwartz, Meter: *Cuando las buenas compañías se portan mal*, Granica, Barcelona, 2000.

Simon, Herbert: *El comportamiento administrativo*, Aguilar, Buenos Aires, 1963.

CAPÍTULO 16

EL POTENCIAL ÉTICO DE LA ORGANIZACIÓN

1. La racionalidad técnica y las razones morales
2. Los desafíos éticos en un contexto de incertidumbre
3. El vacío ético y las contradicciones emergentes
4. Trama perversa y círculos virtuosos
5. Las organizaciones pragmáticas e inmorales
6. Las organizaciones indiferentes y amorales
7. Las organizaciones responsables y solidarias
8. La ética como un modelo de superación
Bibliografía

---

1. Responsabilidad social
- Respeto a normas sobre protección del medio ambiente
- Ayuda social y aportes al desarrollo. Calidad de servicios
- Programas culturales y de voluntariado en la sociedad civil

2. El buen gobierno
- Respeto al marco jurídico e instituciones. Legitimidad
- Relaciones con grupos externos de interés e influencia
- Transparencia y participación en la gestión. Credibilidad

3. Principios y valores
- Valores éticos: libertad, igualdad, justicia, equidad, soildaridad
- Derechos humanos. Pluralismo, privacidad, no discriminación
- Clima motivador, empleo estable, remuneración digna, aprendizaje

4. Capital social (asociatividad)
- Articulación en redes. Lazos de colaboración. Comunicación abierta
- Proyectos comunes. Creencias, códigos y valores compartidos
- Interacción en grupos. Lazos de solidaridad y reciprocidad

5. Integridad en el comportamiento
- Honestidad y sentido de responsabilidad en relaciones y tareas
- Transparencia de los fines y motivos personales. Confiabilidad
- Respeto a los acuerdos. Compromiso con la organización

Cuadro 2. Las dimensiones éticas en la organización sustentable.

1. La racionalidad técnica y las razones morales

El presente trabajo propone un análisis de las organizaciones desde la perspectiva socio-cultural y brinda elementos para la construcción de organizaciones responsables. El análisis destaca la importancia de los principios morales y los valores sociales en la definición de los propósitos, el diseño y la gestión de las organizaciones. Hablaremos de organizaciones en un sentido amplio, incluyendo en este concepto a diversidad de entidades, como escuelas, fábricas, hospitales, comercios, fundaciones o sindicatos. Sobre este marco general, vamos a hacer referencias específicas al caso particular de las organizaciones de negocios. En el plano del análisis mostraremos las dualidades empresarias respecto de lo ético y también brindaremos algunas ideas sobre las formas de superar esas incongruencias. El punto de partida es que toda organización social no sólo debe ser eficaz sino también vivible, y para ello se deben reconocer y aplicar los valores de libertad, justicia, equidad, transparencia, solidaridad, honestidad, igualdad de oportunidades y respeto por la dignidad del trabajo.

Partimos del deber ser (no de una opción), asumiendo, por lo tanto, que esos valores hacen a la condición humana y también a lo deseable en cuanto a las relaciones sociales. Son fines últimos y factores determinantes de una vida digna, tanto en lo individual como en lo social. A lo largo de nuestro análisis intentamos develar las realidades que favorecen y que limitan la libertad, la justicia o la equidad en las organizaciones. Veremos cuánto hay en esta realidad de buena o mala voluntad, de actitudes solidarias y egoístas, de educación responsable o de desinterés deliberado. En el plano de lo interno, nos preocupan aspectos críticos, como las condiciones de trabajo y la equidad en las decisiones; en lo externo, la responsabilidad social de las organizaciones. Analizamos no sólo el impacto de una gestión ética sobre las condiciones internas de la organización, sino también sobre la calidad de vida en el contexto social más amplio.

La organización actúa como un conjunto social porque es más que la suma de los individuos y grupos que la integran. Ello significa que, si se considera a la organización como un actor moral, es más que la opinión o los intereses de los propietarios y de sus cuerpos directivos. Tal como afirma G. Enderle (1998), el concepto de "actor moral significa que la compañía, además de su condición de persona jurídica, es capaz de tener una conducta moral, puede ser considerada responsable y debe rendir cuentas desde una perspectiva ética". Actor moral porque como conjunto social puede asumir una postura proactiva, educar, condicionar y orientar a sus componentes. Este hecho no sustituye el rol de sus integrantes, es decir, se suma a las responsabilidades propias de los individuos que toman las decisiones en forma personal dentro de sus respectivos espacios de libertad. Pero aquí nos preocupan las decisiones de conjunto y su relación con los valores sociales.

La idea de la organización como construcción social implica que los integrantes se relacionan a partir de alguna forma de acuerdo que sostiene al conjunto. La idea de responsabilidad en la relación laboral tiene sentido en la medida que las reglas no sean impuestas y que los participantes puedan ingresar o retirarse libremente. A ello refiere la obra de T. Donaldson (1985) con su enfoque del contrato social aplicado a las corporaciones, un acuerdo que también incluye consideraciones de orden moral, tanto explícitas como implícitas. Como explicación del comportamiento responsable (en tanto deber ser), este autor propone el modelo de un contrato basado en la conciencia y el consentimiento de las partes sobre valores conocidos. Las partes deben respetar sus derechos para que la organización sea viable en lo interno y aceptada socialmente. El enfoque del contrato social es contrario al intento de subordinar el bienestar de los individuos al de la organización.

En los hechos, la organización se construye a partir de alguna forma de acuerdo para producir bienes y servicios, como brindar ayuda, protección, educación, salud, etc. En el comienzo se explicitan ciertos propósitos que, de allí en más, deberán orientar las decisiones. Esos propósitos múltiples son la base de la racionalidad finalista de la organización y del comportamiento administrativo de sus directivos. También la tecnología de la producción y la competitividad pone sus condiciones de eficacia y eficiencia. Esta racionalidad es constitutiva de la organización, pero no es el único fundamento que la sostiene o la hace viable. Porque es un sistema de producción pero también una comunidad moral, donde los agentes, para convivir, deben asumir la responsabilidad por sus actos. Como destaca P. Davis (1998), ello es más visible en los modelos cooperativos, que se basan en principios de solidaridad, asociación voluntaria y control democrático por los socios. Bajo este último modelo, la racionalidad orientada a los objetivos no puede ir más allá de las condiciones que derivan de los principios de la identidad cooperativa.

Tanto en el campo de los modelos competitivos como en el de los colaborativos, la racionalidad coexiste con los procesos sociales y culturales vitales para las organizaciones. Esta coexistencia instala una cuestión básica para nuestro análisis: la exigencia de la eficacia ante el deber ser o lo moralmente correcto. ¿Por qué una empresa habría de preocuparse por la justicia o la corrección de sus actos si cumple con las leyes, produce bienes necesarios y los integrantes aceptan las normas vigentes? En las empresas existe "la antinomia de la acción", es decir, situaciones en que ocurre "lo malo de lo bueno". Como los estados de alienación y frustración en el plano humano, que aparecen cuando se instalan nuevas tecnologías cuyo único propósito es reducir los tiempos y aumentar la producción. Ello nos lleva a la dimensión ética de la noción de "progreso".

Desde la visión ética, las antinomias y el malestar resultante requieren ser superados con proyectos de mejora en las relaciones y en las condiciones de trabajo. La ética no puede estar sometida a los criterios de productividad, ni se limita al análisis de la legalidad de los actos. El razonamiento moral refiere a la evaluación en términos de lo deseable, lo valioso y lo aceptable socialmente. Lo correcto se basa en convicciones que no son abstractas porque también hacen a la búsqueda del bienestar de la organización, a la calidad de vida. Lo inmoral afecta la condición humana y vulnera la naturaleza social de la organización, aun en las situaciones en que los directivos se mantienen dentro del orden jurídico. De nuevo, la razón moral refiere no solamente a lo legítimo en términos de las reglas vigentes, sino que además implica una valoración desde el deber ser, de lo justo y lo equitativo.

La sola conveniencia o la búsqueda de utilidad desde un grupo (socios, propietarios, accionistas) no es un argumento aceptable para la mirada ética, que requiere una actitud comprensiva y solidaria, una voluntad de priorizar lo bueno. Actuar dentro los valores no admite pensar todo en función de las ventajas de una transacción. Pero la situación es compleja, porque las empresas son fuentes de empleo y prestan servicios requeridos por la comunidad. En esa función social, también enfrentan el dilema de las decisiones que los directivos no desearían tomar (como reducir el personal). Sin embargo, esta complejidad no siempre deviene en una contradicción. Aun razonando en términos económicos, debemos recordar que el respeto a los principios humanitarios es un elemento básico para el crecimiento de la organización. El actuar siguiendo intereses no implica que los medios elegidos deban ser necesariamente incorrectos. Sin renunciar a los fines de la institución, es necesario mejorar los procesos decisorios para que reflejen la razón moral, antes que las relaciones de poder o los intereses de los grupos dominantes.

La ética es un saber para guiar los comportamientos. Pero no es un saber instrumental, porque requiere convicción, consentimiento y compromiso en las prácticas y relaciones. No sólo se trata de cuidar la inversión o mejorar el rendimiento a largo plazo. En el marco de la llamada *dirección estratégica* o en la búsqueda de agregar valor a las empresas se habla de la ética y los valores compartidos como instrumentos de crecimiento. Se considera la ética empresarial como una necesidad estratégica, cuando en verdad es una cuestión de principios. Por ejemplo, afirmar que "tanto la estrategia como la ética comparten un mismo punto de vista de aproximación a la realidad: la adecuación de los medios para lograr unos determinados fines" (Otiz Irbaz, 2001). Respecto de esta afirmación, debemos destacar que la visión ética requiere que esa "adecuación" respete los objetivos sociales de la organización.

Cuando se enfatiza la funcionalidad de las decisiones, estas se alejan de las razones morales y, en su lugar, se ponen al servicio de una racionalidad finalista o instrumental. Este enfoque olvida que la ética tiene que ver con el bienestar, la condición humana y las necesidades sociales, y no solamente con los resultados operativos de la organización. Aunque los resultados buscados se expresen como una mejor educación o salud, el concepto de "mejor" implica que las formas también deben ser correctas. La razón moral nos dice que la distribución de ayuda en alimentos no debe medirse sólo en kilogramos, sino también por la justicia y la forma digna de hacer llegar los productos. A pesar de ser efectivas o exitosas, no son admisibles las decisiones que generan exclusión, marginalidad o diferencias injustas. Respecto de las formas de gestión, la ética se relaciona con los procesos democráticos y equitativos en la toma de decisiones.

2. Los desafíos éticos en un contexto de incertidumbre

La calidad ética de la organización no es un atributo que se resuelva en el marco de su realidad interna. La influencia del entorno tiene bases ciertas, pero también puede ser un argumento para justificar las decisiones injustas. Hay una relación compleja entre la voluntad de los directivos y las condiciones externas. Los directivos de las organizaciones, en el marco de su lucha en los mercados, defienden sus decisiones incorrectas (en términos morales) hablando de la lucha por la supervivencia. Dicen que su función es hacer crecer a la organización, lo cual deriva en un beneficio no sólo para sus integrantes sino también para la población. Por caso, se justifica la presión al proveedor (que puede provocar su quiebra) diciendo que esa actitud permitirá bajar los precios al consumidor. Es el discurso que intenta ocultar la intencionalidad presente en las prácticas desleales y presentarlas como un mecanismo de defensa.

Con un sentido crítico podemos analizar los hechos indeseables de la organización respecto del contexto socioeconómico, aunque se oculten tras el discurso ideológico de la competitividad. Las actividades injustas e inmorales en el contexto se realizan de muy diversa manera, visibles o enmascaradas. En este contexto pueden citarse: *a)* la contaminación ambiental y la elaboración de productos agresivos para la salud de la población, que no está advertida sobre los daños potenciales; *b)* la corrupción, entendida como la compra-venta de voluntades para lograr privilegios u obtener impunidad respecto de los actos delictivos, así como las acciones y los acuerdos basados en el abuso del poder con fines ilegítimos; *c)* el impacto social de las situaciones de marginación y exclusión que provocan las organizaciones mediante las estrategias de racionalización y las políticas de ajuste en el área de personal, y *d)* la lucha competitiva desleal y sin límites morales, como las campañas basadas en la difamación y otras estrategias agresivas para crecer en los mercados.

El contexto es vital para las organizaciones, y desde la perspectiva ética no es una realidad que deba mirarse en forma pasiva o complaciente, sólo para posicionarse o sacar ventajas. Pero los cambios necesarios tampoco dependen de las actitudes aisladas de las organizaciones, sino que requieren ciertas condiciones políticas en el contexto. Y las organizaciones pueden y deben contribuir a través de sus formas de gestión basadas en valores compartidos. Al hablar de condiciones políticas nos referimos a los procesos de democratización, las formas de independencia para la justicia, las leyes antimonopolio, las normas que ponen transparencia en los mercados, la defensa del consumidor, la mejora en los convenios laborales, la desregulación de las trampas burocráticas, la libertad de expresión. Son ejemplos de decisiones de política orientadas a mejorar las instituciones en un sentido ético. Surgen preguntas importantes: ¿qué deben hacer las organizaciones durante la transición? ¿Qué modelos de gestión ayudan a la democratización y la calidad de vida? ¿Hasta dónde las decisiones técnicas son neutrales o, por el contrario, traen nuevas desigualdades o refuerzan las relaciones de poder?

Respecto del medio externo, es cierto que las organizaciones operan en un contexto de incertidumbre, con factores que no controlan, y que deben enfrentar a grupos poco amistosos. Y es en ese contexto competitivo donde la organización debe obtener los insumos y recursos que necesita para sus procesos productivos. Pero también es cierto que desde el contexto hay reclamos y demandas éticas vinculadas con la equidad en las relaciones laborales, la calidad en las prestaciones y la honestidad de las conductas. En cuanto a los recursos de la organización, debemos destacar que en la producción no sólo cuenta lo externo; también la cultura (con sus valores éticos) y el capital social (interno) son un soporte indispensable para la calidad y continuidad de las prestaciones. En este sentido, B. Kliksberg (2000) señala que "la cultura no es un mero instrumento. El desarrollo cultural es un fin en sí mismo de las sociedades. Avanzar en ese campo significa enriquecer espiritualmente a una sociedad y a sus individuos".

No todas las organizaciones están dispuestas a asumir su responsabilidad social, en particular cuando en ellas prevalecen grupos que tratan de imponer sus particulares intereses. Además, en un contexto de desregulación o desarticulación de los controles públicos, tales organizaciones están en condiciones de aplicar su poder de negociación y avanzar con sus objetivos sectarios por encima de la búsqueda del bienestar general. También están las organizaciones que, debido a su reducido tamaño, ven el contexto como una realidad inamovible o inabordable, con la cual hay que negociar o pactar. Entonces, adoptan una actitud resignada. Para otras, las relaciones de desigualdad e injusticia son un estado inaceptable que debe y puede ser reformado. Más adelante veremos, desde una perspectiva ética, cuáles son las características y cómo operan estas diferentes categorías de organizaciones.

3. El vacío ético y las contradicciones emergentes

El razonamiento moral enseña que los principios y valores son una condición para el desarrollo individual y las relaciones sociales dignas, no una opción política o una variable dentro de una estrategia. Sobre la base de los principios y virtudes reconocidos, es posible construir una actividad cohesiva, es decir, la posibilidad del "hacer juntos". Por caso, la honestidad y la integridad no son conceptos transitorios, válidos por ahora o mientras sean útiles a ciertos grupos. La dignidad del trabajo, la transparencia en las comunicaciones, la remuneración justa o la responsabilidad por la calidad de los servicios deben considerarse ideas permanentes de la organización, no una cuestión del discurso o las estrategias directivas.

Es peligroso confundir el avance tecnológico con la necesidad de dar flexibilidad a los principios o fundamentos éticos de las decisiones de conducción. En todo caso, la flexibilidad respecto de los valores se relaciona con los nuevos consensos o el debate sobre los derechos humanos, y no con las políticas de empresa. Si el management considera que todo lo existente debe cambiar (incluso los principios), la organización se debilita, porque se desdibujan sus rasgos y se hace impredecible para sus integrantes. La visión relativista (según la cual no hay raíces que respetar) lleva a pensar que los acuerdos se mantienen mientras duran los intereses. En este contexto, los contratos no comprometen, sólo expresan la voluntad del momento ("era lo que pensaba cuando firmé").

Cuando se pierde la visión de lo correcto y lo aceptable, la organización se hace más vulnerable a las influencias externas, es permeable a entrar en negocios también borrosos. Los expertos hablan de empresas flexibles o transitorias como si fuera una estrategia pensada o deseable en un entorno cambiante. Para mostrar la razonabilidad de sus actos, los directivos dicen *a posteriori* que el resultado obtenido era el buscado, que está dentro del modelo aceptado. Esta actitud implica armar una explicación después de los hechos, no hay razones o fundamentos sino tan sólo descripciones. La inestabilidad es también el resultado de no distinguir entre lo correcto e incorrecto, lo justo e injusto. Se sabe cómo comercializar pero no cómo respetar la dignidad o la libertad en el trabajo.

Las empresas que dicen ser competitivas afirman que son abiertas, pluralistas y que disponen de una cultura favorable al cambio. Sin embargo, su enfoque hacia la conquista hace que se cierren tras sus propósitos de mercado, al tiempo que su visión y su razonamiento se hacen cada vez más financieros y comerciales. Además, y en la medida que necesitan personal preparado e informado, enfrentan dilemas de los cuales no pueden evadirse; por ejemplo, tener que exhibir datos y criterios que muestran la dualidad en sus políticas (el doble discurso). Junto con los programas de capacitación, el personal también va tomando conciencia de que sólo importa como parte de un dispositivo de producción y venta. N. Aubert (1993), en su *Crítica a la excelencia*, señala el vacío en que caen los individuos cuando no encuentran sentido a su presencia en la empresa (ellos aprenden que son prescindibles).

Es evidente que las empresas de negocios no son centros de investigación y que su problema no es filosofar sobre la verdad, sino alcanzar sus objetivos y hallar mejores formas de prestar sus servicios, lo cual se relaciona con la calidad de vida. Pero no ser una academia tampoco significa que en una empresa sólo se acepte aquello que funciona o genera rendimientos (para bien o para mal). Por ejemplo, un centro de salud que se focaliza en optimizar el índice de camas ocupadas, la productividad del quirófano o la venta de medicamentos. En estos casos la organización se convierte en un mero artificio, un mecanismo impersonal y burocrático, con procesos de poder y tramas de intereses que sólo buscan autosostenerse. Cuando hay dudas sobre los valores y principios, y no existen códigos de conducta compartidos, la organización se hace tanto improbable como indeseable vista desde la comunidad.

En este trabajo hablamos de vacío ético cuando las decisiones directivas sólo se orientan a incrementar la eficacia de las operaciones, cuando predomina el razonamiento del costo-beneficio y las políticas se evalúan en función de sus efectos sobre el balance de resultados. No se consideran las consecuencias en términos de la justicia o equidad en las relaciones, tanto hacia el interior de la organización como respecto de la comunidad. Por ejemplo, la injusticia de sobrecargar de tareas a los empleados, quienes deben aceptar una obligación que los excede (por temor a perder su empleo), o las prácticas monopólicas que intentan terminar con los competidores y mantener en cautiverio a clientes o usuarios.

El vacío ético es visible en las llamadas *organizaciones pragmáticas*, donde el fin justifica los medios, se privilegian los resultados y sólo se piensa en el modo de ampliar los espacios de poder. Sus directivos consideran que si algo funciona en la práctica (aun a través del engaño), esa eficacia también justifica la decisión, o bien la legitima, porque se trata del mundo de los negocios. No siempre los directivos están solos en este razonamiento egoísta. Es posible que deban actuar en un ambiente donde operan mecanismos normalizados que amparan o dan impunidad a las relaciones de fuerza y las acciones ilegales, como la práctica del soborno o los pagos indebidos para lograr contratos o evitar los controles públicos (contrabando, evasión impositiva). En el plano del discurso, esos directivos se muestran como víctimas de males externos; dicen que sólo les queda defenderse ante la corrupción reinante y lo hacen copiando las prácticas desleales.

Nos proponemos marcar las dualidades y contradicciones de esta visión pragmática y egoísta de la realidad organizacional. Primero, por la falta de sinceridad en los argumentos. Porque esos mismos directivos contribuyen a fomentar la inmoralidad que luego a salen a denunciar (al tiempo que la aprovechan). Desde nuestra posición crítica, vemos que esa realidad negativa se debe a las acciones de ciertas corporaciones que contribuyen a degradar su medio ambiente, y lo hacen en beneficio propio. Por caso, sus pagos a los inspectores destruyen el sistema de controles públicos, al que luego critican o consideran ineficiente. Son como las empresas que fabrican muebles y se instalan en un bosque que van talando (sin reforestar) hasta que agotan su propia fuente de abastecimiento.

Un segundo elemento de la contradicción es el efecto indeseable sobre esas mismas organizaciones, que se destruyen o debilitan en lo interno debido a su propia indiferencia o complicidad con el contexto inmoral. La falta de valores es un enemigo interno que se fortalece con esta actitud intencional, complaciente o cómplice de los directivos. Los empleados desconfían de la Dirección y recelan entre sí. Saben que están solos, a pesar de que se les pide trabajar en equipo. Desde la empresa, es posible que se logren resultados en el corto plazo, y se reemplace a los empleados disconformes. Pero con ello también se instala la desconfianza, se reduce la cohesividad de la organización, se hace más difícil mantenerla. En este clima es ingenuo hablar del capital intelectual, el activo humano, la visión compartida o la misión social de la organización. Todo queda en el nivel del discurso o la retórica sensual.

Las estrategias de management en un ambiente agresivo llevan las relaciones al límite de la ruptura. Se instala la moral de las fronteras, donde prevalece el oportunismo por encima de los principios y se recurre a las prácticas desleales aprovechando las fisuras del sistema. En muchas ocasiones, los gerentes ganan más por su pase de una empresa a otra que por cumplir con los proyectos y compromisos asumidos con cada una. Los balances no reflejan ese ambiente negativo, un clima en que predomina la hostilidad y las formas de motivación atadas al incentivo financiero. Como ocurre con otros modelos económicos y de gestión administrativa, si el esquema competitivo se lleva al extremo, se notan sus falencias y aparecen consecuencias contrarias a las buscadas.

Si prevalece la idea de vencer sin reparar en los costos humanos y sólo se toma el éxito como medida de lo correcto, la organización pierde su carácter de entidad social.

Pierde el equilibrio entre sus propósitos múltiples de orden social, económico y político. Los individuos son llevados a trabajar en un clima de duda y tensión que tiende a enfermarlos. La inexistencia de valores hace que los participantes trabajen bajo exigencias contradictorias o sean presa del "doble vínculo". Por caso, el llamado a ser creativos e innovadores en una empresa donde también se sanciona a quienes se apartan del orden establecido. En el vacío ético sólo operan las relaciones de poder y lo correcto se identifica con los intereses de los grupos dominantes.

El vacío ético no se cubre mediante procesos técnicos, sino que requiere una reflexión acerca del sentido último de la organización como construcción social. No se trata de una campaña de moralización en el plano de las apariencias, mientras en la realidad se mantienen las prácticas del poder. La "revalorización" implica: *a)* la toma de conciencia sobre las contradicciones internas provocadas por las crisis en valores y creencias; *b)* un proceso de reflexión compartida acerca de la necesidad de actuar sobre la base de principios y no de intereses sectarios, y *c)* la definición y aplicación de un proyecto de cambio en las prioridades sociales y en las premisas que sostienen el proceso decisorio en la organización. En esencia, se trata de desarmar las tramas perversas y cambiarlas por relaciones virtuosas, basadas en el respeto a principios y fines sociales. No por una visión mítica, sino por convicciones. Porque este es el camino que hace viable a la organización en un contexto incierto que requiere la colaboración, el compromiso y la creatividad de sus participantes.

4. Trama perversa y círculos virtuosos

Las formas mecanicistas de organización pueden llevar a un aumento en la eficiencia de las actividades, pero la presión por los resultados también provoca variadas formas de resistencia. Ello puede derivar en crisis y conflictos, seguidos de nuevas medidas de racionalización adoptadas desde la Dirección. Se articula un proceso que se refuerza o realimenta en el tiempo adquiriendo la forma de un círculo vicioso, por lo que tiene de inmoral. La no consideración de los valores sociales se instituye; se sostiene la desigualdad desde los procesos de poder. Los sistemas de recompensas y sanciones en las organizaciones mecanicistas mantienen las relaciones laborales en un marco de injusticia. No es sólo una cuestión de intereses, responde también a una visión de la organización como dispositivo productivo, donde la tecnología define los términos de la relación laboral.

Tal como he analizado en una obra anterior, *La doble moral de las organizaciones* (Etkin, 1997), un drama para individuos y grupos es verse sometidos a una estructura en la cual lo injusto es algo normal. Y ello se manifiesta en los llamados *sistemas perversos*, organizaciones donde se genera daño en forma conocida y en un marco de impunidad. Por ejemplo, cuando la obediencia debida se impone sobre las reservas de conciencia de los individuos. Ellos son cómplices o víctimas en una trama perversa que los atrapa. El daño refiere a situaciones de discriminación, exclusión o marginación que se basan en el abuso del poder. Lo perverso no es algo accidental, sino que marca la existencia de intenciones y de relaciones estructurales que sostienen la injusticia. Estructural, por la presión del poder y por la necesidad de los individuos de permanecer en la organización al carecer de otra alternativa. En lugar de avanzar hacia la libertad, se instala el cautiverio en el trabajo.

En cambio, la actitud de respeto por los principios compartidos y la consideración de los propósitos sociales de la organización mejoran las decisiones y también crean un ambiente propicio para la recurrencia de las prácticas de colaboración y solidaridad. Se instala entonces un ambiente de confianza y credibilidad donde las actitudes egoístas no tienen posibilidad ni razones para desarrollarse. Este mutuo apoyo entre las decisiones éticas y el ambiente que promueven nos permite hablar de los círculos virtuosos en la organización. Formas de comportamiento que se refuerzan porque generan una actitud recíproca en los demás. Ello implica que los rasgos de responsabilidad, honestidad y respeto se mantienen sin necesidad de auditoría o de controles externos a la organización. En este ambiente siempre hay una luz de esperanza al final del túnel.

Lo virtuoso de una organización no refiere a los actos aislados o los resultados de una negociación puntual, sino que hace al carácter de la organización. El carácter como una configuración de virtudes asumidas por convicción, y no como una política o una estrategia directiva. En su obra sobre ética empresarial, las investigadoras M. Gil y L. Delgado (1996) destacan que el camino correcto es lograr que estas virtudes sean parte de la cultura organizacional. Las razones morales no como reglas impuestas (el deber ser abstracto), sino como cualidades compartidas en el trabajo que se aplican en el momento de tomar decisiones. Ellas afirman: "Contra la idea de que la ética consiste en aplicar principios generales a casos particulares (...) importa la prudencia o el buen juicio como determinantes de las decisiones morales concretas". Esto hace de la organización un sistema virtuoso, y por ende honesto, creíble y confiable tanto para los individuos y grupos en el ámbito de las relaciones laborales, como en el contexto social más amplio.

La idea de los procesos virtuosos enfatiza los rasgos y la actitud de los individuos y grupos en la organización. Refiere a la honradez, colaboración, respeto e integridad en el comportamiento. Esta idea destaca: *a)* la importancia de los rasgos éticos como atributos y no sólo como declaraciones o principios externos (códigos escritos), y *b)* la existencia de una disposición espontánea o natural (no obligada) para proceder en forma correcta y solidaria en las relaciones sociales. La virtud implica incorporar esa disposición y esos rasgos en el plano de lo deseable como una actitud constitutiva de la organización. R. Solomon (1993) señala que "la esencia del enfoque de la virtud en la ética de los negocios es alejarse de la mentalidad que sólo considera la rentabilidad. Es pasar a pensar los negocios como parte de una sociedad donde lo central es vivir bien con los demás y tener un sentido de autorrespeto, mientras que obtener utilidades es sólo un medio".

Hablar de lo virtuoso no sólo explica las fuerzas del espíritu para oponerlas a los intereses egoístas o materiales. Lo virtuoso tiene sus razones para ser preferido como fundamento de las prácticas y relaciones sociales en la organización. Las razones que son virtudes, tales como la honestidad, la prudencia o la solidaridad, permiten instalar un ambiente de colaboración y de esperanza, en lugar del enfrentamiento y la alienación de los individuos. Quizás no sea esencial para hacer un negocio, pero sí a la hora de unir esfuerzos, enfrentar la incertidumbre y generar acciones innovadoras. En su obra sobre análisis organizacional, A. Schlemenson (1995) destaca el ambiente de confianza: "porque mitiga la hostilidad y la agresividad en las relaciones entre grupos, favorece la emergencia de soluciones constructivas a través de la negociación y estimula la participación". La idea es que la empresa no dependa de los intereses o los incentivos individuales, sino del carácter solidario y los sentimientos morales de los participantes.

Una organización virtuosa también se caracteriza por la credibilidad de sus discursos y sus promesas. Esta virtud se relaciona con la coherencia entre el decir y el hacer, con el cumplimiento de lo prometido, el respeto a los contratos implícitos y explícitos. En su obra *Diseño de las organizaciones*, L. Schvarstein (1998) advierte que si no existe credibilidad "la comunicación se resiente, se gasta mucho tiempo en averiguar qué es realmente lo que está pasando más allá de lo que se dice, las estructuras formales resultan desautorizadas por las relaciones informales y la productividad disminuye". No basta con ser coherente, además hay que mostrarse como tal. Nuevamente, la existencia de un carácter virtuoso no es cuestión de retórica o de principios abstractos separados de la práctica cotidiana; es una condición, un tema que hace a la cohesión y el crecimiento de la organización. En el plano de la ética, estamos hablando de la credibilidad sobre la base de valores positivos, referida a relaciones justas y equitativas.

Las virtudes no resuelven las ambigüedades propias de la organización. Las dualidades en que vive la organización pueden procesarse y también superarse. Procesarse en el sentido de asumir y enfrentar los costos que devienen de las desigualdades o exigencias contradictorias. Asumirlos en cuanto a explicitar la responsabilidad. La superación implica tomar posición sobre la necesidad de resolver las divergencias de base que generan conflictos en las relaciones. Un tipo de divergencia refiere a los criterios de política aplicados, con sectores reconocidos y otros que son postergados. Es el debate entre diferencias lógicas y aceptables (el saber, las capacidades) respecto de otras que resultan del poder desigual, la falta de igualdad de oportunidades. Por caso, en el sistema de remuneraciones, en la distribución de la carga de trabajo, en la posibilidad de expresarse libremente y crecer en el empleo, en los recursos disponibles para realizar las tareas. En un ambiente virtuoso hay transparencia y actitud para el análisis crítico de estas desigualdades.

Bajo el enfoque mercantilista no hay voluntad de superación sino, solamente, de manejo de la crisis y negación del malestar. Los directivos piensan que en las relaciones humanas toda conducta es modificable y que ello tiene su precio. Este mercantilismo produce efectos en contra del propio sistema. Lleva a pensar las relaciones de trabajo como transacciones; por tanto, obtener ventajas es un mérito. Así aparecen los negocios dentro del mismo negocio, las aduanas internas con sectores que exigen el pago de peajes o comisiones, la compra-venta de información entre ejecutivos, el tráfico de influencias para el manejo de ciertas cuentas o cargos clave (que "se cotizan en bolsa"). Hay ingresos por ventas que no suman en el balance de la organización; es como una productividad de lo inmoral, no registrada. La empresa se llena de estos "emprendedores" que se quedan en forma ilegítima con parte de su patrimonio.

¿Cómo se puede conducir una empresa cuando las partes desconfían, cuando toda relación es sinónimo de transacción o especulación, cuando se piensa en la conveniencia personal y no en lo deseable o razonable para el conjunto, cuando se busca someter a los usuarios antes que atender sus legítimas necesidades? Esta realidad, plena de círculos viciosos, se sostiene sobre el ejercicio del poder, los controles personales y un fuerte sistema de recompensas y sanciones en función de los resultados. Son procesos que consumen una parte creciente de los recursos y energías creativas de la empresa. De hecho, estas organizaciones funcionan con altos costos de mantenimiento, no por ineficiencia sino por carecer de principios y proyectos compartidos.

Los directivos de organizaciones utilitarias suelen rechazar las críticas diciendo que sólo "hacen los deberes", con referencia a las reglas de juego que se imponen en los mercados. Con respecto a la inmoralidad de sus acciones, dicen que no las pueden evitar y, además, las consideran normales ("todos lo hacen"). Otros directivos sostienen que no pueden salirse de una realidad que no han creado. Tal como afirma T. Peters (1993) en *Le chaos management*: "Nada de estados de ánimo, lo que cuenta es la acción" (generar resultados). Pero también la realidad muestra la existencia de empresas eficaces y rentables que actúan en forma responsable, que no entran en negocios ilícitos y respetan los derechos de los ciudadanos, sean o no clientes. A continuación haremos un análisis de las organizaciones según la importancia que asignan a los valores éticos en sus procesos decisorios.

5. Las organizaciones pragmáticas e inmorales

De la relación entre los propósitos (legítimos) de la empresa y el contexto agresivo en que intentan crecer, surge una situación de tensión que debe ser enfrentada. Tensión entre las fuerzas de producción y las condiciones del entorno (amenazas y obstáculos) que debe salvarse para continuar con vida. Por ejemplo, en los proveedores del Estado, se trata de la tensión entre la necesidad de colocar sus productos y los intereses burocráticos que ponen obstáculos a las operaciones. La respuesta a esta tensión difiere según las características de las organizaciones y unidades de negocios. Un factor que hace a la diferencia radica en la posición ética de sus dirigentes.

En esta realidad es posible distinguir entre tres categorías de empresas con sus respectivos enfoques de conducción: *a)* las pragmáticas e inmorales; *b)* las indiferentes y "amorales", y *c)* las responsables y solidarias. También se dan combinaciones de estos rasgos dentro de la misma organización, donde coexisten grupos que respetan lo correcto y lo legítimo con otros grupos o sectores que prefieren actuar sin reservas morales. Como sus nombres lo indican, las diferencias de categorías tienen que ver con los criterios para decidir, el peso relativo de los factores económicos, sociales y políticos, la importancia que se asigna a la imagen de la organización y su continuidad en el largo plazo.

Las empresas que he denominado *pragmáticas* sólo se preocupan por hacer negocios, y el logro de sus objetivos justifica todos los medios, sean lícitos o no. Utilizan el contexto corrupto como una explicación de sus propias inmoralidades, por ejemplo, hacer pagos indebidos para conseguir negocios, sobornar a inspectores, engañar a clientes, no cumplir con sus contratos, crear sociedades para luego vaciarlas y hacerlas caer, etc. Los directivos deciden así porque dicen que "se puede", porque "lo hacen los demás", porque "no está reprimido", porque en los negocios "todo vale". Para los gerentes, la prueba de su eficacia es que lo hacen y quedan impunes. La preocupación por lo que funciona, sin otra consideración social o cultural, parte de un enfoque en el cual la ética y las operaciones productivas serían dos mundos separados. Como destaca G. Enderle (1998): "Por un lado se postulan y se admiran principios, normas y valores éticos elevados, y por otro, la vida práctica de los negocios sigue su curso sin verse afectada por esos ideales éticos".

Es importante recordar que parte de los integrantes de estas organizaciones trabajan en ese ambiente individualista por necesidad. Pero también, que otra parte está convencida de que ese clima es normal. Ellos valoran la competitividad, ven las desigualdades como algo razonable y piensan que en toda relación deben existir ganadores y perdedores. Son empleados que no actúan engañados ni de mala fe, es su forma de pensar. Representan la visión autónoma de la organización, la cultura interna, los intereses dominantes. Cuando decimos que descuidan los valores, lo hacemos desde una mirada heterónoma, más preocupados por las implicaciones sociales de esta actitud que por el balance de la corporación. El debate sobre la cuestión del vacío ético requiere un análisis crítico de la cultura organizacional, aun cuando sea aceptada o resultado de una ideología compartida.

El modelo pragmático o utilitario se afirma sobre la idea de que sólo importa aquello que funciona y es conveniente. Es decir, lo eficaz es también lo verdadero. Por este camino todo es relativo, y un cliente puede ser valioso un día y despreciable al siguiente (si se atrasa en los pagos). Ser pragmático significa que los acuerdos son transitorios y oportunistas. Esta falta de principios lleva a la incertidumbre y la contradicción en la organización. Por caso, se necesita, y por tanto se declara, que los empleados sean innovadores y creativos, pero deben hacerlo en el marco del pensamiento único o hegemónico de la empresa. Este pensamiento hace que sólo se acepten las ideas que generan recursos, que permiten reducir costos o elevar las ventas (una visión muy parcial de lo creativo, aunque también rentable).

Para que la organización pueda avanzar de manera coordinada en el desarrollo de nuevos y mejores productos, se requiere el trabajo en equipo y la integración de esfuerzos detrás de una visión compartida. No obstante, implementar el liderazgo y la articulación de grupos es difícil cuando, al mismo tiempo, desde la Dirección se promueve una ideología individualista y actitudes egoístas. Un ambiente donde cada uno debe salvarse y "el ganador se lleva todo", donde prevalece la mentalidad del "yo gano, tú pierdes". Entonces no importan las relaciones humanas sino tan sólo la eficacia en el trabajo. Bajo el enfoque utilitario, la calidad de vida preocupa en tanto permite la mejora en los rendimientos y no como valor en sí misma. Recordemos que desde la visión ética, los valores no son medios, sino principios a respetar.

Es cierto que en todas las organizaciones, y no sólo en las pragmáticas o utilitarias, se dan procesos dialécticos o de oposición internos. Estos son el resultado de la existencia de un orden prevaleciente, de las rigideces o los esquemas uniformadores propios de toda estructura organizativa y de gestión. Pero en el modelo pragmático, además, son pocas las posibilidades de hacer una reflexión crítica sobre el propio orden o sistema oficial. Los individuos que se animan a cuestionar el modelo (contra la eficiencia impersonal o las prácticas desleales) corren el peligro de ser vistos como adversarios por la autoridad vigente.

En este ambiente competitivo, las oposiciones (de opinión, intereses, saberes) se resuelven, desde la cúpula, con más presión, con renovadas fuerzas y con mayores exigencias. O bien, desde una posición más sofisticada, mediante nuevos mecanismos de persuasión, pero, en todo caso, sin ideas superadoras. Los avances ocurren sólo en el plano de lo tecnológico y en el quehacer financiero, no en la dimensión de lo humano, lo social o lo cultural. Lo pragmático o utilitario lleva hacia el mito de la "empresa virtual", más optimizadora de lo existente que creadora de nuevos puestos de trabajo. Es virtual porque se basa en el marketing de servicios y las redes informáticas, antes que en el desarrollo humano o la interacción social.

La actitud pragmática funciona haciendo abstracción o tomando distancia de los principios o valores. No tiene un deber ser, una idea de lo correcto desde una perspectiva social. La organización sólo se muestra comprometida con los hechos. A la pregunta ¿eso es bueno o malo?, sus directivos contestan diciendo: lo importante es que funciona, ofrece resultados deseables en términos económicos o de poder. Como ha señalado J. Le Mouel (1992) en *Crítica a la eficacia*, los directivos pragmáticos o utilitarios consideran (en forma errónea) que las técnicas en sí mismas son neutrales, y si una decisión es eficaz también es justa y verdadera. Por caso, en un periódico pragmático, si una noticia permite aumentar la venta, entonces está lista para ser publicada. No por la calidad de sus contenidos (morales o no) sino por sus resultados sobre el balance. Con el mismo criterio, si aumentar la producción requiere reducir las condiciones de seguridad en una fábrica, aun así sus directivos impulsarán esta decisión.

Hay un pragmatismo responsable y otro irresponsable (que no mide los daños). Este último actúa por interés y no repara en las consecuencias sociales de sus actos. Se moviliza mediante dirigentes proactivos, que saben técnicamente lo que hacen y maniobran con el poder y las influencias. Son estilos y políticas de empresa que generan efectos colaterales peligrosos, para terceros y para el propio sistema. Por ejemplo, se ofrece empleo, pero también se plantean exigencias crecientes y enfermantes (por lo contradictorias). Se construyen nuevas fábricas, pero a la vez se degrada el medio ambiente. En los centros de salud los servicios se orientan hacia quien puede pagarlos, y sólo respecto de aquellas dolencias "rentables". Se abren hogares de ancianos, pero se mantiene en cautiverio a sus internados (ignoran sus libertades). Algunas escuelas incorporan profesores cada vez más jóvenes, no por su creatividad sino para pagarles menos y exigirles más.

Aunque no siempre están fuera de la ley, estas prácticas son inmorales o destructivas y se mantienen a través de la fuerza o el abuso del poder. En este sentido, son sistemas perversos (Etkin, 1997) porque tienen sus recursos, funcionan bajo sus propias reglas y se sostienen a pesar de generar efectos negativos para el entorno (contaminación) o para sus integrantes más débiles o indefensos (el trabajo de menores). No hacemos una crítica a la practicidad de las decisiones de conducción, a su búsqueda de eficacia. La crítica refiere a su falta de inteligencia y a su omisión de los principios morales. No por el hecho de ser competitivas son inmorales o ilícitas. Pero esas mismas organizaciones podrían ser productivas y rentables de una manera menos destructiva. El hecho es que prefieren el camino de lo no reflexivo, pero efectivo en el corto plazo.

6. Las organizaciones indiferentes y amorales

En cuanto a las empresas que calificamos como *indiferentes*, su actitud es la de acompañar los hechos, de acomodarse a las demandas del contexto, de crecer al amparo del poder dominante. Se adaptan a los cambios sin sentido crítico, siguen las modas y se exhiben como empresas actualizadas. Son organizaciones que sólo reaccionan para mantenerse a flote o se adaptan a las situaciones del contexto en forma pasiva. Son socias del silencio (o de las corporaciones más grandes). Hacen negocios sin preguntar, sin cuestionar; sólo piensan en quedarse con algo en la transacción. No promueven proyectos ilícitos, pero no dudan en ser proveedoras o usuarias de las organizaciones inmorales y en recibir algunos pagos colaterales. Por ejemplo, los bancos y otras instituciones financieras que aceptan ser utilizadas para movilizar dinero mal habido, sin indagar sobre sus orígenes.

La idea de los directivos en las empresas indiferentes es que la realidad indeseable (el delito, la corrupción, la inseguridad jurídica) los supera, de manera que sólo les resta intentar lo posible para sobrevivir en un medio agresivo. Argumentan que, en caso de presentar denuncias, no recibirían el respaldo de los jueces (también indiferentes). El temor y la ansiedad determinan que estas empresas sean inestables o neuróticas. Viven en un clima de ansiedad porque no tienen capacidad de cambio y tampoco logran controlar los problemas que las perturban. Tratan de aparecer como espectadoras o socias involuntarias de la corrupción. Pero en los hechos también son cómplices porque, aunque en forma indirecta, la aceptan y la aprovechan en beneficio propio.

En cuanto a los valores, la gestión de estas organizaciones se caracteriza por sostener el relativismo respecto de qué fines son valiosos y cuáles no. Los directivos dirán que es una cuestión subjetiva o propia de la organización, que no hay valores generales a respetar y que algo es importante según la apreciación personal de quien decide. Dejar a una persona sin trabajo, reducirle el sueldo o discriminarlo, no es ni bueno ni malo, porque se relaciona con la situación concreta y las prioridades del momento. Estos directivos no se sienten obligados por ninguna creencia o principio. Pero son consistentes, porque se conducen defendiendo sus propios intereses y preferencias. Respecto del relativismo ético, R. Frederick (1999) explica: "Cualquier elección es buena, a condición de que tenga una razón que al ejecutivo le parece buena. Todo lo que decide hacer es éticamente permisible para él, ya que está autorizado por un principio que él mismo ha elegido". Ello implica que trabajar en estas organizaciones es estar preparado para ser perjudicado, sin posibilidad de defensa.

Las organizaciones indiferentes no se consideran culpables. Sostienen que son parte de un sistema que no controlan y las determina. Están sujetas por el orden instituido. Sólo les resta ocupar su lugar o intentar llenar los espacios no cubiertos por otras corporaciones. Sus directivos hablan del contexto y de las consecuencias de sus actos en tercera persona, de manera impersonal. Hablan de las fuerzas del mercado, la globalización, la lucha competitiva, la tercerización, etc. Se habla de estas fuerzas como si no tuvieran una localización espacial o responsables políticos concretos. Además, se las considera algo no modificable, un producto de la evolución del sistema. Y a la evolución, una justificación, incluso de las desigualdades. Como si el camino fuera en un único sentido y, en esa trayectoria, las unidades económicas aisladas o pequeñas debieran desaparecer.

Bajo esta actitud dependiente, los dirigentes indiferentes consideran que la desigualdad y la marginalidad de amplios sectores de la comunidad son una parte inevitable del estado de cosas, un precio a pagar por estar en el lugar donde se libra la lucha (y también por no tener con qué defenderse). La estrategia directiva en estas corporaciones es de carácter defensivo; está más orientada a buscar con quien alinearse, asociarse, fusionarse. Mientras tanto, se preparan y hacen los deberes aceptando las reglas de juego. Por ejemplo, se encargan de las tareas indeseables previas a la fusión con otras unidades de negocios, como la racionalización y el cierre de fuentes de trabajo. Según ellos, su falta de principios es asignable a causas de fuerza mayor. En realidad, no sólo carecen de principios sino también de creatividad. No intentan la búsqueda de otros caminos posibles y favorables. Su visión cerrada les impide imaginar la formación de redes cooperativas o colaborativas para ir más allá de su propia capacidad operativa y poder superar los desafíos del contexto.

7. Las organizaciones responsables y solidarias

En las organizaciones responsables, los directivos no están pensando en valorizar las acciones para venderlas y salirse lo antes posible (y así reiniciar el ciclo en otra empresa). Piensan en quedarse, en organizaciones que perduran y crecen junto con sus integrantes. ¿Por qué no tomarlas como modelo? Creemos que ello es posible, que no hay un solo esquema exitoso. Aun los socios o accionistas pueden preferir un ambiente de mayor seguridad, confianza y estabilidad. Para ello se necesita una redefinición de los estilos competitivos o mercantilistas de gestión. Reconocer que en la organización se articulan diversos grupos o actores, y que las diferencias deben ser reconocidas en cuanto a las creencias, los derechos o las capacidades individuales.

En una organización responsable o equitativa, se hace necesario transparentar los legítimos intereses en juego y los temas en conflicto. En particular, debatir y hallar modos de apropiar los ingresos que eviten desigualdades no aceptables. Las empresas éticas son reflexivas, toman conciencia de los problemas de su propio funcionamiento, sus contradicciones y enemigos internos. No ocultan sus limitaciones: las debaten hasta encontrar puntos de coincidencia. Se discute sobre las armonías y disonancias, los acuerdos y divergencias, lo deseable y posible. Los directivos no ven estas dualidades como un antagonismo o un enfrentamiento entre adversarios, sino como tensiones o diferencias que deben debatirse, pero siempre en el marco de principios, de códigos de convivencia y de un proyecto compartido.

En la lucha por los mercados y el afán de crecer o posicionarse, las empresas aprovechan zonas oscuras de la ley, toman decisiones injustas o incorrectas que perjudican al medio y afectan derechos de los ciudadanos. Por caso, las campañas que inducen al consumo de productos nocivos para la salud o la difusión de información interesada para torcer la voluntad o manipular la opinión pública. Otros ejemplos son el uso de los salarios como variable de ajuste, el hecho de ignorar las medidas de seguridad para no afectar la productividad en las fábricas o el despido masivo de personal bajo el pretexto del cambio tecnológico. Los directivos de las organizaciones utilitarias suelen argumentar que deben ser competitivos, que esas decisiones son el menor de los males y que todo sistema tiene sus limitaciones.

En todo modelo de organización o proceso productivo hay imperfecciones. No son una enfermedad sino parte de un camino de aprendizaje y crecimiento. Hay conceptos que lo reflejan, como la idea del desorden creativo. Pero también es cierto que muchos directivos sólo piensan en bajar los costos monetarios como un ejercicio irreflexivo que ignora su responsabilidad social. Esta actitud puede traer consecuencias opuestas a las buscadas. ¿Cuál es el costo de conducir la empresa hacia un contexto de conflicto y oposición? Hacer aquello que parece más fácil no siempre es inteligente. Se preocupan por la eficacia monetaria, pensando que el espejo adecuado de su gestión es el balance o el cuadro de resultados.

Que un sistema sea imperfecto o perfectible no quiere decir que su lado débil deba ser siempre la injusticia, el desajuste ético. ¿Por qué los errores sólo perjudican a los agentes o sectores de la producción? En todo caso: ¿por qué no atenuar o compartir entre todos los costos de la transición hacia un sistema mejor? Hemos analizado de qué modo ciertas formas de gestión eficientistas y cortoplacistas tienen que ver con estas realidades injustas, que se enmascaran con argumentos técnicos o se escudan en la presión de la coyuntura. También hemos destacado la incongruencia o la falta de inteligencia del razonamiento que, en la búsqueda de incrementar la eficiencia o la capacidad competitiva, termina por afectar la cultura y desintegrar el capital social de la organización.

En el marco de la distinción que hemos propuesto más arriba, las empresas o instituciones reflexivas, conscientes o responsables, se hacen fuertes en sus principios o valores éticos. No por seguir creencias míticas o abstractas, sino porque han resuelto operar en el plano de lo legítimo, lo honesto y lo socialmente aceptable. Sus socios, directivos y empleados se ponen de acuerdo en construir y mantener un ambiente sano. Respetan los códigos de comportamiento acordados por convicción, pero también como un rasgo de inteligencia. Saben que esa es la fuerza que los puede sostener en un entorno agresivo. No negocian con operadores corruptos y no juegan haciendo excepciones al respecto. Esos agentes morales no actúan solos. Se unen con otras empresas honestas no para sacar ventajas, sino para defender reglas de juego equitativas en los mercados.

La fortaleza de la organización responsable y de la conducción ética se basa en factores concretos, no sólo en sus declaraciones o intenciones. Se vuelca sobre la calidad de los servicios, la imagen de empresas confiables, la atención de las legítimas demandas de los usuarios. Y todo ello es vital (algo más profundo que lo "estratégico") porque hace a la razón de ser de las instituciones, por ejemplo, en el campo de los servicios públicos, la salud o la educación. El carácter ético y la responsabilidad social no es discurso. Es un rasgo de identidad, una capacidad interna que cohesiona y moviliza. La gestión ética no es una manifestación de voluntarismo. También requiere capacitación y saberes profesionales, como los referidos a la transparencia en las comunicaciones, la equidad en la apropiación y asignación de los recursos, las formas de legitimar la autoridad y los modos participativos en el gobierno de la organización.

La acción basada en principios éticos no implica sólo la buena voluntad sino también formas correctas de actuar. Importa la participación en la gestión, la legitimidad de la conducción, la búsqueda de consenso sobre los valores a sostener y los métodos a seguir en los procesos decisorios. De manera que lo ético implica un código compartido, métodos de decisión, criterios de selección y capacitación del personal, formas abiertas de comunicación, una cultura democrática y políticas que reflejen el compromiso social de la organización con su contexto. En la organización ética, justa y equitativa, los criterios de eficiencia y eficacia operan en el marco de lo socialmente deseable. Y ello no configura una debilidad ni una ambigüedad, sino, básicamente, una toma de posición, una fortaleza y un marco de referencia conocido frente al cambio y la incertidumbre del medio ambiente.

En forma más concreta, este marco de referencia incluye: *a)* explicitar las bases y criterios para la acción que se considera correcta, como no realizar ni aceptar pagos indebidos, no difundir información falsa, no hacer discriminación religiosa, política o de otro tipo; *b)* dar a conocer los supuestos que están presentes en las decisiones, someterlos a discusión para quitar lo que puedan tener de dogma o prejuicio no fundado (por ejemplo, el suponer que los obreros sólo trabajan por dinero o que deben ser vigilados); *c)* considerar y discutir los efectos indeseables de las decisiones que afectan a terceros no avisados o indefensos; *d)* reconocer las diferencias justas entre capacidades individuales (no masificar o uniformar); *e)* buscar el consenso como criterio prioritario en lugar de imponer la autoridad; *f)* confrontar o comprobar las fuentes antes de dar un hecho por válido o demostrado; *g)* aceptar las reservas morales de los individuos ante situaciones que no comparten, para evitar la obediencia debida; *h)* establecer espacios y vías de comunicación para conocer las opiniones críticas a las políticas vigentes, e *i)* ser transparentes respecto de los datos valiosos para los empleados, en particular con la información referida a sus propias personas. Claro que los principios, criterios y métodos referidos al comportamiento ético no se agotan en este enunciado. Pero, como vemos, no se trata de un código abstracto, retórico o ilusorio, sino de guías concretas para la decisión y acción, que también son reconocidas por sus integrantes como pautas deseables y compartidas.

Desde el razonamiento moral, no hay fórmulas, sino posibles formas de gestión y esquemas de organización adecuados a la naturaleza de la empresa. Ciertas prestaciones contienen los valores en sí mismas, como la salud o la educación. Es posible que en la definición de las prestaciones aparezcan dudas sobre los valores a priorizar. Dilemas que se plantean en las situaciones límite. Por ejemplo, la cuestión de asegurar la continuidad en el empleo frente al avance de la tecnología, o el derecho a la privacidad frente a la libertad de expresión en los medios masivos de comunicación. Son debates que no niegan ni ignoran los valores; se discute acerca del alcance de la libertad, la justicia o la equidad en las relaciones con clientes, usuarios o empleados. Por caso, los límites que separan el interés de la usura, o el monto del arancel médico que lleva a discriminar entre ricos y pobres en la atención de la salud.

Queremos destacar que los principios éticos no son una materia "objetiva", una fórmula o esquema predefinido. Se trata de una construcción que se hace en el plano de lo intersubjetivo y, por lo tanto, supone un compromiso, requiere un diálogo abierto y una búsqueda de consenso. No consiste en reunir mayorías, sino en considerar los efectos sobre los grupos minoritarios o desplazados por la decisión de conjunto. Entre otros autores, M. Brown (1992) ha profundizado en los métodos para tomar decisiones con contenido ético. Destaca la necesidad de explicitar los prejuicios y las premisas subyacentes en la cultura de la organización para que las partes se entiendan. Luego, buscar un acuerdo sobre las prioridades que deben adjudicarse a los valores que están en discusión. "Algunas culturas de organizaciones dan por sentado que la verdad la descubre o revela la autoridad o el dogma, mientras que otras suponen que la verdad surge en el marco del diálogo."

La reflexión ética, basada en razones de orden moral, requiere un ambiente democrático, no es sólo cuestión de técnicas o métodos decisorios eficaces. Tal como escribe el filósofo Ch. Taylor (1994), "razonar en cuestiones morales significa siempre razonar con alguien. Disponemos de un interlocutor y partimos de donde esa persona se sitúa, o bien de la diferencia real entre ambos". El razonamiento moral es básicamente dialógico, considera la diversidad de posiciones que coexisten en las decisiones complejas. Pero también trata de la integridad y autenticidad de los individuos en sus relaciones y en sus prácticas. Por caso, no todos los médicos pensarán igual acerca de la alternativa de mantener artificialmente con vida o en estado vegetativo a un enfermo. La ética no acepta "fórmulas" al respecto, y sí la reflexión consciente y responsable como práctica compartida en un centro de salud.

Para que los agentes expliquen sus supuestos y dialoguen sobre sus prioridades de valor se requiere disponer de un ambiente transparente de comunicación y un sistema participativo en las relaciones de poder. La reflexión ética no supone una armonía previa; se produce en un ambiente de diferencias que deben ser superadas razonando en términos de valores sociales. No se trata de imponer soluciones, porque la reflexión ética implica el respeto y la convivencia de concepciones diversas, pero sobre un sistema de prioridades compartidas. La idea de superación (que no equivale a "una solución") refiere a buscar la unidad o el consenso en el marco de la diversidad que es propia de toda organización social.

8. La ética como un modelo de superación

Ante esta realidad compleja, nuestra posición destaca el carácter contradictorio de los modelos de gestión empresarios que, en la búsqueda de crecer en un contexto agresivo, incorporan la inmoralidad y la injusticia que dicen enfrentar afuera. La paradoja es que pretenden que sus integrantes sean leales y creativos, aunque pueden perder su empleo en cualquier momento como producto de la lucha a la cual se lanzan. Se les pide que sean mercenarios hacia fuera y místicos hacia dentro. Se supone que pueden mentir para capturar clientes, pero deben ser creíbles en su trabajo con los demás. Debemos destacar que este modelo competitivo cruel, basado en el doble discurso y la inmoralidad, afecta el capital social de la empresa y termina por "quemar" a sus integrantes.

Puesto en términos sociales o comunitarios, esta realidad se nos aparece como un espectáculo irracional. Porque las relaciones sostenidas en el engaño, la fuerza o el interés egoísta llevan a situaciones de conflicto debidas a la ruptura del contrato psicológico (las esperanzas) y a la ausencia de valores compartidos. Frente a ello, las empresas éticas con formas colaborativas de gestión ofrecen otras posibilidades. No porque se promueva el voluntarismo o el idealismo, sino por cuestiones que permiten reforzar las relaciones e integrar los esfuerzos. Aun en un contexto agresivo, la organización (y la gestión) responsable se potencia por principios compartidos que permiten integrar sus capacidades internas y así enfrentar la incertidumbre externa.

En un entorno ético, no se insumen energías en descifrar las intenciones o el doble discurso, ya que las políticas no ocultan maniobras de poder. Las organizaciones intentan producir y crecer, pero sobre principios y valores compartidos, que no se negocian (aunque se dialoga sobre ellos). No es cuestión de dogmas, mitos o leyendas sino de aspectos prácticos, como la transparencia en las comunicaciones, la equidad distributiva de los ingresos y las formas participativas de gobierno. Es la convicción de que para crecer no es necesario uniformar, imponer, mentir o agredir. Incluso en un medio externo incierto, cambiante y competitivo.

A medida que avanzamos con la visión ética aparecen situaciones cuya solución se vincula con las decisiones de política de la organización. Porque el debate sobre la desigualdad, la práctica de la libertad o los dispositivos de justicia se relacionan con los acuerdos constitutivos, los contratos sociales y los esquemas de poder. No puede pensarse en una superación ética de diferencias o desigualdades, en el vacío o en condiciones abstractas. La ética tiene una versión formal o declarativa que refiere a la discusión teórica sobre los valores y principios y su permanencia en el tiempo. Es el debate sobre la importancia del razonamiento moral en las decisiones.

La ética también implica guías de comportamiento para aplicar en situaciones de la vida cotidiana de la organización. Una toma de posición desde donde se analizan y se formulan propuestas sobre los fines legítimos, la responsabilidad por los productos y las prestaciones, las condiciones de equidad en las relaciones laborales y la igualdad de oportunidades (entre otros temas). En un sentido sustantivo, es importante el debate acerca de las formas de participación, los mecanismos de gobierno, los criterios para la distribución de ingresos y las bases de legitimidad del poder de quienes la conducen. Si la organización es responsable, su gestión habrá de incluir una posición ética (no mercantilista) sobre estos temas.

Si la preocupación por la responsabilidad social de la organización es sincera, la ética no se queda en el plano de lo declarativo, de la sola reflexión o la enunciación de las misiones y propósitos. Pasar a la práctica no es sólo cuestión de prédica, de instalar imágenes de honestidad o redactar códigos de conducta. Se trata de implantar formas equitativas de retribución, respetar y desarrollar los talentos, promover acciones educativas, tener comunicaciones abiertas y relaciones sinceras con el personal. En un sentido más profundo o sustantivo, la visión ética también implica revisar las bases de los acuerdos constitutivos de la organización y sus formas de gestión, para promover la justicia distributiva.

Existe una intersección entre la posición ética y el análisis del poder y las decisiones de política. El avance desde lo formal y declarativo hacia lo sustantivo de esta posición requiere plantear hasta dónde quieren llegar los directivos con sus proyectos de cambio organizacional. Dada la disparidad de fuerzas que operan en la organización y las presiones del contexto, la versión sustantiva o profunda de la ética "no acepta la idea de la competencia como mecanismo armonizador de intereses y de eficiente asignación de recursos" (De Sebastián, 1999). La posición ética no se limita a denunciar las desigualdades, no es sólo evaluadora o justificadora. También impulsa una actitud movilizadora hacia proyectos de cambio respecto de las prioridades sociales que deben estar presentes y guiar las decisiones económicas y de innovación tecnológica.

En las organizaciones justas y honestas, las decisiones se enmarcan en ideales, pero también se basan en razones e intentan el desarrollo y la plena realización de sus capacidades sociales. Se busca aplicar y hacer crecer el potencial ético de la organización. En ese potencial, el factor humano es capacidad y talento, no un mero recurso. Las decisiones directivas no deben limitarse al análisis económico de los cursos de acción sino que debe buscar la integración de los múltiples propósitos de la organización. En un sistema ético, se evalúan las estrategias considerando su impacto sobre las libertades, la equidad, el respeto por la ecología y la condición humana. En el marco de este sistema ético es lógico (no ilusorio) pensar que los integrantes se van a comprometer con los proyectos de conjunto e intentarán ser innovadores en un medio cambiante. Porque estarán trabajando en un ambiente construido con principios, valores y reglas que son aceptadas y respetadas en forma voluntaria. Todo ello en el marco de una cultura organizacional solidaria, dispuesta a atender las legítimas demandas y satisfacer las urgentes necesidades que se plantean en el contexto social más amplio.

Bibliografía

Aubert, Nicole: *El coste de la excelencia. De la lógica al caos*, Paidós, Barcelona, 1993.

Brown, Marvin: *La ética en la empresa. Estrategias para la toma de decisiones*, Paidós, Buenos Aires, 1992.

Davis, Peter: *Cooperative Management: A Philosophy for Business*, New Harmony Press, Londres, 1998.

De Sebastián, Luis: *El rey desnudo. Cuatro verdades sobre el mercado*, Trotta, Madrid, 1999.

Donaldson, Thomas: *Corporations and Morality*, Prentice Hall, Nueva Jersey, 1985.

Enderle, G. y Tavis, L.: "A balanced concept of the firm and the measurement of its long term planning and performance", *Journal of Business Ethics*, N° 17, 1998, pp. 121-1144.

418

Etkin, Jorge: *La doble moral de las organizaciones. Los sistemas perversos y la corrupción institucional,* McGraw-Hill, Madrid, 1997 (reimpresión).

Frederick, Robert: *A Companion to Business Ethics,* Blackwell Publishers Ltd., Londres, 1999.

Gil, M. y Delgado, L.: *De camino a una ética empresarial,* Biblos, Buenos Aires, 1995.

Ibarz, J. M. y Mulder Duclós, E. de: *Ética para seguir creciendo,* Prentice Hall, Madrid, 2001.

Kliksberg, Bernardo: "Capital social y cultura", *Boletín* PNUD-IIG, N° 17, setiembre 2000.

Le Mouel, Jacques: *Crítica de la eficacia. Ética, verdad y utopía,* Paidós, Buenos Aires, 1992.

Peters, Tom: *Le chaos management,* Intereditions, París, 1993.

Schlemenson, Aldo: *La perspectiva ética en el análisis organizacional,* Paidós, Buenos Aires, 1995.

Schvarstein, Leonardo: *Diseño de organizaciones. Tensiones y paradojas,* Paidós, Buenos Aires, 1998.

Solomon, Robert: *Ethics and Excellence: Cooperation and Integrity in Business,* Oxford University Press, Oxford, 1993.

Taylor, Charles: *The Malaise of Modernity,* House of Anansi Press Limited, Londres, 1994.

ÍNDICE ANALÍTICO

www.ingramcontent.com/pod-product-compliance
Lightning Source LLC
Chambersburg PA
CBHW060315200326
41519CB00011BA/1734